Imagine o Céu

Copyright © 2025 por Maquinaria Sankto.
Copyright © 2015 por John Burke. Publicado originalmente em inglês com o título *Imagine Heaven* por Baker Books, uma divisão da Baker Publishing Group, Grand Rapids, Michigan, 49516, E.U.A. Todos os direitos reservados.

Todos os direitos desta publicação reservados à Maquinaria Sankto Editora e Distribuidora LTDA. Este livro segue o Novo Acordo Ortográfico de 1990.

É vedada a reprodução total ou parcial desta obra sem a prévia autorização, salvo como referência de pesquisa ou citação acompanhada da respectiva indicação. A violação dos direitos autorais é crime estabelecido na Lei n.9.610/98 e punido pelo artigo 194 do Código Penal.

Este texto é de responsabilidade do autor e não reflete necessariamente a opinião da Maquinaria Sankto Editora e Distribuidora LTDA.

Diretora-executiva
Renata Sturm

Diretor Financeiro
Guther Faggion

Administração
Alberto Balbino

Editor
Pedro Aranha

Revisão
Alysson Huf

Marketing e Comunicação
Matheus da Costa, Bianca Oliveira

Direção de Arte e diagramação
Rafael Bersi

DADOS INTERNACIONAIS DE CATALOGAÇÃO NA PUBLICAÇÃO (CIP)
ANGÉLICA ILACQUA – CRB-8/7057

Burke, John
    Imagine o céu : o que as experiências de quase-morte revelam sobre as promessas de Deus e o futuro que espera por você / John Burke. -- São Paulo : Maquinaria Sankto Editora e Distribuidora Ltda, 2025.
    384 p.
ISBN 978-85-94484-93-2
Título original: Imagine Heaven
1. Experiências de quase-morte – Aspectos religiosos – Cristianismo 2. Espiritualidade I. Título
25-2747   CDD 133.9013

Índice Para Catálogo Sistemático:
1. Experiências de quase-morte – Aspectos religiosos – Cristianismo

Rua Pedro de Toledo, 129 – Sala 104
Vila Clementino – São Paulo – SP, CEP: 04039-030
www.sankto.com.br

Best-seller do *New York Times*
John Burke

Imagine o Céu

O QUE AS EXPERIÊNCIAS DE QUASE-MORTE REVELAM SOBRE AS PROMESSAS DE DEUS E O FUTURO QUE ESPERA POR VOCÊ

sanktō

SUMÁRIO

8
PREFÁCIO

11
INTRODUÇÃO

15
SE VOCÊ SOUBESSE O QUE O ESPERA!

29
MÉDICOS CÉTICOS E A VIDA APÓS A MORTE

45
O QUE HÁ DE COMUM NAS EQMS

56
UM CORPO MELHOR

73
VOCÊ SERÁ VOCÊ MESMO... FINALMENTE!

90
COM AMIGOS E ENTES QUERIDOS

101
A FAMÍLIA QUE VOCÊ NUNCA CONHECEU

114
O LUGAR MAIS LINDO QUE SE PODE IMAGINAR!

137
VIVO EM NOVAS DIMENSÕES

157
UM AMOR QUE VOCÊ NUNCA VAI QUERER DEIXAR

177
Deus é relacional

195
Luz do mundo

208
O Destaque do céu

222
Não mais luto, choro ou dor

237
Anjos

250
E quanto ao inferno?

276
Revisão da vida

294
Recompensas e julgamentos

311
Emocionante – não entediante

329
Paraíso encontrado

348
A Cidade de Deus (animais de estimação permitidos)

369
Razões para acreditar

378
Agradecimentos

Para mamãe e papai.
Eu amo vocês.
Tenho saudade de vocês.
E sou muito grato pelo toque do céu que vocês me deram quando eu era criança. Agora vocês sabem como o céu realmente é, e mal posso esperar até que toda a nossa família esteja junta para sempre!

PREFÁCIO

Imagine o céu... imagine entendê-lo! Descobri que pessoas de todo o mundo aparecerão para ouvir se alguém começar a falar sobre o céu. Elas lerão livros sobre o céu. Quer admitam ou não, todos querem saber se existe vida após a morte. Afinal de contas, a taxa de mortalidade é de 100%!

Desde o lançamento de meu livro *90 minutos no céu: a verdadeira história de alguém que conheceu o paraíso e voltou para contar)* — no qual descrevo como fui esmagado por um caminhão de 18 rodas, declarado morto por noventa minutos e visitei o céu —, as pessoas sempre me perguntam por que não escrevi mais sobre o céu. Compartilhei o que vivenciei enquanto estava lá e nada mais. Fazer acréscimos às minhas experiências pessoais teria sido falso e fantasioso. O que vivenciei reflete o que a Bíblia diz sobre o céu. Muitos outros cristãos devotos vivenciaram e compartilharam vislumbres semelhantes da vida após a morte. Eles receberam todo tipo de reação às suas histórias pessoais — desde duras críticas farisaicas até a aceitação cega. Alguns especialistas têm sido condescendentes, presunçosos e até mesquinhos em suas reações às experiências de quase-morte.

Então, qual é a verdade sobre o céu e quem a está dizendo?

A Bíblia tem vários relatos de pessoas que morreram e voltaram à vida. Deveríamos realmente nos surpreender com o fato de a ciência médica moderna proporcionar ainda mais milagres desse tipo? Com a avalanche de pessoas que se apresentaram nos últimos anos para relatar experiências celestiais, alguém apaixonado pelas Escrituras deveria examinar essas experiências. John Burke aceitou o desafio. Em vez de chegar a conclusões baseadas em preconceitos pessoais, ele testa se esses relatos em primeira mão de vida após a morte são legítimos e precisos.

Finalmente alguém escreveu um livro que examina claramente o céu e o inferno — ou o que acontece depois que morremos. Em um grupo incrível de indivíduos diversos, Burke analisa habilmente cada experiência de quase-morte. E conclui que essas pessoas não revelam detalhes tão íntimos da vida e da morte indiscriminadamente. De fato, muitas vezes elas o fazem com grande dificuldade. Muitas são testemunhas relutantes, mas, mesmo assim, são testemunhas. Todos ficaram atônitos e transformados pelo que viram, cheiraram, sentiram e ouviram.

Celebremos John Burke e sua disposição para enfrentar essa questão polêmica do século XXI. Ele fez isso com compaixão, compreensão e uma atitude de aproximação com todos os que estão buscando a verdade.

Tive o privilégio de ser entrevistado pelo apresentador de rádio e TV Sean Hannity há alguns anos. Ele queria saber sobre o céu. Falei sobre minha emocionante visita aos portões do céu após meu catastrófico acidente de carro. Hannity parecia extremamente interessado. Então ele fez a seguinte pergunta: "O céu é chato?" Seu outro convidado no programa daquela noite era Rick Warren, pastor da Igreja Saddleback e autor de best-sellers. Warren riu alto com a pergunta de Hannity. "Você não pode estar falando sério. O céu é um lugar glorioso. Nunca é entediante!" E ele continuou compartilhando as atividades extraordinárias do lar de Deus.

O céu é um lugar real. Quanto mais soubermos sobre ele, mais deveríamos desejá-lo. Como já sugeri várias vezes, o céu é um lugar preparado para pessoas preparadas. Depois de apresentar pesquisas combinadas com comentários e críticas incisivas, Burke faz a pergunta definitiva: Você está preparado para a vida após a morte? Um último suspiro aqui, e o próximo em outro lugar! Burke comemora o que acontece depois, se você estiver pronto para ir. Ele comenta que as pessoas "não conseguem imaginar o céu, por isso não vivem para ele". Isso é incrivelmente verdadeiro! Experimentar o céu é a coisa mais real que já me aconteceu. Eu não queria voltar. Se você já esteve lá, não quer estar aqui. Mas quando voltei para cá, intensifiquei exponencialmente meus esforços para ajudar as pessoas a entenderem a dádiva gratuita do céu oferecida por Cristo.

Minha fervorosa oração é que muitas pessoas leiam essa análise equilibrada, relevante e penetrante do relato bíblico sobre o céu e essas histórias dos poucos afortunados que experimentaram a realidade celestial durante uma separação temporária da Terra — e que aceitem a necessidade urgente de se preparar para sua própria entrada na eternidade.

Agora, *imagine o céu...*

— **Don Piper**, autor best-seller do livro *90 minutos no céu*

Introdução

Os médicos nos disseram que minha mãe tinha apenas alguns dias de vida. Enquanto ela estava deitada no hospital por duas semanas em seu leito de morte, li o manuscrito de *Imagine o céu* em voz alta para minha irmã e minha mãe. Não sei se mamãe ouviu de seu estado de coma, mas, no final, o comentário de minha irmã foi: "Quero ir com ela". Eu senti o mesmo — não de uma forma mórbida, como se desejasse a morte, mas com um entusiasmo de criança na manhã de Natal pela vida estimulante que estava por vir. Espero que este livro faça o mesmo por você. Embora todos nós enfrentemos a morte, nem todos nós temos uma esperança no futuro além desta vida. Acredito que isso se deva ao fato de não conseguirmos imaginá-lo. *Imagine o céu*, sem dúvida, o ajudará a fazer exatamente isso.

O céu e as experiências de quase-morte (EQM[1*]) — quando as pessoas morrem clinicamente, são ressuscitadas e afirmam ter tido uma visão da vida após a morte — têm sido um tema muito discutido ultimamente. Em geral, somos solicitados a acreditar na palavra de uma pessoa, mas eu nunca fui de acreditar cegamente em todas as histórias de visão do céu. Como resultado, este livro demorou a chegar. Nos últimos trinta e cinco anos, li ou ouvi cerca de mil histórias de quase-morte (há milhões por aí). Comecei a ver pontos em comum surpreendentes entre as histórias — descrições intrigantes e detalhadas de médicos, professores, pilotos de avião, crianças, pessoas

---

* As notas desta obra estão disponibilizadas em um QR code no final do livro.

de todo o mundo. Cada um deu um ângulo ligeiramente diferente ao que começou a parecer um quadro muito semelhante.

Durante esse mesmo período de trinta e cinco anos, passei da engenharia para o ministério de tempo integral. Quanto mais eu estudava as Escrituras, por conta própria e no seminário, mais intrigante e confusa se tornava a leitura sobre experiências de quase-morte. *Intrigante* porque muitas delas descreviam a imagem da vida após a morte encontrada na Bíblia. *Confuso* porque as interpretações individuais de suas experiências podiam variar enormemente e até mesmo parecer em desacordo com o texto sagrado.

Depois de ler centenas de relatos de quase-morte, comecei a perceber a diferença entre o que eles *relataram ter* vivido e a *interpretação* que poderiam dar a essa experiência. Embora as interpretações variem, descobri que a experiência central compartilhada aponta para o que dizem as Escrituras. De fato, quanto mais eu estudava, mais percebia que o quadro que a Palavra de Deus pinta sobre a vida estimulante que está por vir é a experiência comum que as EQMs descrevem.

Alguns cristãos dizem que as EQMs devem ser rejeitadas porque essas histórias da vida após a morte negam a suficiência das Escrituras e, portanto, acrescentam algo à revelação de Deus. Respeitosamente, discordo e incluí referências bíblicas ao longo do livro para mostrar como as Escrituras estão de fato alinhadas com a experiência comum. Essas experiências acrescentam cor e detalhes que nos ajudam a imaginar de forma vibrante a vida que está por vir? Sem dúvida!

Pense nisso desta forma: As Escrituras nos dizem que toda a criação declara a glória de Deus (ver Salmos 19:1). Mas se você realmente presenciar um glorioso pôr do sol de cores vibrantes, em que o oceano havaiano mais azul se choca com as majestosas praias douradas alinhadas às montanhas — agora você vivenciou as palavras em preto e branco das Escrituras de uma forma saturada de cores que pode glorificar Deus ainda mais. As experiências de quase-morte não negam nem suplantam o que as Escrituras dizem, elas acrescentam cor ao quadro das Escrituras. Mas é claro que, como qualquer presente de Deus, as pessoas podem não entender o que Deus quer que elas entendam, interpretar mal a experiência ou até mesmo adorar o presente em vez do Doador do presente.

Incluí mais de cem histórias de pessoas que estavam clinicamente mortas, ou quase mortas, e que reviveram e tinham detalhes surpreendentes para revelar. Algumas delas eu entrevistei pessoalmente, mas a maioria eu compilei a partir da leitura. Por isso, não posso garantir a autenticidade ou a credibilidade de cada indivíduo. Citarei algumas EQMs porque suas experiências relatadas se correlacionam com outras experiências e com as Escrituras, mas não concordo com suas interpretações ou conclusões. E mesmo que alguns se revelem fraudulentos (como o rapaz que inventou uma história de quase-morte para chamar a atenção), isso não me preocupa, porque as histórias que escolhi podem ser substituídas por muitas outras que descrevem praticamente as mesmas coisas. Também não aconselho a formação de uma visão de mundo sobre a vida após a morte a partir das interpretações de algumas pessoas. Mas o que estou tentando fazer é mostrar-lhe algo surpreendente que acho que Deus está me revelando.

Estou escrevendo da perspectiva de um cristão convicto, mas nem sempre fui convicto. Estudei as religiões do mundo e, como ex-cético, minha paixão é ajudar pessoas céticas a considerar os muitos motivos que me fazem continuar acreditando em Cristo. Se você ainda é cético em relação a Deus, à vida após a morte ou até mesmo aos líderes religiosos, este é o livro certo para você. Você terá uma compreensão completa da imagem do céu na Bíblia, mas não se preocupe, ele não é como um livro de teologia — parece mais um romance. Se nada mais acontecer, ele abrirá seus olhos para os milhões de relatos que convenceram médicos céticos, professores universitários ateus e muitos outros (cujas histórias você lerá) de que o céu é real.

As pessoas poderiam inventar histórias ou fabricar detalhes para vender mais livros? Sim. Por esse motivo, tentei escolher histórias de pessoas com pouco ou nenhum objetivo de lucro: cirurgiões ortopédicos, pilotos de avião, professores, neurocirurgiões — pessoas que provavelmente não precisam de dinheiro, mas que têm credibilidade a perder inventando histórias malucas. Também incluí crianças; pessoas de países predominantemente muçulmanos, hindus e budistas; e pessoas que não escreveram livros. Para minha surpresa, todos eles dão cor a um quadro semelhante e grandioso da vida após a morte. E esse é o meu principal motivo para escrever este livro: ajudá-lo a *imaginar o céu* para que você veja como é sábio viver para ele, planejá-lo e certificar-se de que está preparado para uma chegada segura algum dia.

Dois dias depois de ler esse livro para minha mãe e minha irmã no hospital, minha mãe deu seu último suspiro. Minha irmã e eu estávamos no quarto, abraçando, abençoando minha mãe e comemorando com ela — porque sabíamos que, naquele momento, ela tinha ganhado vida. Viva como não estava há anos; viva como nunca havia estado antes! Viva como você nunca imaginou.

Portanto, junte-se a mim nesta jornada e vamos... *imaginar o céu*.

Capítulo 1

Se você soubesse o que o espera!

"Levantei-me com um sobressalto. Que horas eram? Olhei para a cabeceira, mas o relógio havia sido retirado. Na verdade, onde estavam minhas coisas? Os horários dos trens. Meu relógio! Olhei em volta. Eu estava em um quarto minúsculo que nunca tinha visto antes."[2]

Era 1943, em Camp Barkley, Texas, e George Ritchie havia se alistado para lutar contra os nazistas. No meio do campo de treinamento, ele recebeu a notícia de que o Exército o enviaria para a faculdade de medicina — seu sonho se tornou realidade! O clima e o treinamento cobraram seu preço, e Ritchie contraiu pneumonia dupla na semana em que deveria embarcar para Richmond para estudar. Na manhã em que planejava pegar o trem, ele acordou à meia-noite suando, com o coração batendo como uma britadeira e uma febre de 41°C. Durante a radiografia, ele desmaiou.

"Onde eu estava?", Ritchie ponderou.

> E como eu cheguei lá?
> Pensei no passado, tentando me lembrar. A máquina de raio X — é isso mesmo! Eles me levaram para o departamento de raio X e... e eu devo ter desmaiado ou algo assim.
> O trem! Eu perderia o trem! Pulei da cama alarmado, procurando minhas roupas...
> Eu me virei e fiquei paralisado.

Alguém estava deitado naquela cama.

Aproximei-me um pouco mais. Era um homem bastante jovem, com cabelos castanhos curtos, deitado e muito quieto. Mas [isso] era impossível! Eu mesmo tinha acabado de sair daquela cama! Por um momento, lutei com o mistério [do homem em minha cama]. Era estranho demais pensar nisso e, de qualquer forma, eu não tinha tempo.

O garoto da ala! Talvez minhas roupas estivessem no quarto dele! Saí correndo do quartinho e olhei em volta...

Um sargento estava vindo [pelo corredor], carregando uma bandeja de instrumentos coberta com um pano. Provavelmente ele não sabia de nada, mas eu estava tão feliz por encontrar alguém acordado que fui em sua direção.

"Desculpe-me, sargento", eu disse. "O senhor não viu o encarregado desta unidade, viu?"

Ele não respondeu. Nem sequer olhou para mim. Continuou vindo, direto para mim, sem diminuir a velocidade.

"Cuidado!", eu gritei.

O sargento passou direto por George sem derrubá-lo ou derramar a bandeja — mas como? Ritchie não se importava; sua mente estava concentrada em não perder o trem para Richmond. A faculdade de medicina não podia esperar. Determinado a encontrar uma maneira de chegar a Richmond, mesmo que tivesse perdido o trem, George seguiu pelo corredor e saiu pela porta.

Quase sem perceber, me vi do lado de fora, correndo rapidamente, viajando mais rápido, na verdade, do que jamais havia andado em minha vida. Não estava tão frio quanto estava no início da noite — não estava nem frio nem quente.

Ao olhar para baixo, fiquei surpreso ao ver não o chão, mas as copas dos arbustos de algaroba abaixo de mim. Camp Barkley já parecia estar bem atrás de mim enquanto eu acelerava sobre o deserto escuro e congelado. Minha mente me dizia que o que eu estava fazendo era impossível e, no entanto, estava acontecendo.

Uma cidade passou por baixo de mim, com luzes de advertência piscando nos cruzamentos. Isso era ridículo! Um ser humano não poderia voar sem um avião — de qualquer forma, eu estava viajando muito baixo para um avião....

Um rio extremamente largo estava abaixo de mim agora. Havia uma ponte longa e alta e, na margem oposta, a maior cidade que eu já havia encontrado. Eu queria poder ir até lá e encontrar alguém que pudesse me dar instruções.

(...) Percebi um brilho azul tremeluzente. Vinha de um letreiro de neon na porta de um prédio de um andar com telhado vermelho e uma placa da Pabst Blue Ribbon Beer na janela da frente. "Café", diziam as letras tremeluzentes sobre a porta, e das janelas a luz fluía para a calçada.

Na calçada em direção à cafeteria noturna, um homem caminhava rapidamente.

Pelo menos, pensei, eu poderia descobrir com ele que cidade era aquela e em que direção eu estava indo. Mesmo quando a ideia me ocorreu — como se o pensamento e o movimento tivessem se tornado a mesma coisa —, eu me vi na calçada.

"Você pode me dizer, por favor", eu disse, "que cidade é essa?"

Ele continuou andando.

"Por favor, senhor!", eu disse, falando mais alto. "Sou um estranho aqui e gostaria de saber se..."

Chegamos à cafeteria e ele se virou, tentando alcançar a maçaneta da porta. O sujeito era surdo? Estendi minha mão esquerda para tocar seu ombro.

Mas minha mão não encontrou nada.

Perturbado pelo fato de sua mão ter atravessado o homem, George encostou-se em um fio de poste telefônico para pensar — e seu corpo atravessou-o. Ali, pela primeira vez, ele se deu conta de que poderia estar morto. O sargento que não o havia visto, o corpo daquele homem em sua cama...

Ele decidiu tentar voltar ao seu corpo. Assim que tomou a decisão, ele saiu da cidade pelo rio e acelerou ainda mais do que antes para voltar por onde tinha vindo. Voltou para a base e começou uma busca frenética por seu corpo, de cômodo em cômodo, em todo o hospital do exército. Ele estava inconsciente quando o colocaram no quarto. A solidão que sentia na cidade desconhecida agora era um pânico crescente, pois ele não conseguia obter ajuda de ninguém em sua busca frenética por si mesmo.

Também havia algo estranho com relação ao tempo, nesse mundo em que as regras sobre espaço, velocidade e massa sólida pareciam suspensas. Ele não conseguia distinguir se a experiência estava durando uma fração de segundo ou horas. Finalmente, ele se deparou com um homem em uma cama com um anel na mão esquerda, uma pequena coruja dourada em um oval de ônix preto. Era o anel dele! E o lençol estava puxado para cima de sua cabeça!

George se sentia tão vivo, tão ele mesmo, que não havia se dado conta de que estava morto. Mas agora não tinha mais dúvida. Em desespero, se afundou na cama.

Então a luz da sala começou a ficar cada vez mais brilhante.

> Fiquei olhando com espanto enquanto o brilho aumentava, vindo do nada, parecendo brilhar em todos os lugares ao mesmo tempo. Era incrivelmente brilhante: parecia um milhão

de lâmpadas de soldador acesas ao mesmo tempo. E bem no meio do meu espanto veio um pensamento prosaico, provavelmente nascido de alguma aula de biologia na universidade: "Ainda bem que não tenho olhos físicos neste momento", pensei. "Essa luz destruiria a retina em um décimo de segundo".

Não, eu me corrigi, não a luz.

Ele.

Ele seria brilhante demais para ser visto. Pois agora eu vi que não era luz, mas um Homem que havia entrado na sala, ou melhor, um Homem feito de luz.

No instante em que o percebi, uma ordem se formou em minha mente. "Levante-se!" As palavras vieram de dentro de mim, mas tinham uma autoridade que meus meros pensamentos nunca tiveram. Levantei-me e, ao fazê-lo, tive a estupenda certeza: Você está na presença do Filho de Deus.

Ele pensou em Jesus, o Filho de Deus, sobre quem havia aprendido na escola dominical — gentil, manso, meio fraco. Mas essa pessoa era o próprio poder fundido com um amor incondicional que o dominou.

Um amor surpreendente. Um amor além de minha imaginação. Esse amor conhecia cada coisa inamável em mim — as brigas com minha madrasta, meu temperamento explosivo, os pensamentos sexuais que eu nunca conseguia controlar, cada pensamento e ação mesquinhos e egoístas desde o dia em que nasci — e me aceitava e me amava do mesmo jeito.

Quando digo que Ele sabia tudo sobre mim, isso era simplesmente um fato observável. Pois naquela sala, junto com Sua presença radiante — simultaneamente, embora ao contar sobre isso eu tenha que descrevê-las uma a uma — também entraram todos os episódios de toda a minha vida. Tudo o que já havia acontecido comigo estava ali, à vista de todos, contemporâneo e atual, tudo aparentemente acontecendo naquele momento.

Eu não sabia como isso era possível.

(...) Petrificado, olhei para mim mesmo diante do quadro negro em uma aula de ortografia da terceira série. Recebendo meu distintivo de águia na frente de meu grupo de escoteiros. Levando papai Dabney para a varanda em Moss Side...

Havia outras cenas, centenas, milhares, todas iluminadas por aquela Luz ardente, em uma existência em que o tempo parecia ter cessado. Teria levado semanas de tempo comum.

Cada detalhe de vinte anos de vida estava lá para ser visto.

"O que você fez em sua vida para me mostrar?"

A pergunta, como tudo o que vem dele, tinha a ver com amor. Quanto você já amou com sua vida? Tem amado os outros como eu estou amando você? Totalmente? Incondicionalmente?

(...) Ora, eu não sabia que esse tipo de amor era possível. Alguém deveria ter me contado, pensei com indignação! Um ótimo momento para descobrir o que era a vida...

"Eu lhe disse."

Mas como? Ainda estou querendo me justificar. Como ele poderia ter me dito e eu não ter ouvido?

"Eu lhe disse pela vida que vivi. Eu lhe disse pela morte que tive. E, se mantiver seus olhos em mim, verá mais."[3]

VIDA APÓS A VIDA

George Ritchie de fato afirmou ter visto muito mais, o que exploraremos nas páginas seguintes. Beleza que supera os destinos de férias favoritos da Terra, pessoas vivas e ativas em um mundo não muito diferente do nosso, mas tão impregnado de amor, propósito e pertencimento que fazia a Terra parecer apenas uma sombra da vida real que estava por vir. Quando o amoroso Ser de Luz o enviou de volta após sua visita a outra dimensão, George disse: "Daquele momento mais solitário de minha existência, eu havia saltado para o pertencimento mais perfeito que já havia conhecido. A luz de Jesus havia entrado em minha vida e a preenchia completamente, e a ideia de me separar Dele era mais do que eu podia suportar".[4]

Depois de estar clinicamente morto por nove minutos, George se viu de volta em seu corpo terreno, mas com um lençol sobre a cabeça. O Dr. Francy assinou uma declaração com firma reconhecida de sua morte, que George apresentaria mais tarde sempre que falasse sobre sua experiência.[5] Em *Voltar do amanhã*, ele diz:

> Não tenho ideia de como será a próxima vida. O que quer que eu tenha visto foi apenas um vislumbre da porta de entrada, por assim dizer. Mas foi o suficiente para me convencer totalmente de duas coisas a partir daquele momento. Primeiro, que nossa consciência não cessa com a morte física — que ela se torna, de fato, mais aguçada e mais consciente do que nunca. E segundo, que a maneira como passamos nosso tempo na Terra, o tipo de relacionamento que construímos, é muito, infinitamente mais importante do que podemos imaginar.[6]

Depois dessa experiência que mudou sua vida, George finalmente conseguiu ingressar na faculdade de medicina, trabalhou por treze anos como médico e acabou formando o que seria o precursor do Corpo da Paz.[7] Aos quarenta anos de idade, George Ritchie obteve seu doutorado em psiquiatria. Anos mais tarde, o Dr. Raymond Moody ouviu o Dr. Ritchie dar uma palestra na Universidade da Virgínia sobre sua experiência. Moody nunca tinha ouvido falar de tal coisa, mas havia estudado as obras de Platão sobre imortalidade enquanto fazia seu doutorado em filosofia.

O Dr. Moody começou a pedir a seus alunos de filosofia que lessem teorias sobre sobrevivência pós-morte e descobriu, para sua surpresa, que cerca de um em cada trinta alunos relatava algo semelhante à história do Dr. Ritchie. Moody começou a "colecionar" esses relatos e, em 1975, cunhou o termo "experiência de quase-morte" (EQM), publicando suas descobertas no best-seller internacional *Life after Life* (*A vida depois da vida*). Moody disse: "Minha esperança para este livro é que ele chame a atenção para um fenômeno que é ao mesmo tempo muito difundido e muito bem escondido".[8]

Quatro anos depois, vi o livro *A vida depois da vida* na mesa de cabeceira dos meus pais e o peguei. Na época, meu pai estava morrendo de câncer e, embora eu não tivesse muito interesse em Deus, na vida após a morte ou em qualquer coisa além da próxima festa, a realidade da morte estava batendo à porta da nossa família. Li o livro de capa a capa naquela noite, cético, mas impressionado com o fato de tantas pessoas terem tido essas experiências de quase-morte. Moody havia entrevistado centenas de pessoas que tinham histórias de experiências de quase-morte. Embora não houvesse duas histórias idênticas, muitas compartilhavam traços centrais comuns. Moody descreveu os elementos comumente relatados, sobrepostos:

> Um homem está morrendo e, ao atingir o ponto de maior sofrimento físico, ouve o médico declarar sua morte (...). De repente, ele se vê fora de seu próprio corpo físico, mas ainda no ambiente físico imediato, e vê seu próprio corpo à distância, como se fosse um espectador. Ele assiste à tentativa de ressuscitação de seu ponto de vista incomum e fica em um estado de

agitação emocional. Depois de um tempo, ele se recompõe e se acostuma mais com sua condição estranha. Ele percebe que ainda tem um "corpo", mas de uma natureza muito diferente e com poderes muito diferentes do corpo físico que deixou para trás. Logo outras coisas começam a acontecer. Outras pessoas vêm ao seu encontro e o ajudam. Ele vislumbra os espíritos de parentes e amigos que já morreram, e um espírito amoroso e caloroso de um tipo que ele nunca havia encontrado antes — um ser de luz — aparece diante dele. Esse ser lhe faz uma pergunta, de forma não verbal, para que ele avalie sua vida e o ajuda mostrando-lhe uma reprodução panorâmica e instantânea dos principais eventos de sua vida. Em algum momento, ele se vê se aproximando de algum tipo de barreira ou fronteira, aparentemente representando o limite entre a vida terrena e a próxima vida. No entanto, ele descobre que precisa voltar para a Terra, que o momento de sua morte ainda não chegou. Nesse momento, ele resiste... e não quer voltar. Ele é dominado por sentimentos intensos de alegria, amor e paz. No entanto, apesar de sua atitude, ele de alguma forma se reúne com seu corpo físico e vive.[9]

Sentei-me em minha cama, atônito, depois de terminar de ler o livro. Lembro-me de ter pensado: "Se houver uma mínima chance de que isso seja verdade, é melhor eu descobrir — nada é mais importante."

É engraçado como geralmente é preciso uma morte iminente ou uma tragédia para pensar sobre a vida à luz da eternidade, mas foi isso que me deu vontade de explorar. Nos anos seguintes, enquanto estudava engenharia, também coloquei minha mente analítica para trabalhar estudando sobre Deus. Descobri que realmente existem razões boas e sólidas para acreditar para aqueles que querem encontrá-las.

Desde então, deixei a engenharia para fundar uma igreja voltada a pessoas cheias de dúvidas, como eu era, porque me convenci de que Deus ama cada um de nós de maneira única. E acredito que a maioria das pessoas está exatamente como eu estive — elas simplesmente ainda não percebem como a vida com Deus pode ser extraordinária, começando já neste mundo, mas ainda mais na vida futura.

UM CÉU ENTEDIANTE?

Acho que a maioria das pessoas, sejam elas seguidoras de Cristo ou não, tem uma visão horrível do céu. Na melhor das hipóteses, é uma experiência nublada, etérea, desencarnada e não física — sim, talvez com amor, alegria e sem sofrimento — mas, para sermos honestos, não nos *empolgamos* com ela. Não conseguimos nos imaginar realmente *gostando* dela. Na pior das hipóteses, as pessoas pensam nisso como um culto interminável e enfadonho na igreja, cantando músicas que não nos entusiasmam — para sempre! Isso parece horrível para mim, e eu sou pastor!

A maneira como você pensa sobre o céu afeta tudo na vida — como você prioriza o amor, o quanto você está disposto a se sacrificar a longo prazo, como você vê o sofrimento, o que você teme ou não teme. Estou convencido de que não podemos nem começar — mas devemos tentar — a imaginar como o céu será magnífico, espetacular e divertido — como muito do que amamos nesta vida e muito mais nos aguarda na eternidade. Como diz a Escritura: "Nenhum olho viu, nenhum ouvido ouviu, e coração nenhum concebeu o que Deus preparou para aqueles que o amam" (1 Coríntios 2:9). Mas isso não significa que não devemos levar nossa imaginação ao limite para tentar entender.

Nos últimos trinta anos, estudei a Bíblia, as principais religiões do mundo, a filosofia e uma infinidade de experiências de quase-morte. Concluí que os principais elementos comuns das EQMs são um presente de Deus para colorir o quadro revelado pelos profetas e por Jesus. Estou convencido de que uma das principais razões pelas quais muitas pessoas (cristãs ou não) levam um estilo de vida materialista e egocêntrico é uma visão ruim da vida futura. Elas não conseguem imaginar o céu e, portanto, não vivem para ele. Mas todos os grandes heróis da fé "esperavam uma pátria melhor, isto é, uma pátria celestial. Por essa razão, Deus não se envergonha de ser chamado o Deus deles, pois lhes preparou uma cidade" (Hebreus 11:16). Imaginar e viver para o céu não é opcional aos olhos de Deus — é a esperança que Deus quer que tenhamos em nossa mente.

Temos a capacidade de *imaginar o céu* como nunca antes, não apenas usando nossa imaginação com base nas Escrituras, mas também nossa experiência terrena (porque Deus também criou esta vida — a morada dele não é menos espetacular). E agora a medicina moderna está trazendo cada vez mais pessoas de volta de uma situação de quase-morte para dar detalhes emocionantes que podem colorir nossa imagem do céu e nos motivar a viver com perspectiva eterna. E é por isso que estou escrevendo este livro.

AMAR A VIDA

Minha esperança é que você comece a ver, com esse dom dado por Deus chamado imaginação, que o céu não é imaginário, mas mais real do que o mundo que conhecemos. Talvez você seja cético em relação a Deus e à vida após a morte ou não seja cristão. Para que todos saibam, estou escrevendo como um cristão convicto. Mas nem sempre fui convencido. Tentarei mostrar a você o que a Bíblia diz sobre o céu e como isso se alinha com o que a maioria das experiências de quase-morte relata (nem sempre com o que eles *interpretam*, mas com a experiência central que *relatam*). Não estou procurando acrescentar conteúdo ao que as Escrituras já ensinam, mas sim ajudá-lo a imaginar, por isso incluí referências bíblicas em todo o texto. É como assistir a um filme em alta definição, 3-D, em vez de preto e branco: você obtém o mesmo conteúdo em uma experiência sensorial mais rica.

Embora eu esteja escrevendo a partir de uma visão de mundo cristã, também consideraremos as histórias de pessoas de outras perspectivas religiosas. Espero que você percorra estas páginas com a mente aberta, independentemente de sua formação, pois estou convencido de que seu Criador o ama mais do que você possa imaginar — e você amará a vida com ele!

Hazeliene, de Singapura, descobriu por experiência própria a veracidade dessa afirmação quando desmaiou, bateu a cabeça e aparentemente "morreu". Ela explica:

> De repente, eu estava em um túnel muito escuro subindo, subindo, subindo... Depois de passar por esse túnel muito escuro, ele se transformou em uma luz muito brilhante. Eu tinha visto uma luz muito brilhante, pensei que fosse o sol, mas não era. Não tenho ideia de onde veio essa luz. Alguém falou comigo por um tempo, eu ouvi, e aquela voz veio daquela luz. Sabe o que senti quando vi aquela luz? Quando vi aquele brilho, senti que alguém me amava muito (mas não fazia ideia de quem era). Fiquei muito impressionado com aquela luz brilhante. E enquanto eu estava lá, senti o amor, e esse amor eu nunca senti antes. Essa luz me acolheu com muito carinho e me ama muito. Minhas palavras para a luz antes de eu [reviver] foram

as seguintes: Eu queria ficar aqui, mas amo meus dois filhos. Quando disse isso, acordei de repente. Era verdade que a luz era Deus? Por que eu me senti muito sobrecarregada? Senti que somente aquela luz me amava e ninguém amava. Todas as pessoas só sabem me bater, me machucar, me criticar, me ofender e muito mais. Ninguém me amou como esse tipo de amor antes. Como eu gostaria que meus dois filhos e eu pudéssemos ir até lá e sentir esse amor para sempre.[10]

Espero que você se convença de que o Criador tem um amor louco por você. Mas ele não vai forçá-lo; ele lhe deu um livre-arbítrio. Ele nos deixa decidir se queremos conhecê-lo e amá-lo de volta, como você verá. Espero que, pelo menos, dedique um tempo para descobrir o que a medicina moderna e as pessoas que foram reanimadas após quase morrerem estão revelando.

Se você se considera um cristão, espero que este livro lhe dê uma visão do céu melhor do que você jamais imaginou. Jesus nos implorou que não vivêssemos em busca de tesouros terrenos e de lixo material que não durará, mas que vivêssemos todos os dias com os olhos voltados para a eternidade. O escritor C. S. Lewis disse certa vez: "Se você ler a história, verá que os cristãos que mais fizeram pelo mundo atual foram justamente aqueles que mais pensaram no próximo [...]. Mire no céu e você terá a Terra 'inclusa': mire na Terra e você não terá nenhum dos dois".[11]

No mundo ocidental, vivemos para a aposentadoria. As pessoas têm uma visão, uma imagem mental em nossa imaginação, de como será a aposentadoria — uma casa em um campo de golfe bem cuidado, ou talvez nas montanhas ou na praia, com tempo para jogar golfe, jardinagem, andar de barco ou fazer aquele hobby favorito, e tempo para passar com as pessoas que amamos. Como podemos imaginar isso, trabalharemos para isso, economizaremos e nos sacrificaremos por isso. Não há nada de errado com a aposentadoria, mas ela dura apenas algumas décadas, na melhor das hipóteses.

E se nos tornássemos pessoas que têm uma visão da vida definitiva do que está por vir? E se for verdade que esta vida é apenas um gostinho na ponta de nossa língua do banquete da vida futura? E se o céu for melhor do que seus sonhos mais loucos? E se a maneira como você vive realmente for importante para a vida depois da vida? Isso mudaria a forma como vivemos, trabalhamos, amamos e nos sacrificamos, não é mesmo? É isso que eu oro para que aconteça com você ao ter uma visão mais clara do céu. Mas, primeiro, que evidências existem de que essas experiências de quase-morte não são apenas alucinações ou o último lampejo de um cérebro moribundo? O que convenceu tantos médicos céticos? Vamos descobrir.

Capítulo 2

Médicos céticos e a vida após a morte

"Nunca vi nada, nem luz, nem sombras, nem nada", explicou Vicki a Kenneth Ring, professor da Universidade de Connecticut, que estava realizando um estudo sobre experiências de quase-morte de pessoas cegas. Os dois nervos ópticos estavam tão gravemente danificados que Vicki nunca tinha enxergado nada durante seus 22 anos de vida. Como Vicki explica: "Muitas pessoas me perguntam se eu vejo preto. Não, eu não vejo preto. Não vejo absolutamente nada. E em meus sonhos não tenho nenhuma impressão visual. São apenas paladar, tato, som e cheiro. Mas nenhuma impressão visual de nada".[12]

Isto é, até uma noite fatídica aos 22 anos.

Vicki cantava ocasionalmente em uma casa noturna de Seattle. Sem conseguir pegar um táxi após o horário de fechamento, seu único recurso foi pegar carona com dois clientes embriagados em uma van. Não é de surpreender que eles tenham batido. Vicki foi arremessada da van, sofreu uma fratura basal no crânio e quebrou a coluna e o pescoço.

Quando se deu conta, Vicki se viu acima da cena do acidente, "olhando" para o que ela percebeu ser uma van amassada. Como nunca havia "visto" nada por ser cega, Vicki relembra: "Foi difícil me adaptar e [...], no começo, [ver] era assustador. Depois, passei a gostar e ficou tudo bem. Eu tinha dificuldade em relacionar as coisas umas com as outras — o que eu estava vendo e percebendo versus o que eu havia tocado e conhecido".

Vicki não se lembra da viagem de ambulância até o Harborview Medical Center, mas a próxima coisa de que se recorda é que deixou seu corpo novamente e flutuou até perto do teto, onde observou um médico e uma mulher trabalhando no corpo de uma mulher. "Eu era bem alta e magra naquele momento", lembra Vicki. "E, a princípio, reconheci que era um corpo, mas não sabia que era o meu. Depois percebi que estava no teto e pensei: '*Isso é meio estranho. O que estou fazendo aqui em cima? Bem, este deve ser meu corpo. Será que estou morta?*'. Ela conseguiu ouvir a conversa dos médicos, que tinha a ver com o medo de que, devido a um possível dano ao tímpano, Vicki pudesse ficar surda e cega. Vicki tentou desesperadamente dizer a eles que estava bem — na verdade, ela se sentia melhor do que nunca —, mas, naturalmente, não obteve resposta.

"Então, finalmente reconheci minha aliança de casamento e meu cabelo." O cabelo de Vicki estava na altura da cintura e sua aliança de casamento tinha flores de laranjeira, então ela identificou ambos.

> E eu pensei: "Este é o meu corpo lá embaixo? E estou morta ou o quê?" Eles ficavam dizendo: "Não podemos trazê-la de volta, não podemos trazê-la de volta!" Eles estavam tentando trabalhar freneticamente nessa coisa que eu descobri ser meu corpo, e eu me senti muito distante dele e parei de me importar. Eu estava pensando: "Por que essas pessoas estão tão chateadas? Vou embora daqui, não consigo fazer com que me ouçam".
>
> Assim que pensei isso, subi pelo teto como se não fosse nada. Foi maravilhoso estar lá fora e ser livre, sem me preocupar em esbarrar em nada, e eu sabia para onde estava indo. E ouvi

um som de sinos de vento, que é o som mais incrível que posso descrever.

Vicki se viu subindo pelos tetos do hospital até estar acima do telhado do próprio edifício, momento em que teve uma breve visão panorâmica dos arredores. Ela viu o telhado, a rua e outros prédios ao redor do hospital. Ela se sentiu muito animada durante essa ascensão e gostou muito de tudo o que estava vivenciando.

Vicki percebeu que era totalmente ela mesma, tinha uma forma distinta e um corpo não físico que, segundo ela, "era feito de luz". Então, ela se viu subindo por um recinto escuro, "como um tubo". Ela estava sendo puxada para dentro desse tubo ou túnel de cabeça para baixo. Ela não teve medo ao se ver movendo-se em direção a um ponto de luz cada vez mais brilhante. Ao chegar à abertura do tubo onde estava a luz, ela ouviu a música sublime e harmoniosa que havia ouvido antes. A música se transformou em cânticos de louvor a Deus.

Ao chegar à abertura do tubo, ela "rolou" para fora e se viu deitada na grama. Árvores, flores e muitas pessoas a rodeavam. Ela se viu em um lugar com uma luz tremenda, e a luz, diz Vicki, "era algo que você podia sentir e ver". Até mesmo as pessoas que ela via eram brilhantes. "Todos ali eram feitos de luz. E eu era feita de luz. O que a luz transmitia era amor. Havia amor em toda parte. Era como se o amor viesse da grama, o amor viesse dos pássaros, o amor viesse das árvores."[13]

"Foi incrível, muito bonito, e fiquei impressionada com essa experiência porque não conseguia imaginar como era a luz."[14] Vicki continua explicando que, nesse outro mundo, ela foi recebida por alguns conhecidos. Como Ring observa,

Há cinco delas. Debby e Diane eram colegas de escola cegas de Vicki, que haviam morrido anos antes, aos 11 e 6 anos, respectivamente. Em vida, ambas enfrentavam deficiências severas além da cegueira, mas aqui elas pareciam radiantes e bonitas, saudáveis e cheias de vida. Eles não eram mais crianças, mas, como Vicki disse, "estavam em seu auge". Além disso, Vicki relata ter visto dois de seus cuidadores de infância, um casal chamado Sr. e Sra. Zilk, que também haviam morrido anteriormente. Por fim, havia a avó de Vicki — que basicamente havia criado Vicki e que morrera apenas dois anos antes desse incidente.[15]

Vicki relata: "Eu tinha a sensação de que sabia tudo. (...) Esse lugar era onde eu encontraria as respostas para todas as perguntas sobre a vida, sobre os planetas, sobre Deus e sobre tudo". Ring observa: "À medida que essas revelações se desenrolam, Vicki percebe que agora, ao seu lado, há uma figura cujo brilho é muito maior do que a iluminação de qualquer uma das pessoas que ela encontrou até então. Imediatamente, ela reconhece que esse ser é Jesus".

"Eu estava muito próxima a ele", explica Vicki.

> Ele realmente me abraçou. Me abraçou, e eu estava muito perto dele. E senti sua barba e seu cabelo. (...) Ele realmente me envolveu — essa é a única palavra que consigo pensar para descrever. Ele me envolveu com tanto calor e amor (...). [E seus olhos] eram penetrantes. Era como se eles permeassem cada parte de mim, mas (...) não de uma forma maldosa. Era como se você não pudesse mentir sobre nada, e ele simplesmente olhava para todos os lados e via tudo. No entanto, eu queria revelar tudo a ele.

Ele se comunicou com a mente dela: "Não é maravilhoso? Tudo é lindo aqui, e tudo se encaixa. E você vai descobrir isso. Mas você não pode ficar aqui agora. Ainda não é sua hora de estar aqui, e você tem que voltar".

Vicki reagiu com extrema decepção e protestou com veemência: "Não, quero ficar com você". O ser lhe assegurou que ela voltaria, mas, por enquanto, ela "teria que voltar e aprender e ensinar mais sobre amar e perdoar. (...) Mas, primeiro, veja isso", disse ele. E o que Vicki viu então foi "tudo, desde o meu nascimento", em uma revisão panorâmica completa de sua vida e, enquanto assistia, o ser comentava gentilmente para ajudá-la a entender o significado de suas ações e suas repercussões. A última coisa de que Vicki se lembra, depois que a revisão da vida foi concluída, são as palavras: "Você tem que ir embora agora". Ela então sentiu "um baque muito forte", como se fosse uma montanha-russa voltando para trás, e se viu de volta ao seu corpo, sentindo-se pesada e cheia de dor.[16]

VER PARA CRER

Como ex-cético, eu teria muitos contra-argumentos formados em minha cabeça neste momento. Tudo parece bom demais para ser verdade. No entanto, os testemunhos de pessoas como Vicki convenceram muitos médicos, professores e pesquisadores céticos de que a vida continua após a morte.

Como explica o cardiologista e pesquisador holandês Dr. Pim van Lommel,

> as histórias de Vicki e de outras pessoas cegas com EQM estão forçando os cientistas a considerar novas ideias sobre

a relação entre a consciência e o cérebro. As observações relatadas por Vicki não podem ter sido produto de percepção sensorial ou de um córtex cerebral (visual) em funcionamento, nem podem ter sido fruto da imaginação, dados seus aspectos verificáveis.[17]

Por exemplo, Kenneth Ring, que não é cristão, diz: "Fizemos a [Vicki] uma série de perguntas sobre a aparência exata de [Jesus] para ela e como ela poderia ter certeza de sua identidade". Ela descreveu um homem barbudo, com cabelos na altura dos ombros e olhos penetrantes, vestindo uma túnica com uma faixa, mas descalço, e disse que uma luz brilhante saía dele.

Ring observa:

> Por um lado, Vicki, como uma pessoa profundamente religiosa, mesmo quando criança, certamente estaria familiarizada com as descrições de Jesus: Por outro lado, ela afirma que, devido à sua cegueira desde o nascimento, essas descrições nunca formaram uma imagem pictórica coerente de Jesus em sua mente. Se considerarmos sua declaração não apenas sincera, mas também verdadeira, o fato de que o retrato que ela faz dele está tão bem de acordo com a tradição é certamente um quebra-cabeça que vale a pena ponderar.[18]

Ring também destaca várias descrições "visuais" fascinantes feitas por Vicki. Primeiro, durante a revisão de vida, Vicki "viu" uma reprodução de sua vida terrena com suas duas amigas, Debby e Diane. Mais tarde, ela conseguiu descrever aos pesquisadores como suas amigas de infância se pareciam e até andavam (uma delas se movia com muita dificuldade). Essas foram observações sobre suas amigas de infância que Vicki não poderia ter visto na época, mas que ela afirmou ter "visto" na revisão de vida. Os pesquisadores confirmaram as observações com a mãe da casa que criou as três meninas.

Ring também ressalta que "quando lhe pedem para descrever a cor de uma flor, tudo o que ela consegue dizer é: 'Eram diferentes brilhos, diferentes tons, mas eu não sei. Porque não sei como me relacionar com as cores'". Ele conclui: "O fato de que ela não foi capaz de discriminar cores naquele reino [celestial] (e também não foi capaz de fazê-lo no mundo físico) apenas acrescenta plausibilidade ao seu relato".[19]

Pessoas cegas afirmam ver, pessoas surdas afirmam ouvir. E nessa nova existência "espiritual", antes de atravessar o túnel, muitos afirmam ver e ouvir o que está acontecendo em nosso mundo. Os tipos de coisas que eles dizem e relatam apresentam evidências corroborativas (afirmações que podem ser checadas e verificadas).

No estudo de Kenneth Ring publicado em 2008, ele entrevistou 21 pessoas cegas (quatorze cegas de nascença) que relataram uma EQM. Ele submeteu sua pesquisa a uma revisão por pares, e

> os revisores tenderam a concordar com as principais conclusões dos pesquisadores, que (1) a experiência de quase-morte é a mesma para pessoas com visão e para pessoas cegas ou com deficiência visual, (2) as descrições da experiência feitas por cegos e deficientes visuais mostram percepções visuais ou "semelhantes a visuais" e (3) alguns desses relatos foram validados por testemunhas externas. Portanto, (4) há evidências preliminares de que as informações visuais podem ser corroboradas.[20]

A MEDICINA MODERNA E
A VIDA APÓS A MORTE

Com o advento da medicina moderna e de técnicas superiores de ressuscitação, a prevalência de pessoas que são trazidas de volta da morte clínica aumentou muito. Em 1982, "uma pesquisa Gallup relatou que 8 milhões de pessoas tiveram episódios de quase-morte", de acordo com o *New York Times*.[21] Nos últimos quarenta anos, desde que Moody cunhou o termo, estudos nos Estados Unidos e na Alemanha sugerem que aproximadamente 4,2% da população relatou uma experiência de quase-morte. Isso representa uma em cada vinte e cinco pessoas, ou seja, quase 13 milhões de norte-americanos![22]

Médicos céticos tornaram-se alguns dos primeiros a pesquisar o fenômeno após a publicação do livro *A vida depois da vida*. O Dr. Michael Sabom é um cardiologista que ouviu uma apresentação sobre o livro de Moody, mas achou que não fazia sentido. Nenhum dos pacientes que ele havia ressuscitado havia contado uma história tão imaginativa. Desafiado pelo apresentador a *perguntar a* seus pacientes, ele o fez. Como ele esperava, a maioria não tinha nada a relatar — exceto Jane. O Dr. Sabom relembra,

> Quando perguntei a Jane se ela havia tido alguma experiência incomum durante esses encontros com a morte, o tom de sua voz ficou reverente. Por trás de suas palavras, havia emoções fortes. Percebi rapidamente que ela estava me contando uma história profundamente pessoal. Essa história se desenrolou como as páginas do livro de Moody. Fiquei atônito, mas tentei manter um senso de profissionalismo enquanto ouvia (...). Comecei a acreditar que poderia haver algo nas histórias que Moody relatava. Mas tudo o que ele tinha era

uma coleção de histórias; não havia ciência em seu livro. Decidi levar a experiência de quase-morte para o próximo passo lógico — queria ver se ela seria aprovada cientificamente. E foi. Após cinco anos de pesquisa, publiquei minhas descobertas no livro *Recollections of Death* (Lembranças da Morte, em tradução livre).[23]

Chocado com a crença

O Dr. Sabom descobriu centenas de histórias como a de Jane quando começou a perguntar com sinceridade. O que convenceu o Dr. Sabom e outros médicos céticos da vida além da morte foram os pacientes que afirmaram ter deixado seu corpo físico e observado sua própria ressuscitação. Aqui estava a evidência corroborativa — alguma forma verificável de comprovar se essas histórias eram mais do que alucinações ou reações de um cérebro moribundo. O Dr. Sabom registrou várias histórias como a de Pete Morton.

> Pete me disse que havia deixado seu corpo durante sua primeira parada cardíaca e que havia assistido à ressuscitação. Quando pedi que me contasse o que exatamente viu, ele descreveu a ressuscitação com tantos detalhes e precisão que eu poderia ter usado a fita mais tarde para ensinar os médicos. Pete se lembrou de ter visto a primeira tentativa do médico de restaurar seus batimentos cardíacos. "Ele me bateu. E eu quero dizer que ele realmente me bateu. Ele voltou com o punho de trás da cabeça e me acertou bem no centro do peito." Pete se lembra de terem inserido uma agulha em seu peito em um procedimento que, segundo ele, parecia "um daqueles rituais dos índios astecas em que eles tiram o coração da virgem". Ele até se lembrava de ter pensado que, quando lhe deram o

choque, eles o eletrocutaram demais. "Cara, meu corpo pulou uns dois metros da mesa".

"Antes de conversar com Pete e com pessoas como ele", diz Sabom,

> eu não acreditava que existisse algo como uma experiência de quase-morte (...). Essas pessoas, como Pete Morton, viram detalhes de sua ressuscitação que não poderiam ter visto de outra forma. Um paciente notou que o médico não usava as proteções descartáveis sobre seus sapatos brancos de couro envernizado durante a cirurgia cardíaca. Em muitos casos, consegui confirmar o testemunho do paciente com os registros médicos e com a equipe do hospital.[24]

Suspeitando que a explicação fosse a "familiaridade com os procedimentos", Sabom conduziu um estudo comparando as descrições de ressuscitação de pessoas que alegavam ter EQMs com um grupo de controle de pacientes cardíacos experientes. Esse tipo de estudo já foi repetido várias vezes com conclusões semelhantes. Em um estudo prospectivo de cinco anos sobre EQMs no Reino Unido, a Dra. Penny Sartori testou a "hipótese das boas suposições". Ela pediu a pacientes cardíacos experientes que *não afirmaram* ter visto seus corpos que adivinhassem o que aconteceu durante a ressuscitação. Sartori relata,

> Vinte e oito desses pacientes não conseguiram sequer adivinhar quais procedimentos haviam sido realizados. Três relataram cenários baseados em coisas que tinham visto em dramas hospitalares populares na TV e dois adivinharam o cenário. Todos apresentaram erros e concepções errôneas sobre o equipamento usado e descreveram procedimentos incorretos. Muitos disseram que o desfibrilador havia sido usado quando,

na verdade, não havia sido. Isso contrastou significativamente com os relatos surpreendentemente precisos feitos por pacientes que afirmaram estar fora de seus corpos e observando a situação de emergência.[25]

Pesquisa científica de milhares de pessoas

O Dr. Jeffrey Long, oncologista de radiação, leu sobre a pesquisa de quase-morte do Dr. Sabom publicada no prestigioso *Journal of the American Medical Association* (*JAMA*). Ele nunca tinha ouvido falar de tal coisa, mas como alguém que tem que enfrentar a morte com pacientes com câncer todos os dias, ele leu o livro de Moody.

> Fiquei impressionado com o trabalho de Moody e de muitos outros pesquisadores de EQM, mas ainda muito surpreso com a falta de pesquisas mais abrangentes. Afinal de contas, a resposta mais procurada pela humanidade não é a que responde à pergunta: "Sobrevivemos à morte corporal?" Comecei a me perguntar se eu mesmo deveria me envolver na pesquisa dessas viagens fascinantes e aparentemente de outro mundo. Então aconteceu algo que me ajudou a decidir.[26]

Ele e sua esposa saíram para jantar com outro casal. Durante o jantar, a amiga deles, Sheila, mencionou que tinha alergias graves, tão graves que uma vez teve uma reação alérgica durante uma cirurgia e ficou inconsciente (seu coração parou de bater). O Dr. Long decidiu sondar: "'Aconteceu alguma coisa com você quando estava inconsciente naquela mesa?' perguntei. Sua resposta imediata e enfática foi: 'Sim, claro!' E ali mesmo, nesse restaurante mal iluminado, (...) ouvi minha primeira experiência pessoal de quase-morte."[27]

A ALEGRE REUNIÃO DE SHEILA

"Imediatamente depois que meu coração parou", explicou Sheila calmamente naquela noite,

> Eu me vi no nível do teto. Eu podia ver o aparelho de eletrocardiograma ao qual estava conectado. O eletrocardiograma estava sem sinal. Os médicos e enfermeiros estavam tentando freneticamente me trazer de volta à vida. A cena abaixo de mim era quase uma situação de pânico. Em contraste com o caos lá embaixo, senti uma profunda sensação de paz. Eu estava completamente livre de qualquer dor. Minha consciência saiu da sala de cirurgia e foi para um posto de enfermagem. Reconheci imediatamente que aquele era o posto de enfermagem no andar em que eu estava antes da minha cirurgia. Do meu ponto de vista privilegiado, próximo ao teto, vi as enfermeiras se movimentando para realizar suas tarefas diárias.
>
> Depois de observar as enfermeiras por algum tempo, um túnel se abriu. Fui atraído para o túnel. Em seguida, atravessei o túnel e percebi uma luz brilhante no final do túnel. Senti-me em paz. Depois de atravessar o túnel, encontrei-me em uma área de luz linda e mística. À minha frente estavam vários de meus queridos parentes que haviam morrido anteriormente. Foi um reencontro alegre, e nos abraçamos. Encontrei-me com um ser místico de amor e compaixão avassaladores.
>
> "Você quer voltar?" Ele perguntou. Respondi: "Não sei", o que era bem típico do meu antigo jeito indeciso naquela época. Depois de uma discussão mais aprofundada, eu sabia que a escolha de voltar ao meu corpo físico era minha. Foi uma decisão muito difícil. Eu estava em um reino de amor

avassalador. Nesse reino, eu sabia que estava realmente em casa. Finalmente, retornei ao meu corpo. Acordei na UTI mais de um dia depois. Eu tinha tubos e fios por toda parte. Não conseguia falar sobre minha profunda experiência.

Mais tarde, voltei ao andar do hospital onde eu havia estado antes da cirurgia. Ali estava o posto de enfermagem que visitei durante minha EQM. Finalmente criei coragem para compartilhar o que vi durante minha EQM com uma das enfermeiras. A enfermeira respondeu com um olhar de choque e medo. Esse era um hospital católico. Não é de surpreender que uma freira tenha sido enviada para conversar comigo. Pacientemente, expliquei tudo o que havia vivido. A freira ouviu atentamente e depois declarou que minha experiência era "obra do demônio". Você pode entender minha enorme relutância em compartilhar minha EQM com alguém depois disso.

O Dr. Long relembra vividamente:

Quando Sheila terminou sua história, houve um silêncio na mesa por algum tempo. Não me lembro de ter comido mais nada da minha refeição, embora possa ter comido (...). Lembro-me de pensar que essas experiências poderiam mudar minha visão sobre a vida, a morte, Deus e o mundo em que vivemos.[28]

Desde então, o Dr. Long coletou e estudou cientificamente milhares de relatos de todo o mundo, alguns dos quais exploraremos neste livro. "Ao estudar milhares de relatos detalhados de EQMs, encontrei a evidência que levou a essa conclusão surpreendente: as EQMs fornecem evidências científicas tão poderosas que é razoável aceitar a existência de uma vida após a morte."[29]

SE O SAPATO SERVIR

Inúmeros casos repetidos em que alguém estava aparentemente inconsciente em uma cama de hospital e relatou ter visto coisas que não poderia ter visto daquela cama levaram muitos médicos e professores a levar essas histórias a sério. Kimberly Clark Sharp, uma notável pesquisadora de EQM em Seattle, Washington, relatou um estudo de caso em que uma mulher chamada Maria foi levada às pressas para o hospital com um grave ataque cardíaco. Após uma ressuscitação bem-sucedida, Maria contou a Sharp sobre sua experiência de quase-morte, incluindo observações detalhadas de sua ressuscitação. Em seguida, ela deu um passo além. Ela afirmou ter viajado para fora do hospital, onde observou um tênis no parapeito da janela do terceiro andar do hospital. Maria forneceu informações detalhadas sobre o tênis. Era um tênis masculino, disse ela, com o pé esquerdo e azul escuro, com uma marca de desgaste no dedão do pé e um cadarço enfiado sob o calcanhar. Sharp foi de janela em janela no terceiro andar do hospital, procurando nos parapeitos. Finalmente, ela encontrou o sapato, exatamente como Maria o havia descrito. O Dr. Long ressalta que "esse relato é notavelmente comprovado, apesar dos esforços de alguns céticos para lançar dúvidas".[30]

A Lancet, uma das revistas médicas de maior prestígio, publicou outro relato, de um paciente que sofreu uma parada cardíaca e não respirava. O Dr. Long relata uma parte do caso aqui:

> No momento em que um tubo estava sendo colocado nas vias aéreas para ventilar [o paciente], notou-se que ele tinha dentaduras superiores. As dentaduras foram removidas e colocadas em uma gaveta do carrinho de emergência enquanto o paciente estava em coma profundo. Mais de uma semana depois, o paciente relatou ter tido uma [experiência fora do

corpo] e descreveu com precisão a sala em que foi ressuscitado e as pessoas presentes. Notavelmente, ele declarou que suas dentaduras perdidas poderiam ser encontradas na gaveta do carrinho de emergência. Observe que o paciente relatou ter visto a enfermeira e as pessoas presentes durante sua ressuscitação, o que não ocorre a menos que alguém esteja lúcido e em um estado fora do corpo.[31]

J. M. Holden, professor de psicologia, estudou 93 pacientes de EQM que afirmaram ter feito observações verificáveis enquanto estavam fora de seus corpos físicos. "Dessas percepções fora do corpo, 92% eram completamente precisas, 6% continham algum erro e apenas 1% era completamente errôneo."[32]

A CONCLUSÃO LÓGICA

Muitos estudos já foram realizados, convencendo muitos dos antigos céticos de que essas pessoas realmente passam da morte para algum novo estado de existência. Miller observa a quantidade de literatura acadêmica revisada por pares agora disponível desde que Moody escreveu *A vida depois da vida*:

> Mais de 900 artigos sobre EQMs foram publicados na literatura acadêmica antes de 2011, em páginas de revistas tão variadas como *Psychiatry, The Lancet, Critical Care Quarterly, The Journal for Near-Death Studies, American Journal of Psychiatry, British Journal of Psychology, Resuscitation e Neurology*.[33]

O Handbook of near-death experiences (*Manual de experiências de quase-morte*, em tradução livre) relata 55 pesquisadores ou equipes que publicaram pelo menos 65 estudos de mais de 3.500 EQMs.[34] Muitos chegaram à conclusão de que existe vida após a morte. Explicações alternativas foram propostas ao longo dos anos, mas nenhuma faz tanto sentido lógico para as evidências quanto a simples conclusão: *há* vida após a morte![35]

Mas como será essa vida? Toda experiência é única, e cada uma deve ser filtrada com certo ceticismo. No entanto, quando milhares de pessoas de todas as idades, em todo o mundo, relatam os mesmos elementos centrais repetidamente, precisamos considerar o que isso significa.

Capítulo 3
O que há de comum nas EQMS

Katie, de sete anos, foi encontrada boiando de bruços em uma piscina. Um pediatra a reanimou na sala de emergência, mas ela permaneceu em coma profundo — com um severo inchaço do cérebro e sem reflexo de vômito — com um pulmão artificial respirando por ela. Ele deu a ela uma chance de 10% de sobreviver. Surpreendentemente, ela se recuperou totalmente em três dias.

Quando voltou para uma consulta de acompanhamento com o pediatra, Katie reconheceu o Dr. Morse. Ela disse à mãe: "É o que tem barba. Primeiro havia um médico alto que não tinha barba, e depois ele entrou. Primeiro, eu estava em uma sala grande e, depois, eles me levaram para uma sala menor, onde me fizeram raios X". Ela explicou a maneira como os médicos colocaram um tubo em seu nariz — tudo preciso, mas "visto" enquanto seus olhos estavam fechados e seu cérebro estava em coma profundo. Morse perguntou o que ela lembrava sobre seu quase afogamento. Afinal de contas, se isso foi resultado de uma convulsão, ela poderia ter outra. Katie respondeu: "Você quer dizer quando eu visitei o Pai Celestial?"

"Esse é um bom ponto de partida", disse Morse, cético, mas intrigado. "Conte-me sobre o encontro com o Pai Celestial."

"Conheci Jesus e o Pai Celestial", disse ela. Talvez tenha sido a expressão de choque dele. Talvez sua timidez natural tenha entrado em ação. Seja qual for o motivo, isso foi tudo o que ela disse naquele encontro. Na semana seguinte, Katie estava mais falante. Ela não se lembrava de nada sobre o afogamento, mas se recordava de uma escuridão inicial, depois de um túnel pelo qual Elizabeth entrou. Ela a descreveu como "alta e simpática", com cabelos dourados e brilhantes. Elizabeth (seu anjo) acompanhou Katie pelo túnel, onde ela conheceu várias pessoas, inclusive seu falecido avô, dois garotos chamados Mark e Andy, entre outros.

Durante esses dias em coma, Katie relatou ter tido outros episódios de quase-morte em que seguiu a família até a casa (enquanto estava fora do corpo físico) e afirmou ter visto seus irmãos empurrando um G.I. Joe em um jipe. Ela relatou ter visto sua mãe cozinhar frango assado com arroz. Ela até sabia que roupa cada membro da família usava naquela noite. Seus pais ficaram chocados com a precisão detalhada. Finalmente, Elizabeth levou Katie para conhecer o Pai Celestial e Jesus. O Pai perguntou se ela queria ir para casa. Ela queria ficar. Jesus perguntou se ela queria ver sua mãe. Ela disse: "Sim", e então acordou. A história de Katie abriu os olhos do Dr. Morse.[36]

O Dr. Morse realizou o primeiro estudo sistemático de EQMs em crianças no Seattle Children's Hospital. Ele entrevistou 121 crianças que haviam estado perto da morte e encontrou relatos semelhantes aos de Katie. Ele também entrevistou um grupo de controle de "37 crianças que haviam sido tratadas com quase todos os tipos de medicamentos que alteram a mente conhecidos pela farmacologia". Ele descobriu que nenhuma delas "teve algo parecido com uma EQM".[37]

Quando estudos realizados com centenas de crianças relatam os mesmos elementos centrais de suas EQMs, é preciso parar e refletir sobre como tantas crianças, completamente alheias às histórias de

EQMs, puderam confirmar os mesmos elementos comuns que adultos de todo o mundo.

A EXPERIÊNCIA CENTRAL DA EQM

Embora não existam duas experiências iguais, e alguns detalhes remotos devam ser questionados com ceticismo, há elementos surpreendentemente comuns na experiência central de quase-morte descrita por jovens e idosos, em várias culturas e em diferentes idiomas. Nem todos os pesquisadores e indivíduos concordam com a interpretação da experiência (quem, por exemplo, é esse "ser de luz"?), mas concordam com a experiência central. O Dr. Long relata a porcentagem de cada elemento central descrito em seu estudo de 1.300 EQMs de todo o mundo.

1. Experiência fora do corpo: separação da consciência do corpo físico (75,4%).
2. Sentidos aguçados (74,4% disseram "mais conscientes e alertas do que o normal").
3. Emoções ou sentimentos intensos e geralmente positivos (76,2% "paz incrível").
4. Entrar em um túnel ou passar por ele (33,8%).
5. Encontro com uma luz mística ou brilhante (64,6%).
6. Encontro com outros seres, sejam eles seres místicos ou parentes e amigos falecidos (57,3%).
7. Uma sensação de alteração de tempo ou espaço (60,5%).
8. Revisão de vida (22,2%).
9. Encontro com reinos não mundanos ("celestiais") (52,2%).
10. Encontrar ou aprender conhecimentos especiais (56%).

11. Encontrar um limite ou barreira (31%).
12. Um retorno ao corpo (58,5% estavam cientes de uma decisão de retorno).[38]

Após trinta anos de pesquisa como oncologista praticante, analisando ceticamente todas as explicações alternativas, Long conclui:

> Com um EEG plano [sem atividade cerebral registrada] (...) não há nenhuma chance de que a atividade elétrica nas partes inferiores do cérebro possa ser responsável por uma experiência tão altamente lúcida e ordenada como a descrita pelas EQMs. A lucidez aliada à ordem previsível dos elementos [centrais] estabelece que as EQMs não são sonhos ou alucinações, nem se devem a qualquer outra causa de funcionamento cerebral prejudicado.[39]

No início, eu era cético com relação a adultos que contavam essas histórias, especialmente quando tinham algo a ganhar com a venda de livros. A coleção do Dr. Long de mais de 3 mil testemunhos em seu site é importante por dois motivos. Primeiro, nenhum deles foi pago — não estavam se beneficiando com a venda de um livro — e leva cerca de trinta minutos para preencher seu extenso questionário. Não há muito a ganhar pessoalmente e, na verdade, isso custa tempo. Em segundo lugar, os relatos vêm de todas as partes do mundo — comprovando as semelhanças da experiência central.

Um fenômeno global

Na Holanda, em 1969, o cardiologista Pim van Lommel reanimou um paciente cuja reação o chocou. O médico relembra:

> [O paciente] havia sido reanimado com sucesso, mas, para a surpresa de todos, ele estava extremamente desapontado. Ele falou de um túnel, de cores, de uma luz, de uma bela paisagem e de música. Ele estava extremamente emocionado. O termo experiência de quase-morte (EQM) ainda não existia, e eu nunca tinha ouvido falar de pessoas que se lembravam do período de sua parada cardíaca (...). Fui ensinado que existe uma explicação reducionista e materialista para tudo. E, até aquele momento, sempre aceitei isso como verdade incontestável.[40]

Ele leu o livro do Dr. Ritchie em 1986 e começou a perguntar a seus pacientes que haviam sido reanimados sobre suas experiências. O que ele descobriu é que as pessoas não contam a menos que lhes seja perguntado. Elas não querem ser rotuladas de "loucas".

Um dos pacientes holandeses do Dr. Van Lommel relatou uma EQM na infância:

> Quando eu tinha cinco anos de idade, contraí meningite e entrei em coma. Eu morri (...). Não senti medo nem dor. Eu me senti em casa neste lugar (...). Vi uma garotinha de aproximadamente dez anos de idade. Senti que ela me reconheceu. Nós nos abraçamos e ela me disse: "Sou sua irmã (...). Recebi meu nome em homenagem a sua avó. Nossos pais me chamavam de Rietje, como diminutivo". Ela me beijou, e senti seu calor e amor. "Você precisa ir agora", disse ela (...). Em um instante, eu estava de volta ao meu corpo. Abri os olhos e vi a expressão de felicidade e alívio no rosto de meus pais. Contei a eles sobre minha experiência (...). Fiz um desenho da minha irmã que me recebeu e repeti tudo o que ela havia me dito. Meus pais ficaram tão chocados que entraram em pânico. Eles se levantaram e saíram da sala. Depois de um tempo, voltaram. Confirmaram que de fato haviam perdido uma filha chamada Rietje. Ela

havia morrido de envenenamento. Eles decidiram não contar a mim e ao meu irmão até que tivéssemos idade suficiente para entender o significado da vida e da morte.[41]

O Dr. Van Lommel observa, depois de estudar os relatos de crianças, que:

> se uma EQM fosse baseada puramente em um pensamento positivo, seria de se esperar que as crianças encontrassem membros vivos da família, como seu pai e sua mãe. As crianças encontram seus animais de estimação favoritos que morreram com mais frequência do que os adultos. Em uma idade muito jovem, as crianças raramente passam por uma revisão de vida, mas isso é relatado a partir dos seis anos de idade. E, finalmente, assim como os adultos, as crianças acham extremamente difícil falar sobre suas experiências.[42]

Nem tudo é bom

Mas nem toda EQM é positiva. O Dr. Maurice Rawlings não acreditava em Deus ou na vida após a morte quando teve uma experiência angustiante em uma noite de 1977. Enquanto fazia um teste de esforço, um homem de 40 anos teve uma parada cardíaca e caiu morto em seu consultório. Três enfermeiras entraram correndo e iniciaram a reanimação cardiopulmonar (RCP) enquanto o Dr. Rawlings iniciava uma massagem cardíaca externa, mas o coração não conseguia manter seus próprios batimentos. O Dr. Rawlings conta:

> Tive de inserir um fio de marca-passo em uma veia grande. O paciente começou a "acordar". Mas sempre que eu pegava

instrumentos ou interrompia a compressão do tórax, o paciente perdia novamente a consciência (...), parava de respirar e morria mais uma vez. Cada vez que recuperava os batimentos cardíacos e a respiração, o paciente gritava: "Estou no inferno!". Ele estava apavorado e implorava para que eu o ajudasse. Eu estava morrendo de medo. De fato, esse episódio literalmente me assustou muito! Depois de várias ressuscitações, o homem implorou: "Você não entende? Estou no inferno. Cada vez que você desiste, eu volto para o inferno! Não me deixe voltar para o inferno!" Ignorei sua reclamação e disse-lhe que guardasse seu "inferno" para si mesmo (...) até que eu terminasse de colocar o marcapasso no lugar. Mas o homem estava falando sério.

"Como faço para não ir para o inferno? Ore por mim!", ele implorou.

Rezar por ele? Que coragem! Eu lhe disse que era médico, não um pregador.

"Ore por mim!", ele repetiu.

Era o pedido de um homem que estava morrendo, então o Dr. Rawlings usou o pouco da escola dominical de que se lembrava. Mesmo que ele próprio não acreditasse, fez com que o homem repetisse depois dele enquanto continuava trabalhando: "Senhor Jesus, peço-lhe que me mantenha longe do inferno. Perdoe meus pecados. Entrego minha vida a você. Se eu morrer, quero ir para o céu. Se eu viver, ficarei 'comprometido' para sempre." A condição do paciente finalmente se estabilizou. Alguns dias depois, o Dr. Rawlings pediu ao paciente que explicasse o que ele viu no inferno. O paciente não se lembrava de *nenhum* dos eventos desagradáveis — apenas dos agradáveis, quando voltou a ter uma parada cardíaca após a oração. Rawlings reflete:

Aparentemente, as experiências foram tão assustadoras... que foram posteriormente suprimidas em seu subconsciente. Ele se lembra de estar no fundo da sala e nos observar trabalhando em seu corpo no chão. Ele também se lembra de ter conhecido sua mãe [falecida] e sua madrasta durante um desses episódios de morte subsequentes. Essa experiência foi muito prazerosa, ocorrendo em um vale estreito com vegetação muito exuberante e uma iluminação brilhante por um enorme feixe de luz. Ele viu sua mãe [biológica] pela primeira vez. Ela havia morrido aos 21 anos, quando ele tinha 15 meses de idade.[43]

Esse evento mudou as crenças do Dr. Rawlings e, depois de fazer sua própria pesquisa, ele escreve em *Beyond death's door* (*Além da porta da morte*, em tradução livre): "Nem todas as experiências de morte são boas (...). As experiências desagradáveis em meu estudo acabaram sendo pelo menos tão frequentes quanto as agradáveis."[44] Exploraremos o que isso significa e a teoria de Rawlings sobre memórias bloqueadas em capítulos posteriores.

Interpretando a experiência

Ao estudar as Escrituras e ler cada vez mais sobre EQMs, convenci-me de que os elementos centrais que as pessoas relatam acrescentam cor ao esboço já desenhado pelos profetas judeus e por Jesus. No entanto, muitos cristãos têm reagido negativamente às EQMs, considerando-as como contos da Nova Era ou como um engano satânico. Em parte, acredito que isso se deva ao fato de que alguns dos primeiros pesquisadores (que não tiveram essas experiências, mas simplesmente as estudaram) defendiam práticas ocultistas, como o contato com os mortos ou experiências transcendentais fora do corpo. Mas espero mostrar que essas *interpretações* não se encaixam na experiência central *relatada* tão bem quanto uma interpretação bíblica, portanto não devemos descartar um possível dom de Deus por causa de interpretações errôneas dos dados.

Como diz o teólogo R. C. Sproul:

> Os cristãos não deveriam se chocar quando pessoas submetidas à morte clínica e revividas voltam com certas lembranças. Tentei manter a mente aberta e espero que esse fenômeno interessante receba o benefício de mais pesquisas, análises e avaliações. Muitas dessas experiências já foram relatadas para que simplesmente as descartemos como imaginárias ou falsas.[45]

Exploraremos o que essas experiências significam, descobriremos como elas se alinham com a Bíblia e veremos que futuro incrível Deus deseja para todas as pessoas que criou.

Mas é preciso fazer uma advertência. Essas histórias são *interpretações* de uma experiência. Os elementos centrais permanecem incrivelmente fiéis às Escrituras, mas devemos nos manter céticos em relação aos detalhes mais discrepantes. Depois de ler cerca de mil EQMs, a coisa mais comum que ouvi foi como é impossível colocar em palavras. Ouça as expressões de luta:

"Não há palavras humanas que cheguem perto disso"[46] — Crystal.

"Não há palavras para expressar a presença divina *dele*"[47] — Gary.

"O que eu vi foi lindo demais para ser descrito em palavras"[48] — Paciente holandês.

"O tipo de amor que experimentei lá não pode ser expresso em palavras"[49] — Suresh.

Uma pessoa resumiu bem a situação:

> Quando estava passando por isso, fiquei pensando: "Bem, quando eu estava estudando geometria, eles sempre me disseram que havia apenas três dimensões, e eu sempre aceitei isso. Mas eles estavam errados. Há mais." (...) E é por isso que é tão difícil lhe dizer isso. Tenho que descrevê-lo com palavras tridimensionais. Isso é o mais próximo que consigo chegar, mas não é realmente adequado.[50]

Portanto, cada experiência individual de quase-morte é, na verdade, uma *interpretação* de uma experiência que está além de nossa linguagem terrena e finita. Isso não significa que ela seja completamente estranha; na verdade, você ficará agradavelmente chocado ao descobrir que o céu é muito mais "terreno", "físico" e "parecido com a vida real" do que você jamais imaginou, mas também muito além da Terra. Mas devemos ser cautelosos ao construir uma teologia (ou visão de Deus e da eternidade) em torno de histórias ou detalhes individuais que vão além da estrutura das Escrituras ou dos elementos centrais encontrados na maioria das EQMs.

Então, como é o céu?

Como Katie disse quando seu pediatra a olhava com ceticismo: "Não se preocupe, Dr. Morse, o céu é divertido!"[51] É isso que você vai descobrir quando voltarmos nossa atenção para imaginar o céu. Estou convencido de que Deus preparou um futuro para você repleto de mais alegria e emoção, mais beleza de tirar o fôlego, mais amor e profundidade de relacionamento com amigos e familiares do que você já experimentou nesta grande rocha. O denominador mais comum daqueles que tiveram um vislumbre: eles não querem voltar!

Então, vamos começar nossa jornada imaginativa. Talvez daqui a cinquenta anos, talvez amanhã, quando você deixar este corpo terreno para trás, você terá um corpo melhor! Não haverá mais problemas com a imagem corporal ou doenças dolorosas. Os surdos finalmente ouvirão, os cegos finalmente enxergarão. Imagine como será esse corpo...

Capítulo 4

Um corpo melhor

A Dra. Mary Neal, cirurgiã ortopédica da coluna vertebral, estava em uma viagem de caiaque em águas brancas no Chile quando despencou de uma cachoeira. O nariz de seu caiaque se prendeu entre duas pedras, deixando-a submersa sob uma torrente de água em queda. "Quando percebi que estava presa na cachoeira", conta Mary, "não entrei em pânico e não me debati, mas tentei desesperadamente sair do meu barco usando algumas técnicas padrão (...). Logo percebi que não estava mais no controle do meu futuro." Mary relembra o que aconteceu quando se deu conta de sua situação:

> Deus já havia me salvado mais de uma vez no passado, por isso, mais uma vez, estendi a mão para Deus e pedi sua intervenção divina. Não exigi resgate. Eu sabia que Ele me amava e tinha um plano para mim. Pedi apenas que sua vontade fosse feita. No exato momento em que me voltei para ele, fui tomado por um sentimento absoluto de calma, paz e a sensação física de estar nos braços de alguém (...). Eu sabia com absoluta certeza que estava sendo abraçado e consolado por Jesus, o que inicialmente foi surpreendente, para dizer o mínimo, pois sou apenas uma pessoa comum (...), mas naquele momento compreendi perfeitamente como Jesus poderia estar ali me abraçando e consolando e, da mesma forma, estaria presente para qualquer outra pessoa que pedisse sua ajuda ao mesmo tempo, em qualquer lugar do mundo. Enquanto me abraçava, Jesus me conduziu por uma breve revisão de minha vida.

Eu estava com a cintura dobrada para a frente, e meu corpo e braços estavam deitados sobre o convés frontal, pressionados pela força da água (...). Parece um tanto mórbido, mas, do ponto de vista de um ortopedista, fiquei intrigado ao sentir os ossos do meu joelho se quebrarem e os ligamentos se romperem. Tentei analisar as sensações e considerar quais estruturas provavelmente estavam envolvidas (...). Eu não estava gritando e realmente não estava sentindo nenhuma dor. Curiosamente, eu me sentia feliz. Essa é uma afirmação notável, considerando que eu sempre tive pavor de me afogar (...).

Finalmente senti meu corpo se soltar do barco e começar a cair com a correnteza (...). No momento em que meu corpo foi liberado e começou a tombar, senti um "estalo". Foi como se eu tivesse finalmente me livrado de minha pesada camada externa, libertando minha alma. Levantei-me e saí do rio e, quando minha alma atravessou a superfície da água, encontrei um grupo de 15 a 20 almas (espíritos humanos enviados por Deus) que me saudaram com a maior alegria que já experimentei e que jamais poderia imaginar. Era uma alegria em um nível absoluto. Eles eram como um grande comitê de boas-vindas ou uma grande nuvem de testemunhas, conforme descrito em Hebreus 12:1: "Portanto, também nós, uma vez que estamos rodeados por tão grande nuvem de testemunhas, (...) corramos com perseverança a corrida proposta para nós".

Minha chegada foi comemorada com alegria, e um sentimento de amor absoluto era palpável quando esses seres espirituais e eu nos abraçamos, dançamos e nos cumprimentamos. A intensidade, a profundidade e a pureza desses sentimentos e sensações eram muito maiores do que eu jamais poderia descrever com palavras e muito maiores do que qualquer coisa que eu tenha experimentado na Terra. Não me entenda mal. (...) Fui muito abençoada em minha vida e experimentei muita alegria e amor aqui na Terra. Amo meu marido e amo cada um de meus filhos com grande intensidade, e esse amor é recíproco. Só que o mundo de Deus é exponencialmente mais colorido e intenso.

Meus companheiros e eu começamos a deslizar por um caminho, e eu sabia que estava indo para casa. Meu lar eterno (...). Enquanto bebia da beleza e me alegrava com meus companheiros, olhei de relance para a cena na margem do rio. Meu corpo [que depois de quatorze minutos submerso já havia sido recuperado] parecia a casca de um velho amigo querido, e senti compaixão e gratidão por seu uso. Olhei para Tom e seus filhos [amigos íntimos que estavam passeando de caiaque com Mary], e eles pareciam terrivelmente tristes e vulneráveis. Eu os ouvi me chamando e implorando para que eu respirasse. Eu os amava e não queria que ficassem tristes, então pedi aos meus companheiros celestiais que esperassem enquanto eu voltava ao meu corpo, me deitava e respirava.[52]

Um corpo espiritual

Imagine só, aquele ponto da vida que você mais temia — a morte do seu corpo terreno — de repente o liberta de uma forma que você nunca imaginou. Você se sente vivo! Na verdade, tão você mesmo e tão vivo que precisa se adaptar. Leva um pouco de tempo para perceber que não está mais em seu corpo terreno. Você ainda tem um corpo — braços, pernas, dedos das mãos e dos pés — mas começa a perceber que algo também está diferente. É o mesmo, mas diferente. Um *upgrade*!

Imagine que não há mais dores, que os males e as deficiências desapareceram e que as limitações de movimento de seu corpo terreno não parecem se aplicar a esse novo corpo espiritual aprimorado. Você ainda tem seus sentidos intactos; na verdade, todos os seus sentidos parecem turbinados e multiplicados. Você sente e experimenta de uma forma que parece mais "real", mais "viva" do que nunca. Toda a ansiedade se desmancha em uma surpreendente sensação de paz. Muitas pessoas que temem a morte têm medo da dor da morte. No entanto, muitos que a descrevem não se lembram da dor, mas descrevem o que Paulo chamou de "a paz de Deus, que excede todo o entendimento" (Filipenses 4:7).

Paulo, o apóstolo, aparentemente teve uma experiência de quase-morte. "Eles apedrejaram Paulo e o arrastaram para fora da cidade, pensando que ele estava morto. Mas, depois que os discípulos se reuniram em torno dele, ele se levantou" (Atos 14:19-20). Acredito que Paulo esteja falando sobre essa experiência quando escreve: "Conheço um homem em Cristo que há quatorze anos foi arrebatado ao terceiro céu. Se foi no corpo ou fora do corpo, não sei — Deus sabe. E sei que esse homem — no corpo ou fora do corpo, não sei, mas Deus sabe — foi arrebatado ao paraíso e ouviu coisas inexprimíveis, coisas que a ninguém é permitido contar" (2 Coríntios 12:2-4).

Algumas coisas as pessoas não podem expressar ou não têm permissão para contar, mas outras coisas Deus quer que saibamos. Ele quer que o céu desperte nossa imaginação, e acredito que é por isso que ele está nos dando cada vez mais evidências e percepções sobre a vida futura — para que vivamos para ela. A maioria das pessoas não se dá conta disso, mas esse novo corpo espiritual é uma promessa de Deus transmitida nas Escrituras. Paulo pode estar refletindo sobre sua própria experiência de quase-morte quando explica,

> Sabemos que, se a temporária habitação terrena em que vivemos for destruída, temos da parte de Deus um edifício, uma casa eterna nos céus, não construída por mãos humanas.

> Enquanto isso, gememos, desejando ser revestidos da nossa habitação celestial, já que, quando estivermos vestidos, não seremos encontrados nus. Pois, enquanto estamos nesta habitação temporária, gememos e nos angustiamos, porque não queremos ser despidos, mas vestidos da nossa habitação celestial, para que aquilo que é mortal seja absorvido pela vida. (...) Temos, pois, confiança e preferimos estar ausentes do corpo e viver com o Senhor. Por isso, temos o propósito de lhe agradar, quer estejamos no corpo, quer o deixemos (2 Coríntios 5:1-4, 8-9).

Paulo reitera: "Será muito melhor nesse novo corpo espiritual melhorado, e eu preferiria vestir o novo corpo, mas, seja como for, vou viver para agradar a Deus". Mary se sentia em um novo corpo, mas também podia ver seu antigo corpo. No entanto, o medo e a dor desse corpo antigo desapareceram quando ela fez a transição para o corpo espiritual de que Paulo falou. Então, como será esse novo corpo espiritual, de acordo com as Escrituras? Surpreendentemente, é exatamente o que pessoas de todas as idades, de todo o mundo, descrevem quando estão à beira da morte clínica.

FOREVER YOUNG

Não apenas estaremos livres das dores e preocupações deste corpo terreno, como também nos sentiremos jovens novamente! Você se lembra de como era ter uma energia infinita quando criança? Lembra-se da força e da resistência daqueles anos de adolescência? Imagine um novo corpo que se sente ainda melhor do que isso! Paulo fala sobre isso ao escrever para a igreja em Roma: "A criação aguarda, com grande expectativa, que os filhos de Deus sejam revelados." (Romanos 8:19). Jesus disse: "Quando Jesus viu isso, ficou indignado e lhes disse:

— Deixem vir a mim as crianças e não as impeçam, pois o reino de Deus pertence aos que são semelhantes a elas" (Marcos 10:14). E se nos sentirmos como crianças novamente — com toda a energia e emoção da vida?

Marv Besteman, presidente aposentado de um banco, foi submetido a uma cirurgia no Centro Médico da Universidade de Michigan para remover um tumor raro no pâncreas chamado insulinoma. Era depois do horário de visitas, e sua família tinha ido para casa passar a noite. Marv se lembra,

> Eu estava sozinho, com muita dor e mais do que um pouco mal-humorado enquanto me revirava; mais do que tudo, eu só queria dormir e escapar do desconforto por um tempinho. Eu não tinha ideia de que estava prestes a ter uma fuga além dos meus sonhos mais loucos. (...)
>
> De repente, dois homens que eu nunca tinha visto em minha vida entraram em meu quarto de hospital. Não me pergunte como eu sabia, mas imediatamente tive a sensação de que aqueles homens eram anjos. Eu também não estava nem um pouco ansioso. Depois que eles me retiraram do meu emaranhado de tubos [que mais tarde ele refletiu que era desnecessário, mas provavelmente para seu benefício como banqueiro de alto controle], os anjos me pegaram nos braços e começamos a subir, em uma viagem rápida que parecia leve e suave através do mais azul dos céus azuis. Fui depositado em terra firme, em frente a um portão monumental. E não, não me lembro dele como sendo "perolado".
>
> De pé em uma pequena fila de pessoas, observei os outros cerca de 35 viajantes celestiais, pessoas de todas as nacionalidades. Alguns estavam vestidos com o que me pareceu ser provavelmente os trajes nativos de suas terras. Um homem

carregava um bebê nos braços. Vi explosões de cores que iluminavam o céu, muito além das luzes da aurora boreal que eu tinha visto uma vez em uma viagem ao Alasca. Simplesmente glorioso (...). A música que ouvi era incomparável com tudo o que eu já havia ouvido antes (...). Meu corpo de idoso se sentia jovem, forte e fantástico. As dores e limitações da idade simplesmente desapareceram. Eu me senti como um adolescente novamente, só que melhor.[53]

Sei que parece fantasia de ficção científica, e é por isso que escolhi principalmente os testemunhos de professores, médicos, profissionais ricos ou crianças, que não parecem ter nada a ganhar (e credibilidade a perder) com essas histórias incríveis. No entanto, como você verá, milhares de pessoas de todas as esferas da vida, dizendo praticamente a mesma coisa, fazem você começar a se perguntar: será que é possível?

Talvez o motivo de nunca nos sentirmos plenamente satisfeitos nesta vida seja o fato de termos sido criados para a vida futura. Como Paulo disse: "os sofrimentos do tempo presente não podem ser comparados com a glória que em nós será revelada. (...) Pois sabemos que toda a criação geme em conjunto como se sofresse dores de parto até agora" (Romanos 8:18, 22). E se esta vida for apenas um canal de nascimento para a verdadeira vida? Imagine viver novamente, para sempre jovem, mas também com sabedoria!

Integral e saudável

Fui abençoado com uma saúde incrível. No entanto, enquanto digito este texto, estou com a perna engessada por ter jogado futebol com estudantes universitários — uma fíbula quebrada agora me lembra que não sou mais tão jovem! Quando considero a perspectiva de um corpo novo e melhorado, penso em como isso parece interessante. Não apenas para mim, mas especialmente para aqueles que nunca tiveram a bênção de um corpo saudável.

Penso em meus bons amigos Rich e Arden Seggerman. Sua filha mais velha, Naomi, nasceu com uma doença que a impedia de andar ou falar. Eles passaram vinte anos amando e servindo Naomi. Eles conhecem a promessa de Deus de que, assim como Vicki e seus amigos, um dia os cegos verão, os surdos ouvirão e Naomi correrá, rirá e falará — e tudo valerá a pena. Como disse Madre Teresa: "À luz do céu, o pior sofrimento da Terra, uma vida cheia das torturas mais atrozes da Terra, será visto como não sendo mais grave do que uma noite em um hotel inconveniente".

Gary Wood sofreu um acidente de carro e morreu na hora. Ele afirma:

> Eu me virei para ver o que estava acontecendo. Houve uma explosão e, em seguida, uma dor aguda e instantânea atravessou meu rosto. Uma luz brilhante me envolveu, e lembro-me de estar livre de toda dor. Deslizei para fora de meu corpo (...). ██████████ comecei a subir por ██████████ sensação de paz tomar conta de mim (...). Ao meu redor, eu podia ouvir anjos cantando.

Gary se viu à beira de uma cidade incrível (que exploraremos em um capítulo posterior). Ao entrar, ele se deparou com uma reunião inesperada.

> Um anjo acenou com a cabeça e eu tive acesso à cidade. A primeira pessoa que vi quando entrei na cidade foi meu amigo John, que havia sido decapitado em um acidente no

ensino médio. Sua morte era uma lembrança assombrosa para mim. Quando o vi, fiquei muito feliz. Ele estava exatamente como eu me lembrava, só que muito mais completo. Ele correu e me abraçou. Foi um reencontro glorioso. Quando ele me abraçou, seus braços me atravessaram por inteiro — nós nos abraçamos. Esse abraço foi muito mais profundo do que os abraços na Terra.

Gary reviveu depois de ser declarado "morto" por vinte minutos. Devido aos ferimentos, ele não tinha cordas vocais. No entanto, ele acredita que, como um sinal do que está por vir, Deus fez algo que os médicos ainda dizem ser impossível. Gary diz: "Tenho um raio-X que mostra que não tenho cordas vocais, mas falo e canto."[54] A promessa de Deus para aqueles que o amam é que "não haverá mais morte, nem aflição, nem choro, nem dor, pois as coisas antigas já passaram" (Apocalipse 21:4).

CORPOS REAIS OU CORPOS DE LUZ?

"Mas alguém pode perguntar: 'Como os mortos ressuscitam? Com que espécie de corp̶o̶s̶ ̶p̶e̶r̶g̶u̶n̶t̶a̶:̶ ̶"̶H̶á̶ corpos celes̶t̶e̶s̶ corpos celestes é um, e o dos corpos terrestres é outro" (1 Coríntios 15:35, 40). Paulo explica mais adiante nesse capítulo que, um dia, nossos corpos físicos terrenos serão ressuscitados, assim como o corpo de Jesus foi ressuscitado. Mas isso não acontece logo quando morremos.

Em essência, quando morremos, recebemos uma atualização de nossos corpos temporais e terrenos (versão 1.0) para um corpo espiritual (versão 2.0) que tem uma "glória" muito maior. No entanto, essa ainda não é a versão final. Quando tudo estiver dito e feito, e Deus encerrar a história humana como a conhecemos, as Escrituras dizem que todos os corpos terrenos originais serão ressuscitados, assim como o corpo de Jesus foi ressuscitado. Jesus é o protótipo de como nosso corpo espiritual atualizado será unido ao nosso corpo terreno ressuscitado (versão 3.0). Jesus podia ser tocado fisicamente, comer peixe, caminhar pela estrada de Emaús conversando com os discípulos em seu corpo ressuscitado, mas também exibia o brilho resplandecente do corpo espiritual, a capacidade de atravessar paredes e de se mover com o pensamento.

O que a maioria das pessoas não percebe é que Deus planeja fazer tudo novo — inclusive a Terra e nossos corpos — e unir o céu e a Terra como um só. "Então vi 'um novo céu e uma nova terra', pois o primeiro céu e a primeira terra haviam passado" (Apocalipse 21:1). Randy Alcorn, em sua extensa teologia do céu, observa: "O céu atual, intermediário, está no reino angelical, distintamente separado da Terra (embora [...] provavelmente tenha mais qualidades físicas do que poderíamos supor). Em contraste, o futuro céu estará no reino humano, na Terra."[55]

Mas o céu atual, ou céu intermediário, é a principal preocupação deste livro. Como ele será? Lembre-se de que toda EQM está descrevendo algo difícil de expressar em palavras.

Partes do corpo

Uma mulher disse ao Dr. Moody que, enquanto estava fora de seu corpo, "eu ainda sentia a forma de um corpo inteiro, pernas, braços, tudo — mesmo quando estava sem peso".[56] Outra senhora que assistiu à tentativa de ressuscitação de seu corpo de um ponto logo abaixo do teto disse: "Eu ainda estava em um corpo. Estava esticada e olhando para baixo. Movi minhas pernas e percebi que uma delas estava mais quente do que a outra."[57] Portanto, esse corpo espiritual tem a mesma sensação que nosso corpo físico e, ainda assim, muitos percebem que ele é translúcido ou, em alguns casos, um corpo de luz.

O Dr. Long relata o que Valerie, de dezessete anos, lembrou quando "morreu" durante a cirurgia:

> Lembro-me de olhar para minhas mãos, e elas estavam translúcidas. Então, um anjo apareceu; ela tinha um brilho radiante e uma beleza impressionante. Ela me confortou, dizendo que eu estava bem. Lembro-me de lhe dizer que não estava pronto para morrer. Ela disse que sabia disso. Então, ela apontou para baixo e eu pude ver os médicos fazendo RCP em uma menina. Sem entender que aquela era eu, assisti a toda a operação, com RCP e tudo.[58]

Médicos como Mary Neal e Richard Eby pareciam notar mais sobre o corpo. Richard Eby e sua esposa estavam ajudando a limpar o apartamento de um parente em Chicago. Richard se encostou em um corrimão do segundo andar para jogar as caixas no chão. Ele não sabia que os cupins haviam destruído a madeira que ancorava o corrimão. O corrimão cedeu. Richard despencou dois andares até a calçada de cimento abaixo — de cabeça! O Dr. Eby lembra: "A casca de ovo do meu crânio se quebrou completamente e rompeu um grande vaso sanguíneo do meu cérebro; meus olhos saltaram para fora (...). Eu morri na hora do impacto". Milagrosamente, ele reviveu no necrotério. Enquanto estava "morto", o Dr. Eby percebeu,

> Eu tinha o mesmo tamanho e a mesma forma da pessoa que eu via no espelho há anos. Eu usava um vestido translúcido

e esvoaçante, branco puro, mas transparente ao meu olhar. Com espanto, eu podia ver através do meu corpo e observar as lindas flores brancas atrás e embaixo de mim. Isso parecia perfeitamente normal, mas emocionantemente novo. (...) Meus pés eram fáceis de ver. Não precisava de óculos bifocais. Notei imediatamente que meus olhos tinham um alcance de visão ilimitado; dez polegadas ou dez milhas — o foco era nítido e claro. (...) Não havia ossos, vasos ou órgãos. Não havia sangue. Notei a ausência de órgãos genitais. (...) O abdômen e o tórax não tinham órgãos e eram transparentes ao meu olhar, embora translúcidos à minha visão periférica. Mais uma vez, minha mente, que trabalhava aqui no céu com velocidade elétrica, respondeu à minha pergunta não dita: eles não são necessários; Jesus é a vida aqui. Ele é a energia necessária.[59]

Assim, temos essa imagem de corpos reais que ainda se sentem físicos e podem sentir as coisas nessa nova dimensão da vida, mas são incapazes de fazer contato com qualquer coisa na Terra. Temos um corpo translúcido que é capaz de "fazer" tudo o que costumávamos fazer, inclusive tocar, sentir e até abraçar, tudo com um nível elevado de consciência. Se for um corpo real, também usaremos "roupas" reais?

QUE ROUPAS VOU USAR?

Jesus disse no livro de Apocalipse: "Eles andarão comigo, vestidos de branco, pois são dignos. Aquele que vencer será igualmente vestido de branco. Jamais apagarei o nome dele do livro da vida, mas confessarei o seu nome diante do meu Pai e dos seus anjos. Quem tem ouvidos ouça" (Apocalipse 3:4-6). O apóstolo João disse o seguinte sobre sua experiência no céu: "eis que diante de mim havia uma grande multidão que ninguém podia contar, de todas as nações, tribos, povos e línguas, em pé, diante do trono e do Cordeiro, com vestes brancas e folhas de palmeira nas mãos" (Apocalipse 7:9). De acordo com as EQMs, outros tipos de roupas são usados no céu além do manto branco translúcido que o Dr. Eby usava.

O presidente do banco, Marv Besteman, disse que olhou para baixo e notou que não usava mais a bata do hospital, mas estava vestido com o que normalmente usaria para sair com a esposa — uma camisa de golfe marrom-clara, calça marrom e sapatos. Mais tarde, ele notou que as pessoas que conheceu no céu pareciam estar vestidas com o que se sentiam mais confortáveis na Terra.

> As pessoas sorridentes que estavam naquela fila eram de todo o mundo e usavam todos os tipos de roupas diferentes. Vi muitas nacionalidades diferentes representadas, incluindo escandinavos, asiáticos, africanos e do Oriente Médio. Eles usavam vestidos tribais soltos e esvoaçantes e vestimentas semelhantes a togas com sandálias nos pés.[60]

Depois de ler muitos desses relatos, tenho uma teoria. É apenas uma teoria, mas me acompanhem. Acho que descobriremos que podemos nos vestir com o que nos parece natural, portanto, pessoas de diferentes épocas e culturas usarão o que lhes parecer mais confortável. No entanto, muitas EQMs relatam pessoas vestidas com túnicas brancas. Ao ler isso, pensei: *"Não quero usar um manto branco para sempre!"* Em seguida, pensei no que esse "manto branco" poderia significar para torná-lo tão especial.

Quando Jesus estava na Terra, levou Pedro, Tiago e João a sós com ele e eles o viram transfigurado em "glória". As Escrituras dizem: "A aparência de seu rosto mudou, e suas roupas ficaram brilhantes como um relâmpago. Dois homens, Moisés e Elias, apareceram em glorioso esplendor, falando com Jesus" (Lucas 9:29-30). Quando Jesus permite que esses três discípulos vejam sua "glória", ele e esses dois profetas do Antigo Testamento estão vestidos com uma luz brilhante. Portanto, glória e luz parecem andar juntas.

A Dra. Mary Neal confirma a glória brilhante das pessoas que ela chamou de seu comitê de boas-vindas.

> Eles apareceram como formas definidas, mas não com as bordas absolutas e distintas dos corpos físicos formados que temos na Terra. Suas bordas estavam borradas, pois cada ser espiritual era deslumbrante e radiante. A presença deles envolveu todos os meus sentidos, como se eu pudesse vê-los, ouvi-los, senti-los, cheirá-los e saboreá-los de uma só vez. Seu brilho era ofuscante e revigorante.[61]

Paulo nos diz: "E, se somos filhos [de Deus], também somos herdeiros de Deus e coerdeiros com Cristo. Se de fato sofremos com ele, também com ele *seremos glorificados*" (Romanos 8:17, itálico meu). Portanto, minha teoria é a seguinte. Talvez as pessoas queiram usar as "vestes" brancas e translúcidas que você ouvirá muitos descreverem porque isso mostra o quanto elas compartilham da "glória" de Deus. Nós nos vestimos na Terra para mostrar nossa "glória" física ou os atributos físicos que queremos que sejam notados. E se, no céu, o que queremos que seja notado é o quanto a luz/glória de Deus brilha através de nós? As EQMs observam que esse corpo translúcido parece ser capaz de "brilhar" ou irradiar uma luz que vem de dentro, e pessoas diferentes irradiam diferentes graus de brilho. Talvez o manto "branco" não seja branco de fato, nem mesmo um "manto" como o conhecemos, mas signifique estar revestido da glória de Deus.

O coração de Dean Braxton parou por uma hora e quarenta e cinco minutos durante uma cirurgia renal. Ele reviveu, dizendo que viu Jesus:

> Jesus é pura luz! Seu brilho estava diante de mim, ao meu redor, parte de mim e em mim. Ele é mais brilhante do que o sol do meio-dia, mas ainda podemos olhar para ele no céu. (...) Eu estava em Jesus, e Jesus estava brilhando em mim. Eu via o brilho. O brilho estava ao meu redor. Eu fazia parte da luminosidade, e a luminosidade brilhava em mim. Tudo isso era vida.[62]

O profeta Daniel, escrevendo da Babilônia por volta de 550 a.C., foi informado por um anjo:

Naquela ocasião, Miguel, o grande príncipe que protege o seu povo, se levantará. Haverá um tempo de angústia como nunca houve desde o início das nações até então. Contudo, naquela ocasião, o seu povo, todo aquele cujo nome está escrito no livro, será liberto. Multidões que dormem no pó da terra acordarão: uns para a vida eterna; outros, porém, para a vergonha e a repugnância eternas. Aqueles que são sábios *reluzirão como o fulgor do firmamento*, e aqueles que conduzem muitos à justiça serão como as estrelas para todo o sempre (Daniel 12:1-3, itálico meu).

VOCÊ REFLETIRÁ A GLÓRIA DE DEUS?

Jesus reitera essa ideia de que refletiremos a glória de Deus no céu: "Então, os justos brilharão como o sol no reino do seu Pai. Aquele que tem ouvidos ouça" (Mateus 13:43). Deus pergunta a Jó: "As portas da morte foram mostradas a você? Você viu as portas das densas trevas? (...) Como se vai ao lugar onde mora a luz?" (Jó 38:17, 19). E Deus diz a Jó: "Aos ímpios é negada a sua luz" (Jó 38:15).

É fascinante o fato de que milhares de pessoas em todo o mundo que têm essas experiências de quase-morte relatam ter visto corpos espirituais que são um tanto translúcidos, mas que podem brilhar com uma luz que vem de dentro. Pessoas diferentes parecem ter luminosidades diferentes. Kenneth Ring perguntou a Vicki, a mulher cega: "Havia um brilho associado a Jesus?" Vicki respondeu: "Muito mais do que qualquer outra pessoa ali. Ele era o mais brilhante de todos os presentes, (...) mas era incrivelmente belo e caloroso. Era muito intenso. Sei que eu não teria suportado se estivesse em meu lugar normal."[63] Observe que Vicki distingue diferentes "brilhos", sendo Jesus o "mais brilhante" (mais glorioso).

Ficamos maravilhados com os vestidos gloriosos das celebridades no tapete vermelho e com a glória dos corpos musculosos na TV. Imagine compartilhar da glória de Deus! Talvez quanto mais "aberto" e "disponível" você estiver agora para permitir que o Espírito de Deus trabalhe em você e por meio de você (apesar dos sofrimentos que isso exige), mais a glória de Deus brilhará por meio de você no céu! Aparentemente, teremos a capacidade de usar roupas diferentes, o que for mais confortável, mas que honra estarmos vestidos com a glória de Deus.

Deve ser isso que Paulo quis dizer quando nos incentivou a nos tornarmos "'filhos de Deus irrepreensíveis em uma geração perversa e corrupta'. Então vocês brilharão entre eles como estrelas no céu. (...)

E ele transformará o nosso corpo humilde, para que se torne semelhante ao seu corpo glorioso" (Filipenses 2:15; 3:20-21).

Mas, para alguns de nós, isso ainda parece um pouco assustador. Translúcido? Brilhando com luz? Qual será a sensação? Serei realmente eu mesmo? É fundamental entender isso. Você ainda não foi totalmente você mesmo! Como disse uma EQM, você ficará chocado ao descobrir que "a primeira pessoa que você encontrar no céu será você!"

Capítulo 5

Você será você mesmo... finalmente!

Crystal teve dificuldades com Deus. Lutava com sua identidade. Lutava contra a vergonha — e por um bom motivo. O abuso sexual havia começado aos três anos de idade na casa de uma babá. Aos cinco anos, aconteceu novamente, na casa de outra babá. "A babá tinha um marido mais velho", lembra Crystal, "e eu me lembro dele me fazendo sentar em seu colo. (...) Não contei à minha mãe sobre o abuso porque queria protegê-la de mais notícias ruins."

Crystal sabia que sua mãe já havia se divorciado e, depois de se casar com Hank, as coisas ficaram ainda piores. Hank tinha problemas de raiva, estava sempre bêbado e passou a abusar fisicamente da mãe de Crystal. Certa noite, ao tentar ameaçar sua mãe, Hank ameaçou matar a pequena Crystal. Apontando uma espingarda para a cabeça de Crystal enquanto ela dormia, ele puxou o gatilho. Por pouco não acertou.

Aos seis anos de idade, Crystal já havia visto dois casamentos se desfazerem e sofrido horríveis abusos sexuais. Sua mãe começou a fazer festas todas as semanas no andar de cima, na casa de amigos, enquanto no andar de baixo, Crystal e seu irmão ficavam sozinhos. "Durante minhas visitas semanais, eu era abusada sexualmente por alguém da casa. (...) Isso não acontecia toda vez que estávamos lá, mas acontecia muito. E isso aconteceu por cinco anos seguidos. Eu não contei a ninguém. (...) Mas toda a vergonha, a sujeira e a desordem que eu sentia se tornaram minha identidade. Era assim que eu era." Essa identidade baseada na vergonha se agarrou a Crystal como roupas molhadas e malcheirosas. Durante anos, ela agiu de acordo com essa falsa identidade.

Até os trinta e três anos, quando ela morreu.

Crystal foi para o hospital por causa de uma pancreatite e, devido a complicações, foi internada.

> Durante uma internação hospitalar, deixei meu corpo por nove minutos, fui para o céu e fiquei diante de Deus. (...) Minha vida mudou profunda e permanentemente — mudou até o âmago do meu ser. Mas [essa é] uma história que, por muito tempo, não quis contar. (...) Eu era uma professora — alguém em quem os pais confiam para ensinar e cuidar de seus filhos — e tinha medo de que, se as pessoas ouvissem minha história, eu seria rejeitado, ridicularizado e talvez até demitida. Eu tinha medo de que as pessoas pensassem que eu era completamente louca. E, embora as instruções de Deus para mim não pudessem ter sido mais claras — "Conte a eles o que você conseguir lembrar" —, eu me esforçava para entender por que eu havia sido escolhida e o que exatamente Ele queria que eu fizesse.
>
> Tive dificuldades, pois sou a pessoa menos provável para falar de Deus a alguém. Simplificando, nunca estarei em nenhuma lista de santidade. No início de minha vida, eu era uma pecadora e tenho certeza de que quebrei cada um dos Dez Mandamentos. Isso mesmo, não apenas alguns — todos os dez. (...) Eu era cética. Cresci no coração do Cinturão da Bíblia,[64] fui batizada não uma, mas quatro vezes, frequentei a igreja regularmente e ouvi um milhão de sermões sobre Deus. Mesmo assim, no fundo do meu coração, eu não estava convencida. Eu desafiava Deus repetidamente a provar que Ele

existia e, toda vez que Ele o fazia, eu criava um novo obstáculo, um novo desafio para Ele superar. Eu via as dificuldades em minha vida como prova de que Deus não tinha interesse em me proteger. Eu o questionei e o amaldiçoei. E, às vezes, eu prometia excluí-Lo de minha vida.[65]

Naquele dia, no hospital, os lábios de Crystal começaram a ficar azuis, sua mãe chamou a enfermeira e a enfermeira acionou o código azul. Nem todos passam por um túnel quando morrem clinicamente; alguns simplesmente acordam em um novo mundo.

Não me lembro de nada que aconteceu naquele quarto depois que eu disse à minha mãe que a amava; fechei os olhos e adormeci. A próxima coisa de que me lembro é de acordar no céu, com Deus. Eu sabia que não tinha mais um corpo físico. Eu o havia deixado para trás. Agora eu estava em forma de espírito. Nunca examinei minha forma, apenas estava ciente dela, assim como sabemos que temos dez dedos nos pés sem precisar vê-los. (...) E mesmo sem um corpo físico, eu sabia que ainda era "eu". O mesmo "eu" que existia na Terra, o mesmo "eu" que havia acabado de dizer à minha mãe que a amava antes de morrer. Ao mesmo tempo, porém, tive a impressionante percepção de que eu era o "eu" que existiu por toda a eternidade,[66] muito antes de minha passagem pela Terra.

Ao contrário da Terra, onde eu era atormentada por dúvidas e medos, no céu não havia nada além de certeza absoluta sobre quem eu era. Essa era uma representação muito mais completa do meu espírito, do meu coração e do meu ser do que jamais foi possível na Terra, uma autoconsciência muito mais profunda do que a coleção de esperanças, medos, sonhos e cicatrizes que me definiram durante minha vida. Fui inundada pelo autoconhecimento, e todo o lixo que entulhou minha identidade na Terra desapareceu instantaneamente, revelando, pela primeira vez, o meu verdadeiro eu. "Antes que eu te formasse no ventre materno, eu te conheci", diz Deus em Jeremias 1:5 (ARA). E agora eu me conhecia. Imagine só: a primeira pessoa que encontramos no céu somos nós mesmos.[67]

Exclusivamente você

"Quem define quem você é?" Essa é uma pergunta muito importante, mas poucos de nós realmente pararam para respondê-la. Quem tem o direito de definir quem você é, qual o seu valor, o seu propósito e se você terá sucesso ou fracassará? A forma como você define sua identidade é extremamente importante. O que você acredita sobre si mesmo é o que molda todas as suas decisões e ações.

A maioria de nós acaba acreditando em coisas sobre nossa identidade que não estão fundamentadas na realidade de Deus — quem Deus nos criou para ser, o que Deus nos criou para fazer. Acreditamos em mentiras sobre nossa identidade que os males deste mundo nos infligem. Preocupamo-nos constantemente com a opinião ou a aprovação dos outros. Sentimos intensa ansiedade quando não estamos tendo sucesso ou não somos reconhecidos por nossas realizações. Sentimo-nos mal por dentro quando o mercado de ações cai ou quando não somos promovidos. Acabamos baixando nossos padrões a novos níveis e depois justificamos isso para provar nosso valor ou para que alguém nos ame. Sentimos a necessidade de controlar nosso cônjuge ou nossos filhos porque, de alguma forma, nossa identidade está ligada ao que os outros pensam ou fazem.

Quando baseamos nosso valor ou nossa identidade no que fazemos ou no que nos foi feito, teremos medo de fracassar, sentiremos a necessidade de provar nosso valor ou manipularemos os outros que atrapalham nosso sucesso. Ficaremos autoconsumidos. Isso porque Deus nunca nos criou para obter nossa identidade a partir do que fazemos ou do que os outros fizeram conosco, mas a partir de *quem somos* para Deus.

Van Lommel observa que muitos sobreviventes de EQM que ele entrevistou "falam em dar mais valor e significado à vida e menos importância a coisas materiais, como um carro caro, uma casa grande e um emprego com status ou poder".[68] Muitas pessoas tentam se apresentar, realizar ou ganhar notoriedade para fazer um nome para si mesmas. O que veremos no céu é que a vida não se resume a isso.

Amado de forma única

Quando o Dr. George Ritchie fez uma revisão de sua vida, essa questão ficou evidente:

> Cada detalhe de vinte anos de vida estava lá para ser visto. O bom, o ruim, os pontos altos e os mais comuns. E com essa visão abrangente veio uma pergunta. Ela estava implícita em cada cena e, como as próprias cenas, parecia vir da luz viva ao meu lado.
>
> *O que você fez com sua vida?*
>
> Obviamente, não se tratava de uma pergunta no sentido de que ele estava buscando informações, pois o que eu havia feito com minha vida estava à vista de todos. (...) Será que eu nunca tinha ido além de meus próprios interesses imediatos, feito algo que outras pessoas reconheceriam como valioso? Por fim, encontrei o momento mais orgulhoso de minha vida: "Tornei-me um escoteiro águia!"

Novamente, as palavras pareciam emanar da Presença ao meu lado: Isso o glorificou.

Aos onze anos de idade, eu me vi caminhando para a frente em um culto na igreja, pedindo a Jesus que fosse o Senhor da minha vida. Mas vi como aquele primeiro entusiasmo rapidamente se transformou em uma rotina monótona de igreja aos domingos. (...)

Comecei a falar de meus cursos de medicina, de como eu seria um médico e ajudaria as pessoas. Mas, ao lado das cenas da sala de aula, era visível aquele carro Cadillac e aquele avião particular — pensamentos tão observáveis quanto ações naquela luz que tudo permeava.

E, de repente, a raiva contra a própria pergunta cresceu em mim. Não era justo! É claro que eu não tinha feito nada da minha vida! Eu não tinha tido tempo. Como você poderia julgar uma pessoa que ainda não havia começado? O pensamento de resposta, entretanto, não continha nenhum traço de julgamento. A morte, e a fala era infinitamente amorosa, pode chegar em qualquer idade.

George pensou na apólice de seguro que acabara de fazer com o exército, que lhe garantia dinheiro aos setenta anos. Antes que ele pudesse se lembrar, o pensamento já estava exposto. Se ele se perguntava se o Senhor tinha senso de humor, agora ele descobriu.

O brilho parecia vibrar e cintilar com uma espécie de riso sagrado — não de mim e de minha tolice, não um riso zombeteiro, mas um riso que parecia dizer que, apesar de todo erro e tragédia, a alegria era ainda mais duradoura. E, no êxtase daquela risada, percebi que era eu quem estava julgando os eventos ao nosso redor com tanta severidade. Era eu que os via como triviais, egocêntricos e sem importância. Essa condenação não veio da glória que brilhava ao meu redor. Ele não

estava me culpando ou reprovando. Ele estava simplesmente me amando. Preenchendo o mundo com ele mesmo e, ainda assim, de alguma forma, cuidando de mim pessoalmente. (...)
O que você fez em sua vida para me mostrar?
Já entendi que, em meus primeiros esforços frenéticos para dar uma resposta impressionante, eu havia perdido completamente o ponto. Ele não estava perguntando sobre realizações e prêmios. A pergunta, como tudo o que vem dele, tinha a ver com amor. Quanto você já amou com sua vida? Você tem amado os outros como eu estou amando você? Totalmente? Incondicionalmente?[69]

Deus nunca quis que você baseasse sua identidade em realizações ou desempenho. Ninguém sabe o que você foi criado para *fazer* e *ser*, exceto o Criador. Veja o que Deus diz sobre sua verdadeira identidade: "De longe tragam os meus filhos e, dos confins da terra, as minhas filhas; todo aquele que é chamado pelo meu nome, a quem criei *para a minha glória*, a quem formei e fiz" (Isaías 43:6-7, itálico meu). Deus o criou para si mesmo — não para provar sua glória, mas para *ser a glória dele*. Seu orgulho e alegria. Seu filho ou filha amada. O que ele quer que você faça é aprender a *estar* seguro em seu amor, em quem ele o criou para ser, e, a partir desse lugar de segurança, você pode *fazer* o que ele o criou para fazer. Acima de tudo, isso é amar aqueles que você pode amar de forma única.

Paulo explicou: "Agora, pois, vemos apenas um reflexo, como em um espelho, mas, um dia, veremos face a face. Agora conheço em parte, mas, um dia, conhecerei plenamente, da mesma forma que sou plenamente conhecido. Assim, permanecem agora estes três: a fé, a esperança e o amor. O maior destes, porém, é o amor" (1 Coríntios

13:12-13). O céu será o lugar onde você perceberá o quanto é amado de forma única. Ele não quer que você espere até o céu para perceber isso.

Ele sabe meu nome

O Dr. Richard Eby, que despencou dois andares de cabeça para a calçada de cimento abaixo, conta como foi pessoal a experiência de vida após sua "morte":

> Eu estava morto com o impacto. Instantaneamente, com um baque, cheguei a um lugar que estava tão carregado de amor extasiante que eu sabia que era o céu. (...) Olhei para ver onde havia aterrissado. Meus pés tinham o mesmo tamanho e formato. Reconheci-me pela conformidade com meu eu terreno. (...) De repente, eu tinha uma mente que pensava com uma velocidade incomparável à da Terra. A primeira vez que ouvi a voz do Senhor, Ele disse: "Dick, você está morto!" Ainda que eu tenha ouvido a voz dentro de mim, (...) o fato de ele ter me chamado pelo meu nome me mostrou a intimidade que ele tem com minha existência. Perguntei: "Por que você me chamou de Dick?" [Era um apelido usado apenas por amigos íntimos e familiares.] Ele disse: "Quando morri por você na cruz, foi uma coisa muito íntima".[70]

Depois de dez horas como um cadáver sem sangue e sem vida, Richard reviveu milagrosamente, mas nunca se esqueceu de como é conhecido e amado pessoalmente.

Pense nisso: todos nós queremos fazer um nome para nós mesmos. Mas por quê? Queremos que nossa vida conte, que seja importante, que valha alguma coisa. No entanto, sem Deus, seu nome não será lembrado. Tente fazer algo — rapidamente. Quais são os nomes de sua bisavó e de seu avô? Tataravó ou avô? A maioria de nós não sabe. São apenas três ou quatro gerações distantes de nós, e devemos a eles nossas vidas — mas eles já foram esquecidos. Mesmo que tenham sido lembrados, a maioria dos nomes será esquecida dentro de cem anos, e todos serão esquecidos eventualmente. No entanto, *todos* nós queremos ser lembrados.

O sábio rei Salomão disse que isso se deve ao fato de Deus ter "posto a eternidade no coração do homem" (Eclesiastes 3:11). Queremos que nossa vida conte. Queremos ser lembrados. Queremos um nome que perdure, porque Deus nos criou para si mesmo, para a eternidade. Jesus ensinou que Deus, o Pai, quer que vivamos com a segurança de saber o quanto somos valiosos para Ele. "Não se vendem dois pardais por um asse? Contudo, nenhum deles cai no chão sem o consentimento do Pai de vocês. Até os cabelos da cabeça de vocês estão todos contados. Portanto, não tenham medo; vocês valem mais do que muitos pardais!" (Mateus 10:29-31).

Deus o conhece melhor do que você mesmo (aposto que você não sabe quantos cabelos tem — ou já teve!). Só Ele sabe o quanto você é valioso. "Tudo nele é amor. Sim, amor por você; e parece que o amor é só por você", Dean relembrou após sua EQM. "No entanto, você sabe consigo mesmo que ele ama a todos, mas o amor por você é tão pessoal que parece que é só para você. Você sabe que ele cuidou de você sempre e [continuará a] cuidar de você para sempre."[71]

Ninguém mais tem o direito ou a capacidade de dizer o quanto você vale, exceto aquele que o criou. Somente ele sabe seu nome. No livro de Apocalipse, Jesus diz: "Àquele que vencer darei do maná escondido. Também lhe darei uma pedra branca com um *novo nome* escrito nela, conhecido apenas por aquele que a recebe" (Apocalipse

2:17, itálico meu). A promessa do céu é que, um dia, você saberá realmente quem foi criado para ser. Para Deus, você já é um dos membros da família. Para Deus, você já é único. Ninguém mais pode ter o relacionamento único com Deus que ele criou para você ter. Imagine no céu quando você finalmente perceber o quanto é especial para o ser mais importante do universo!

Gary Wood, que morreu no acidente de carro, disse:

> Uma luz radiante e linda vinha dele. Quando ele olhou para mim, seus olhos me penetraram, atravessaram-me por inteiro. Era puro amor. (...) Suas palavras tinham o mesmo som da água que flui sobre as Cataratas do Niágara. (...) Diga às pessoas que elas são especiais e únicas, cada uma delas. Deus fez cada um de seus filhos para ter um propósito divino, que somente eles podem realizar na Terra.[72]

Um propósito único

Não nos sentimos totalmente conhecidos, compreendidos ou valorizados pelos outros ou até por nós mesmos — é por isso que nos esforçamos para provar nosso valor, fazer com que as pessoas nos notem, criar um nome para nós mesmos ou tentar ser outra pessoa. Imagine como, no céu, tudo isso é substituído por uma clareza inacreditável de quem Deus criou você para ser — totalmente você mesmo, totalmente único, para um relacionamento único com seu Criador.

Não perderemos nossa identidade terrena; ela finalmente será totalmente conhecida por nós. Não perderemos nosso humor, nossa personalidade única, nossa aparência única, nossas emoções ou nossa história e memórias — finalmente seremos nós mesmos, plenamente.

Seremos tudo isso — sem toda a confusão, as feridas e as mentiras que obscureceram nossa verdadeira identidade.

Somente ele sabe quem criou você para ser. Somente ele sabe o que uma vida bem-sucedida significa exclusivamente para você - não em comparação com outras pessoas, mas em comparação com o que ele tinha em mente antes de criar qualquer coisa! Acredito que a razão pela qual as pessoas que passam por EQMs dizem "sinto que já estive aqui antes" ou "sinto que sempre existi" é porque você existiu na mente de Deus eternamente! No céu, temos clareza de quem ele queria que fôssemos antes de nascermos.

Saber como Deus o vê o deixa livre para realizar as coisas que Deus o criou para realizar. Isso o liberta para usar seus dons, tempo e recursos exclusivos para causar um impacto que dure por toda a eternidade — não para provar que você vale alguma coisa, mas porque você vale *tudo* para Deus. "Pois pela graça vocês são salvos, por meio da fé, e isto não vem de vocês, é dom de Deus. (...) Porque fomos feitos por Deus, criados em Cristo Jesus, para boas obras, as quais Deus preparou previamente para que andássemos nelas." (Efésios 2:8, 10).

Você é a obra-prima dele. Sua obra de arte única. Mas todos nós somos obras-primas danificadas que precisam de restauração. Ele quer que todos recebam sua dádiva — a salvação, ser "ajustado" com Deus. Quando você sabe que está bem com Deus — não por causa do que você fez ou deixou de fazer, mas por causa do que Deus fez por você — então não precisa provar sua identidade. Então, estará livre para realizar as coisas que Deus planejou para você antes de você nascer. As pessoas que passam por uma EQM recebem uma mensagem clara: Deus ainda tem um propósito para você.

Um homem do estudo do Dr. Long escreveu: "Eu não queria voltar, mas um homem da luz me disse que eu tinha que voltar. Disseram-me que eu não havia completado o que tinha de fazer na vida. Voltei ao meu corpo com um súbito estremecimento."[73]

Uma menina de 13 anos que morreu em uma cirurgia relembra: "Ouvi uma voz que parecia suave, mas autoritária, me dizer: 'Minha filha, volte, pois você ainda tem muito trabalho a fazer! Voltei instantaneamente ao meu corpo. Instantaneamente!'"[74]

Enquanto se recuperava de uma cirurgia, o coração enfraquecido de Mark parou. Enquanto os médicos trabalhavam freneticamente para recuperá-lo, Mark fez uma viagem pela "estrada mais bonita que já vi", que o levou a uma montanha paradisíaca. Mark começou a ouvir uma voz que parecia vir:

> de lugar nenhum, mas de todos os lugares. (...) "Mark! Você precisa voltar!" Voltar? Não! Não! Não posso voltar! Novamente a voz disse: "Você precisa voltar; eu lhe dei [uma] tarefa; você não terminou". Não, não, por favor, Deus, não! Deixe-me ficar. (...) A voz do ser supremo parecia emanar do nada, mas ao mesmo tempo de todos os lugares.[75]

QUAL É O MEU PROPÓSITO EXCLUSIVO?

Mas qual é o meu propósito? Como posso saber para o que Deus me colocou aqui? Acho que muitas vezes complicamos as coisas porque queremos que nosso propósito nos dê identidade, mas Deus quer que seja o contrário. Moisés disse isso e Jesus reiterou: amar a Deus é o primeiro e maior mandamento (nosso propósito). Amar o próximo (aqueles que ele coloca em nossas vidas) tanto quanto amamos a nós mesmos — esse é o segundo. Se você cumprir esses dois mandamentos, ensinou Jesus, estará cumprindo a intenção de todos os outros mandamentos da Bíblia (Mateus 22:34-40). Mesmo aqueles que não conhecem a Bíblia trazem de volta essa mesma mensagem do outro lado. Deus nos colocou aqui exclusivamente para um propósito — e o amor é fundamental para esse propósito — independentemente de qualquer outra coisa que realizemos.

Howard Storm, um professor de arte que teve uma EQM, disse: "Deus uniu minha esposa e eu para aprendermos a amar. Eu vi isso em minha revisão de vida. Deus nos dá um ao outro para aprendermos a amar. Esse é o nosso trabalho."[76] Pode não ser nosso único trabalho, mas é claramente nosso primeiro trabalho.

Steve Sjogren era o pastor de uma grande igreja que fazia muito bem ao servir Cincinnati de milhares de maneiras. Sem dúvida, isso fazia parte do propósito de Deus para Steve, mas o contato de Steve com a morte o fez lembrar das prioridades de Deus para nós. Steve se lembra humildemente,

> Deus me pegou de jeito. Eu estava pairando sobre a mesa de operação, o mais próximo possível do teto, sem sair da sala. (...) Eu sabia intuitivamente que era Deus quem estava se dirigindo a mim. Era como a voz de cem amigos falando em uníssono harmonioso. Era uma voz familiar, reconfortante e que me aproximou. (...) Em todos os meus anos de busca por Deus, eu nunca o havia ouvido falar de forma audível (nem o fiz desde aquela época). (...) Não nos comunicamos apenas com palavras, mas também com lembranças e imagens. Deus me fez saber o quanto ele me valorizava. É quase impossível descrever a perfeita sensação de aceitação que me envolveu, mas, mesmo em meio a esse abraço tão pessoal, parte de mim

sabia que nem tudo em minha vida correspondia ao que Deus pretendia para mim.

Os médicos estavam em modo de emergência e Deus estava me questionando calmamente. "Você sabe o nome dos amigos de seus filhos?", ele perguntou. Isso não era um sonho. Deus queria saber a resposta, mas eu não conseguia listar nenhum deles! Fui pego de surpresa. A percepção me atingiu como um raio. Eu não havia dedicado tempo para conhecer os melhores amigos e companheiros de longa data de meus filhos. (...) Esses amigos visitavam nossa casa com frequência. Eles eram sempre bem-vindos, mas eu não era nada hospitaleiro. Quando eles vinham, eu geralmente estava concentrado em um projeto ou outro. Muitas vezes, eu simplesmente não estava presente. Meu trabalho era importante, afinal de contas.[77]

Como podemos conhecer nosso propósito único? Ele sempre começa com o amor e a busca de Deus, seguido da orientação para amar as pessoas mais próximas a nós e, finalmente, usando os dons e as paixões que ele colocou em nós para servir à humanidade. Você não precisa se preocupar em não cumprir seu propósito; se buscar a Deus e a vontade dele, você viverá isso. Mas não podemos nos esquecer de que tudo se resume ao amor.

Venha para casa!

Refletindo sobre sua experiência no céu, Crystal — que havia sido batizada, mas nunca se sentiu amada por causa das agressões — diz,

O mais difícil para mim é encontrar as palavras para descrever completamente o que vivi no céu, porque não há palavras humanas que cheguem perto disso. Eu me agarro a palavras como "lindo", "brilhante" e "incrível", mas elas são extremamente inadequadas. O que vivenciei no céu foi tão real, tão lúcido e tão intenso que fez com que minhas experiências na Terra parecessem nebulosas e fora de foco — como se o céu fosse a realidade e a vida como a conhecemos fosse apenas um sonho. (...) Era um sentimento de pureza e perfeição absolutas, de algo completamente imaculado e ininterrupto, e estar imerso nele me encheu de um tipo de paz e segurança que eu nunca havia conhecido na Terra. Era como estar sendo banhada pelo amor. Era um brilho que eu não apenas via, mas sentia. E me pareceu familiar, como algo que eu lembrava ou até mesmo reconhecia. A melhor maneira de dizer isso é a seguinte: Eu estava em casa.[78]

Jesus percorreu o interior de Israel ensinando, alimentando, curando e restaurando a dignidade das pessoas. Ele demonstrou o amor incondicional de Deus, que valoriza o ser humano mais manchado pelo pecado como uma preciosa criança fugitiva. Como resultado, as Crystals do mundo acorreram a Jesus. Lucas nos diz: "Todos os publicanos e pecadores se aproximaram de Jesus para ouvi-lo. Contudo, os fariseus e os mestres da lei o criticavam: — Este homem recebe pecadores e come com eles. Então, Jesus lhes contou esta parábola" (Lucas 15:1-3).

Jesus conta a essas pessoas religiosas hipócritas a história de um pai (representando Deus, o Pai) que tinha um filho mais novo pródigo e um filho mais velho "bom". O filho pródigo exigiu uma herança antecipada, deu as costas para o pai e se mudou para Las Vegas, onde gastou tudo em festas e prostitutas (essa é obviamente uma paráfrase minha, mas fiel à história).

Jesus nos conta que o filho finalmente chegou ao fundo do poço, caiu em si e disse: "Vou me levantar, voltar para o meu pai e dizer a ele:

'Pai, pequei contra o céu e contra ti. Já não sou digno de ser chamado teu filho; trata-me como um dos teus empregados'" (Lucas 15:18-19).

Os líderes religiosos esperavam que o pai o castigasse e desse uma lição no filho, mas Jesus os choca:

Ele [o filho pródigo] ainda estava longe quando o pai o viu, o qual, movido por compaixão, *correu*, abraçou-o fortemente e ternamente o beijou. O filho lhe disse: "Pai, pequei contra o céu e contra ti. Não sou mais digno de ser chamado teu filho". Contudo, o pai disse aos seus servos: "Depressa! Tragam a melhor roupa e vistam nele. Coloquem-lhe um anel no dedo e calçados nos pés. Tragam o novilho gordo e matem-no. Vamos comer e festejar. Pois este meu filho estava morto e voltou à vida; estava perdido e foi achado". Então, começaram a festejar o seu regresso (Lucas 15:20-24, itálico meu).

Finalmente em casa

Ao ler centenas e centenas de histórias de EQM, fico impressionado com o fato de que todos que vivenciam esse ser de luz descrevem um amor que corre em sua direção, os abraça, os valoriza, não importa o que aconteça — e simplesmente os quer em casa. E *casa* é o que eles descrevem!

Jeff saiu da cena de um acidente de carro em chamas e descobriu que "estava em um lugar diferente. Esse era um lugar de alegria. Era familiar. Era o meu lar. Eu me sentia real, mas não estava ferido. Eu não era um globo flutuante. Eu era eu mesmo."[79] Samaa, que cresceu no Oriente Médio, viu-se na presença do Amor:

> Ele irradiava um amor incrível que continha profunda aceitação. Não senti condenação nem vergonha. No início,

mal ousava olhar para Jesus, mas depois de um tempo senti meu corpo ser levantado. Então, eu estava de pé diante dele. Quando ele sorriu para mim, senti um alívio em minha alma. "Bem-vindo ao lar, Samaa", disse ele em uma voz doce e gentil, mas também poderosa, como o som de muitas águas. Ele abriu os braços para mim. Seus belos olhos eram como fogos ardentes de amor que me consumiam e me dominavam.[80]

Enquanto Don Piper passou noventa minutos clinicamente morto, ele disse: "Eu vi cores que jamais acreditaria que existissem. Nunca, jamais, me senti tão vivo como naquele momento. Eu estava em casa; eu estava onde pertencia. Eu queria estar lá mais do que jamais quis estar em qualquer lugar do mundo."[81]

Jesus afirmou que o coração de Deus para todas as pessoas é o de um pai amoroso que faria qualquer coisa para que seus filhos voltassem para casa. "Cristo também sofreu pelos pecados de uma vez por todas, o justo pelos injustos, para conduzi-los a Deus. Ele foi morto no corpo, mas vivificado pelo Espírito" (1 Pedro 3:18). Um dia, ele também quer receber você em casa!

E o lar é o lugar onde você finalmente é conhecido e amado, e está cercado por familiares e amigos. Se você já teve medo de se sentir solitário no céu, pense novamente.

Capítulo 6

Com amigos e entes queridos

Não me lembro dos detalhes exatos dos momentos seguintes. E talvez eu não queira saber. Havia fortes ventos cruzados naquele dia e uma pequena caminhonete vermelha dirigindo de forma irregular naquele trecho da rodovia. Talvez eu tenha cochilado ao volante e desviado da estrada, mas, seja qual for o motivo, nosso veículo, viajando a 120 km/h, saiu abruptamente do acostamento da rodovia.

O tempo passou mais devagar quando Jeff acordou e se deparou com o pior pesadelo de um pai. Spencer, de quatro anos, e Griffin, de quatorze meses, que dormiam no banco de trás, se assustaram quando sua mãe Tamara agarrou o volante e gritou. Jeff fez uma correção excessiva, e o SUV rolou sete ou oito vezes no asfalto. Jeff sentiu sair de seu próprio corpo.

> Eu estava cercado de luz, uma luz branca brilhante que parecia estar energizada com amor puro e incondicional. Eu estava calmo. A paz impregnava essa luz quase tangível. Percebi que toda a dor havia desaparecido. Eu estava bem. (...)
> Então, senti um toque familiar. Abri meus olhos. Tamara estava bem ao meu lado. Ela também era real. Eu podia senti-la. Ela estava viva. (...) Eu olhei para ela. Eu podia sentir tudo. Ela estava chorando e chateada. Por quê? Onde estávamos?

O acidente era um sonho ruim agora? Ou eu tinha morrido? Nós dois tínhamos morrido? E onde estavam os meninos?

Eu havia lido sobre experiências como as que eu estava tendo. Muitas pessoas descrevem a passagem por um túnel em direção a uma luz brilhante. Isso não estava acontecendo comigo. Eu me sentia como se estivesse em uma espécie de bolha protetora. E me senti vivo, não morto.

"Você não pode ficar aqui", disse Tamara. "Você tem que voltar. Você não pode ficar aqui."

Por que ela estava chorando?

"Você não pode vir. Você não pode ficar aqui".

O que ela quis dizer com "eu não poderia ficar"? Eu pertencia àquele lugar.

"Você tem que ir!"

Ela era mais real do que nunca. A ideia de nossos meninos passou pela minha cabeça. Onde eles estavam? Eles também estavam aqui? Se eu ficasse, Spencer ficaria órfão? Onde estava o Griffin?

"Você tem que ir!", Tamara insistiu. Mas eu não queria ir a lugar algum. Parecia estranho para mim que, naquela bolha gloriosa, ela estivesse chateada. Era o céu? Eu não sabia, mas isso fazia com que minha existência terrena parecesse um sonho nebuloso. O que eu estava vivenciando era muito mais real, muito mais tangível e muito mais vivo do que qualquer coisa que eu já havia conhecido. Puxei Tamara para junto de mim com força. Ela também era tangível. Até senti suas lágrimas molhadas em minha pele. Eu a beijei. Isso era real. Senti o cheiro de seu cabelo. Não no sentido terreno, mas com sentidos que pareciam ser dez vezes maiores do que eu havia experimentado antes.

"Você não pode ficar aqui. Você tem que ir", ela chorou.

Meu rumo parecia estar traçado. Eu não queria ir, mas também sabia que ela estava certa. Não era para eu ficar. Senti que tinha uma escolha, mas algo dentro de mim sabia que eu tinha que voltar para Spencer. (...) Olhei nos olhos de Tamara, aqueles olhos azuis cristalinos e celestes. Tudo no universo estava me chamando de volta para Spencer, mas eu queria ficar com ela. E onde estava o Griffin? Senti uma lágrima quente rolar pelo meu rosto e cair do meu lábio superior.

"Eu tenho que ir."

"Eu sei."

Olhei para ela mais uma vez, o amor da minha vida e a esposa dos meus sonhos. Inclinei-me para frente, encostando minha testa na dela. (...)

"Eu amo você."

"Eu sei."

A próxima coisa que Jeff ouviu foi a assombrosa realidade de Spencer chorando no banco de trás do SUV acidentado. Tamara e Griffin estavam mortos. Quando voltou a si, Jeff ouviu uma pergunta que "ecoou em cada célula do meu ser. A pergunta era simplesmente: 'Até que ponto você aprendeu a amar?'"[82]

AME A DEUS, AME AS PESSOAS — PARA SEMPRE

Uma das maiores dificuldades que as pessoas têm com relação ao céu é a ideia de estarem separadas daqueles que mais amam. No entanto, não é o céu, mas os efeitos de uma Terra decaída que nos separam. Deus nos criou para um amor que dura para sempre. O amor sempre foi o tema central de Deus e, como você verá nos próximos capítulos, o amor é a única coisa que explica por que Deus permite tanta mágoa e dor nesse meio tempo.

Certa vez, perguntaram a Jesus: "Mestre, qual é o maior mandamento da lei?" Jesus respondeu: "'Ame ao Senhor, o seu Deus, com todo o seu coração, com toda a sua alma e com todo o seu entendimento'. Este é o primeiro e maior mandamento. E o segundo é semelhante a ele: 'Ame ao seu próximo como a você mesmo'. Desses dois mandamentos dependem toda a Lei e os Profetas" (Mateus 22:36-40). Amar a Deus primeiro e depois permitir que Ele nos ajude a amar as pessoas ao nosso redor tanto quanto amamos a nós mesmos — isso resume as Escrituras e o objetivo de cada mandamento.

Aqueles que têm um vislumbre do céu concordam em uma coisa mais do que qualquer outra — o amor é o objetivo de tudo. Na presença de Deus, eles experimentam um amor que as palavras não conseguem explicar, e as pessoas do céu parecem estar cheias de uma luz que é amor. Portanto, se o amor e o relacionamento são o objetivo da vida na Terra, por que pensaríamos que Deus quer acabar com isso ou tirar o relacionamento de nós no céu? Nada poderia estar mais longe da verdade.

Tudo o que Deus afirma ter feito por meio dos profetas e de Jesus é por amor — para restaurar as pessoas a um relacionamento de amor com Deus, para que ele possa nos ensinar a amar uns aos outros como ele nos ama. Ele pretende que esses relacionamentos durem no céu e, mais ainda, que encontrem sua realização no céu. O maior amor que sentimos pelos filhos, pelo cônjuge, pelos amigos ou pela família na Terra equivale a uma colher de chá de amor em comparação com os oceanos que vivenciaremos juntos na eternidade. Os profetas do Antigo Testamento previram isso, Jesus demonstrou isso e aqueles que deram uma olhada por trás do véu sempre dizem a mesma coisa — Deus é amor e o céu será a maior reunião de todas.

A maior reunião de todos os tempos

Don Piper estava voltando de uma conferência de pastores quando um caminhão de 18 rodas perdeu o controle em uma ponte chuvosa e atingiu Don de frente, passando por cima de seu carro. Quando o serviço de emergência médica chegou, minutos depois, Don foi declarado morto. Durante noventa minutos, seu cadáver ficou preso no carro, enquanto o Serviço de Emergência Médica esperava que o retirassem dos destroços esmagados.

> Simultaneamente à minha última lembrança de ver a ponte e a chuva, uma luz me envolveu, com um brilho além da compreensão ou descrição terrestre. Apenas isso. Em meu momento seguinte de consciência, eu estava no céu. A alegria pulsava em mim quando olhei ao redor e, naquele momento, percebi uma grande multidão de pessoas. Elas estavam em frente a um portão brilhante e ornamentado. Não tenho ideia de quão longe elas estavam; coisas como distância não importavam. Quando a multidão veio correndo em minha direção, não vi Jesus, mas vi pessoas que eu conhecia. Quando elas vieram em minha direção, soube instantaneamente que todas elas haviam morrido durante minha vida.
>
> A presença deles parecia absolutamente natural. Eles correram em minha direção, e cada pessoa estava sorrindo, gritando e louvando a Deus. Embora ninguém tenha dito isso, intuitivamente eu sabia que eles eram meu comitê celestial de boas-vindas. Era como se todos tivessem se reunido do lado de fora do portão do céu, esperando por mim. A primeira pessoa que reconheci foi Joe Kulbeth, meu avô. Ele parecia exatamente como eu me lembrava dele, com seus cabelos brancos espetados e o que eu chamava de nariz grande de banana. Ele parou momentaneamente e ficou na minha frente. Um sorriso cobria seu rosto. Talvez eu tenha chamado seu nome, mas não

tenho certeza. "Donnie!" (Era assim que meu avô sempre me chamava.) Seus olhos se iluminaram e ele estendeu os braços ao dar os últimos passos em minha direção. Ele me abraçou, segurando-me com força. Ele voltou a ser o avô robusto e forte de que eu me lembrava quando era criança. (...)

A multidão me cercou. Alguns me abraçaram e alguns beijaram meu rosto, enquanto outros apertavam minha mão. Nunca me senti tão amado. Uma das pessoas daquele comitê de saudação era Mike Wood, meu amigo de infância. Mike era especial porque me convidou para a escola dominical e teve influência em minha conversão ao cristianismo. Mike era o jovem cristão mais dedicado que eu conhecia. Ele também era um garoto popular e tinha sido titular por quatro anos no futebol americano, basquete e atletismo. (...) Quando tinha dezenove anos, Mike morreu em um acidente de carro. Fiquei com o coração partido quando soube de sua morte. (...) Agora eu via Mike no céu. Quando ele colocou o braço em volta do meu ombro, minha dor e tristeza desapareceram. Nunca tinha visto Mike sorrir tão intensamente. Eu ainda não sabia por que, mas a alegria do lugar eliminou qualquer dúvida. Tudo parecia feliz. Perfeito.

Mais e mais pessoas me procuravam e me chamavam pelo nome. Fiquei impressionado com o número de pessoas que vieram me dar as boas-vindas ao céu. (...) Vi Barry Wilson, que havia sido meu colega de classe no ensino médio, mas que depois se afogou em um lago. Barry me abraçou, e seu sorriso irradiava uma felicidade que eu não sabia ser possível. Ele e todos os que o seguiram louvaram a Deus e me disseram como estavam animados por me ver e por me dar as boas-vindas ao céu e à comunhão que desfrutavam. Naquele momento, vi dois professores que me amavam e sempre falavam comigo sobre Jesus Cristo. Ao caminhar entre eles, percebi a grande variedade de idades — velhos, jovens e todas as idades intermediárias.

Muitos deles não se conheciam na Terra, mas cada um deles havia influenciado minha vida de alguma forma. Embora não tivessem se encontrado na Terra, parecia que se conheciam agora.[83]

Sua festa de boas-vindas

Jesus disse: "usem a riqueza deste mundo ímpio para ganhar amigos, de forma que, quando ela acabar, estes os recebam nas moradas eternas" (Lucas 16:9). Muitos que tiveram EQMs sentiram que tinham um "comitê de boas-vindas" lá para recebê-los, exatamente como Jesus descreveu. As pessoas reais e os relacionamentos reais não terminam quando esta vida acaba, eles seguem para novas profundezas. Paulo disse aos que ele ajudou a encontrar a fé em Tessalônica: "Pois quem é a nossa esperança, alegria ou coroa em que nos gloriamos diante do Senhor Jesus na sua vinda? Não são vocês? De fato, vocês são a nossa glória e a nossa alegria" (1 Tessalonicenses 2:19-20).

Assim como Don Piper, Marv Besteman se lembra de uma festa de boas-vindas composta por parentes próximos, pessoas que o influenciaram espiritualmente ou que ele incentivou espiritualmente. "Meus dois amigos eram guerreiros de oração e passamos muitas horas orando juntos. Não sei se foi por isso que Deus escolheu esses dois rapazes para eu ver — eles eram importantes para mim e para minha vida espiritual. Todos que eu vi foram influentes na formação de minha vida de alguma forma."[84]

Imagine o que Deus quer para você. Sua vida temporal na Terra se transformará na festa mais alegre, emocionante e comemorativa, dando-lhe as boas-vindas à Vida Real. Parentes e amigos falecidos que também amavam a Deus, todas as pessoas que você amou, serviu e ajudou espiritualmente, todos se reúnem porque mal podem esperar para lhe mostrar as coisas. Você continua sendo você, e eles continuam sendo eles — esses relacionamentos não morrem, eles se aprofundam mais do que nunca na exploração da eternidade com Deus e uns com os outros. Esse é o desígnio e o desejo de Deus, mas nem todos experimentam isso.

A Dra. Mary Neal e outros mencionaram o papel protetor dos anjos ou de seu comitê de boas-vindas: "Eu sabia que eles tinham sido enviados para me guiar através da divisão de tempo e dimensão que separa nosso mundo do de Deus. Eu também tinha a compreensão tácita de que eles foram enviados não apenas para me cumprimentar e me guiar, mas também para me proteger durante minha jornada."[85]

O Dr. Moody escreve sobre uma mulher que morreu ao dar à luz e que fez quase exatamente a mesma declaração:

> Reconheci minha avó e uma garota que conheci quando estava na escola, além de muitos outros parentes e amigos. (...) Foi uma ocasião muito feliz, e senti que eles tinham vindo para me proteger ou me guiar. Era quase como se eu estivesse voltando para casa e eles estivessem lá para me cumprimentar ou dar as boas-vindas.[86]

Isso me chamou a atenção depois de ler várias EQMs dizendo que o comitê de boas-vindas estava lá tanto para *me guiar* quanto para *me proteger* durante a jornada. Como veremos em capítulos posteriores, a proteção pode ser necessária porque nem todo "comitê de boas-vindas" de EQM é tão benevolente quanto parece à primeira vista.

Mas as Escrituras deixam bem claro que o desejo de Deus é que todos confiemos em Deus, deixemos que ele entre em nossas vidas e que nos adote como seus próprios filhos. O que Ele quer é nos conduzir a uma grande e feliz família eterna! De fato, o objetivo desta vida é a criação de uma família espiritual para Deus.

A FAMÍLIA DAS FAMÍLIAS

Nos primeiros anos de nossa família, minha esposa não gostava de pensar no céu. Ficava triste ao pensar que nossa pequena e amorosa família poderia não ser tão especial ou próxima. Eu sempre perguntava: "O que a faz acreditar nisso?" Ela dizia algo como: "Bem, Jesus disse que não seremos casados. E amaremos todas as pessoas igualmente, então não sentiremos aquele vínculo especial que tínhamos". Desde então, eu a convenci de que seus temores eram injustificados, mas sei que esse é o medo de muitos.

Quando Jesus disse isso, foi em resposta aos saduceus, um grupo de líderes religiosos antagônicos que não acreditavam na vida após a morte. Eles fizeram uma pergunta capciosa a Jesus: "Se uma mulher é casada e seu marido morre, ela se casa novamente e isso acontece de novo... sete vezes, com qual dos sete ela se casará no céu?" Jesus respondeu: "Você está enganado porque não conhece as Escrituras nem o poder de Deus" (Mateus 22:23-30, paráfrase minha). Ele continua dizendo que Deus disse a Moisés, a quem eles diziam seguir, que ele é o Deus de Abraão, Isaque e Jacó (que estavam todos mortos). Jesus diz que Deus não é o Deus dos mortos, mas dos vivos — o povo de Deus vive pelo poder de Deus! E o poder de Deus pode unir as pessoas de forma a superar nossas disputas e preocupações relacionais, e é isso que ele fará por todos os seus filhos.

Então Jesus diz: "Na ressurreição, as pessoas não se casam nem são dadas em casamento, mas são como os anjos no céu" (Mateus

22:30). Jesus não disse que não estaremos com nosso cônjuge ou entes queridos. Ele disse que não haverá novos casamentos individuais — não será necessário, pois não haverá procriação ou novas famílias. Mas nossos relacionamentos familiares não serão menos especiais ou menos próximos na eternidade, eles serão mais próximos e profundos. Poderemos amar todos os nossos novos irmãos e irmãs, mas isso não significa que teremos o mesmo relacionamento especial, história, lembranças ou vínculos com todas as pessoas igualmente.

De fato, nossas famílias terrenas parecem ser realmente importantes no céu. Em todo o Antigo Testamento, quando uma pessoa morria, as Escrituras diziam: "Então Abraão deu o seu último suspiro e morreu em boa velhice (...) e foi reunido *ao seu povo*" (Gênesis 25:8, itálico meu). "Então [Isaque] deu seu último suspiro, morreu e foi reunido *ao seu povo*" (35:29, itálico meu). Deus criou o amor, o relacionamento e a família, e eles continuam sendo importantes para ele no céu.

É interessante notar que o Estudo Kelly, realizado em 2001 na Universidade da Virgínia, descobriu que 95% das pessoas encontradas do outro lado durante as EQMs eram parentes falecidos, enquanto apenas 5% eram amigos. Apenas 4% das EQMs do estudo afirmaram ter visto pessoas que estavam vivas no momento da EQM.[87] O Dr. Long ressalta que, em sonhos ou alucinações, geralmente as pessoas afirmam ver pessoas *vivas* encontradas recentemente. Um estudo com quinhentos americanos e quinhentos indianos descobriu que "tanto nos Estados Unidos quanto na Índia (...), das figuras humanas vistas em visões de moribundos, a grande maioria era de parentes próximos falecidos".[88]

Imagine o céu — a maior reunião de todos os tempos — com amigos, familiares e até mesmo parentes distantes que você nunca conheceu. O site *Ancestry.com*[89] não chega nem perto de lhe dar uma noção de sua herança como será quando você realmente conhecer seus parentes! Crianças pequenas relatam ter encontrado parentes falecidos durante suas EQMs — mesmo aqueles que nunca conheceram! Imagine a família que você teve, mas nunca conheceu.

Capítulo 7

A família que você nunca conheceu

Colton Burpo, de quatro anos de idade, teve um encontro com a morte e afirmou ter visitado o céu. Vários meses depois, ele e seu pai, Todd, estavam dirigindo pelos campos de milho de Nebraska. Colton perguntou a seu pai se ele tinha um avô chamado Pop. Todd disse que sim e contou a Colton que Pop havia falecido quando Todd tinha mais ou menos a idade de Colton.

Colton respondeu: "Ele é muito legal".

Todd quase saiu da estrada. Mais tarde, ele relatou: "É um momento louco quando seu filho usa o tempo presente para se referir a alguém que morreu um quarto de século antes de ele ter nascido". Enquanto Todd e Colton continuavam conversando, Colton explicou que não só conheceu Pop no céu, como também pôde ficar com ele.[90]

Pouco tempo depois de voltarem de sua viagem, Todd tirou a última foto que tinha de Pop. Ele tinha 62 anos, cabelos brancos e óculos. Todd perguntou se Colton o reconhecia. O garoto encolheu o rosto, balançou a cabeça e disse: "Pai, ninguém é velho no céu (...) e ninguém usa óculos". Todd se incomodou com o fato de Colton não reconhecer Pop, então pediu que sua mãe enviasse uma foto dele mais jovem, quando tinha 29 anos, com sua esposa (bisavó de Colton) e duas outras pessoas. Ele a mostrou a Colton, que disse: "Ei! Como você conseguiu uma foto do Pop?"[91] A bisavó de Colton, que ele tinha visto recentemente (agora com oitenta anos), também foi fotografada ao lado de Pop. Colton não reconheceu sua bisavó de vinte e poucos anos, mas reconheceu seu bisavô de vinte e nove anos que ele nunca havia conhecido!

Mais tarde, em outubro, Colton fez outra surpresa para sua família quando estavam todos reunidos na sala de estar trabalhando em diferentes projetos. "Mamãe, eu tenho duas irmãs", disse Colton. Sua mãe, Sonja, o corrigiu, lembrando-o de que ele tinha apenas uma irmã. Colton se repetiu, insistindo que tinha duas irmãs. Sonja respondeu que Cassie é sua única irmã e perguntou se ele estava se referindo à sua prima Traci.

"Não!", Colton insistiu com veemência. "Eu tenho duas *irmãs*. Você teve um bebê que morreu na sua barriga, não foi?"

O tempo parou na casa dos Burpo. Chocada, Sonja perguntou ao filho quem lhe disse que ela tinha um bebê morto na barriga.

"Ela morreu, mamãe", explicou Colton. "Ela disse que morreu em sua barriga". Sonja ficou muito emocionada. Eles nunca haviam contado a Colton sobre o aborto espontâneo.

"Está tudo bem, mamãe", disse Colton. "Deus a adotou."

Todd disse que pôde ouvir o esforço que Sonja fez para manter a voz firme quando perguntou a Colton como era a irmã dele.

Colton explicou que, no céu, uma garota que se parecia muito com Cassie, mas com cabelos escuros, correu até ele e não parava de abraçá-lo. Ele claramente não gostava que uma garota o abraçasse tanto. Ele claramente não gostava que uma *garota* o abraçasse tanto.

Sonja lhe perguntou qual era o nome dela.

"Ela não tem nome. Vocês não deram nome a ela."

"Você tem razão, Colton", disse Sonja, atônita. "Nós nem sabíamos que ela era uma menina."

Colton disse: "Sim, ela disse que não vê a hora de você e o papai chegarem ao céu."[92]

O rei Davi perdeu seu filho pequeno ao nascer. Ele havia jejuado, orado, chorado e lamentado pela cura, mas quando seu filho morreu, ele parou. Seus amigos ficaram confusos. Davi explicou: "Mas por que deveria jejuar agora que ela [a criança] morreu? Poderia eu trazê-la de volta à vida? Eu irei até ela, mas ela não voltará para mim" (2 Samuel 12:23). Davi sabia que veria seu filho novamente no céu.

Imagine todas as mágoas e dores familiares, finalmente redimidas pelo amor de Deus. Imagine todos os bebês, finalmente reunidos com suas famílias, todos os irmãos e irmãs, mães e pais, avós e até parentes distantes, unidos como uma família dentro da grande família de Deus. É isso que Deus está fazendo: "Para levar muitos filhos à glória, convinha que Deus — para quem e por meio de quem tudo existe — aperfeiçoasse por meio do sofrimento o autor da salvação deles. Ora, tanto o que santifica quanto os que são santificados provêm de um só. Por isso, Jesus não se envergonha de chamá-los irmãos" (Hebreus 2:10-11).

Imagine essa nova família de famílias que Deus reservou para todos os que o amam. Imagine conhecer parentes de centenas de anos atrás, unidos como essa família que você nunca conheceu. Mas isso traz à tona outras questões relacionais, como qual será a nossa idade? E como não haverá rivalidade entre irmãos e brigas de família?

IDADES SEM IDADE

Que idade teremos no céu? Quanto mais pondero sobre o que as Escrituras dizem e o que as EQMs relatam, não fica claro. Minha melhor teoria é que não teremos idade, mas teremos a capacidade de aparecer para os outros com a idade que eles nos conheciam melhor. Digo isso como uma teoria, porque as Escrituras parecem silenciosas sobre o assunto, embora nos digam que o tempo no céu não funciona como na Terra. "Para o Senhor, um dia é como mil anos, e mil anos são como um dia" (2 Pedro 3:8). Ouça algumas das coisas que as EQMs observam sobre a idade.

De acordo com alguns relatos, as pessoas parecem ser de todas as idades. Gary Wood disse que, enquanto caminhava pela cidade com seu melhor amigo, John, "vi um playground com crianças e adolescentes — aqueles que morreram prematuramente". Em outro momento, ele viu sua avó e seu avô sentados na varanda da frente de uma casa de três andares, conversando com as pessoas que passavam, mas ele não tinha permissão para falar com eles por algum motivo.[93]

Marv, o presidente do banco, observou do lado de fora do portão da cidade:

> A maioria dos homens na fila tinha entre cinquenta e setenta anos de idade, e a maioria das mulheres tinha entre setenta e noventa anos de idade. Havia três crianças na fila, cada uma delas com cerca de quatro ou cinco anos de idade. Esses pequeninos não estavam parados, mas se moviam, mexendo-se em seus lugares na fila, como fazem as crianças. Todos tinham grandes sorrisos em seus rostos. (...) [Um homem indígena] estava carregando um bebê pequeno para (...) uma jovem mulher [indígena] que estava à sua frente.[94]

Marv chegou a uma barreira (que veremos ser comum) que ele não conseguia atravessar. Ele a descreveu como uma barreira cristalina, mas sessenta metros dentro dela e acenando para que ele viesse estavam sua avó e seu avô.

> Ambos estavam vestindo roupas semelhantes às que usavam na Terra e pareciam ter a idade que tinham quando morreram. Ainda assim, a avó e o avô não se pareciam com nenhuma outra pessoa de 85 anos que eu já tenha visto andando por aqui. Não estou brincando. Se eu tivesse feito um arremesso [de futebol americano] para eles, os dois deram a impressão de que poderiam facilmente ter pulado e agarrado o passe.[95]

Portanto, embora as pessoas pareçam ter a idade em que melhor as reconheceríamos, elas também parecem jovens e vibrantes ou, em alguns casos, mais velhas.

"Vi uma luz brilhante muito rapidamente", relata outra EQM, "e depois uma praia, e então vi minha mãe e minha filha [que morreu aos dois anos de idade] de pé na praia; minha filha era adulta."[96]

Outros parecem indicar que, embora as pessoas no céu aparentassem ter a idade que tinham, de alguma forma elas também pareciam não ter idade ou estar em seu auge. O Dr. Long relata como Bob caiu de um prédio e aterrissou três andares abaixo. Durante sua EQM, ele encontrou muitos parentes falecidos: "Meus parentes (todos falecidos) estavam lá, todos no auge da vida. Eles estavam vestidos, eu diria, no estilo da década de 1940, que teria sido a melhor época para a maioria deles. Parentes que eu conhecia, como meus avós, mas que nunca conheci em vida, estavam lá, assim como tios/tias que morreram antes de eu conhecê-los."[97]

Outra EQM observa: "De repente, reconheci todos esses parentes. Todos tinham cerca de trinta e cinco anos de idade, inclusive o irmão mais novo que eu nunca havia conhecido, pois havia morrido durante a guerra, quando eu tinha dois anos de idade."[98] Os médicos nos dizem que nossos corpos terrenos crescem e se desenvolvem até o final dos vinte ou início dos trinta anos; depois, começamos nossa lenta decadência. Talvez essa seja nossa idade celestial. Ou talvez, no céu, sejamos conhecidos por nossa verdadeira identidade e nossa forma projetada possa ser percebida ou "vista" de diferentes maneiras.

O capitão da companhia aérea Dale Black percebeu que:

> os via como eram. Nenhum era magro, nenhum estava acima do peso. Nenhum era aleijado, nenhum era curvado ou quebrado. Nenhum era velho, nenhum era jovem. Se eu tivesse que adivinhar, diria que eles aparentavam ter em torno de trinta anos. (...) Embora pareça existir alguma forma de tempo no céu, ninguém envelheceu.[99]

Algo que o professor universitário Howard Storm descreveu durante sua EQM pode dar uma ideia sobre a aparência da idade no céu. Seres brilhantes de luz que ele chamou de "os santos e anjos" vieram ao seu encontro e disseram: "Podemos aparecer para você em nossa forma humana, se desejar, ou em qualquer forma que quiser, para que você se sinta confortável conosco". Storm respondeu: "Não. Por favor, vocês são mais bonitos do que qualquer coisa que eu já tenha visto."[100]

Assim, talvez no céu sejamos conhecidos por nossa verdadeira identidade e nossa aparência externa possa se adaptar às necessidades dos outros. Steve Miller observou isso em seus estudos: "As pessoas parecem consistir em algo mais parecido com energia do que com células. Isso poderia explicar por que, quando uma EQM expressou surpresa pelo fato de seu parente falecido parecer tão velho, o parente explicou que ela poderia parecer como quisesse e imediatamente mudou para uma aparência mais jovem."[101] Talvez nossa aparência de idade possa mudar no céu intermediário. Não tenho certeza do que isso implicaria para a idade de nosso corpo ressuscitado no novo céu e na nova Terra (meu voto é 29!). Um dia saberemos com certeza.

Novos valores familiares

Uma coisa com a qual você não precisa se preocupar no céu: brigas de família. No céu, o que Jesus nos ensinou a orar será sempre verdadeiro: "[Pai Celestial,] venha o teu reino, seja feita a tua vontade, *assim* na terra *como no céu*" (Mateus 6:10, itálico meu). "Seja feita a nossa vontade" arruinou a Terra, portanto, somente aqueles que permitem Deus ser Deus em vez de tentar brincar de Deus podem ter permissão para entrar no céu. Caso contrário, nós também o arruinaríamos! O fato de as pessoas darem uma olhada no céu não significa que o céu será automaticamente sua residência permanente (falaremos mais sobre isso em capítulos posteriores). Mas Deus terá novos valores familiares que farão com que todos os desafios relacionais da Terra desapareçam.

Primeiro, a comunicação será perfeita. Nada será escondido no céu. Brian nasceu totalmente surdo, mas aos dez anos de idade quase se afogou. Em sua EQM, ele disse,

> Eu me aproximei do limite. Nenhuma explicação foi necessária para que eu entendesse, aos dez anos de idade, que uma vez que eu cruzasse o limite, eu nunca mais poderia voltar — ponto final. Eu estava mais do que empolgado para atravessar. Eu pretendia atravessar, mas meus ancestrais em outra fronteira chamaram minha atenção. Eles estavam conversando por telepatia, o que me chamou a atenção. Nasci profundamente

surdo e todos os membros da minha família eram ouvintes, e todos eles sabiam a linguagem de sinais! Eu podia ler ou me comunicar com cerca de vinte antepassados meus e outros por meio de métodos telepáticos. Isso me impressionou. Não conseguia acreditar com quantas pessoas eu podia me comunicar simultaneamente.[102]

Embora possamos falar e cantar com nossas vozes no céu, a maioria indica que a maneira preferida de nos comunicarmos com Deus, com os anjos e com as pessoas será diretamente de coração para coração. Deus fala ao profeta Isaías sobre a comunicação no céu, dizendo: "Antes que clamem, eu responderei; enquanto ainda estiverem falando, eu ouvirei" (Isaías 65:24). As pessoas descrevem isso de diferentes maneiras, mas é impressionante a consistência com que as pessoas que passam por EQMs descrevem essa comunicação perfeita e não verbal no céu.

Crystal descreve isso da seguinte forma:

> Houve uma comunicação instantânea e completa entre nós. O que quero dizer com isso? (...) Imagine uma senha que, se você me permitir usá-la, me dará acesso instantâneo a tudo o que você já disse, pensou, sentiu, escreveu ou acreditou em sua vida: passado, presente e futuro. Instantaneamente, eu teria uma compreensão mais completa de você do que é possível na Terra. Bem, foi assim que aconteceu. (...) Não havia espaço para segredos, vergonha, mal-entendidos ou qualquer coisa negativa. Havia apenas essa maravilhosa, bela e nutritiva sensação de conhecimento.[103]

Alguns pareciam indicar que uma das regras do céu é "não invadir os pensamentos das pessoas sem a permissão delas". Dean afirma,

> [Quando] os seres queriam se comunicar, geralmente o faziam apenas por meio do pensamento. Como tudo está vivo, tudo pode se comunicar de modo que você "vivencia" a comunicação - você não apenas a ouve. Não havia falhas de comunicação, nem mal-entendidos. Não havia nada que vocês escondessem um do outro... cada pensamento era puro. Havia a regra de não entrar nos pensamentos dos outros sem que eles lhe dessem permissão para isso.[104]

É como Jesus disse: "Não há nada escondido que não venha a ser revelado nem oculto que não venha a ser conhecido. O que eu digo a vocês no escuro falem à luz do dia; o que é sussurrado nos ouvidos proclamem dos telhados" (Mateus 10:26-27). Nesse lugar perfeito, todos os males e enganos de mentir, esconder e encobrir a verdade devem ser abandonados.

Mas não é que as vozes não possam ser usadas. Betty Malz se lembra de ter participado de canções maravilhosas harmonizadas em vários idiomas:

> As vozes não apenas explodiram em mais de quatro partes, mas também em idiomas diferentes. Fiquei impressionado com a riqueza e a combinação perfeita das palavras — e eu conseguia entendê-las! Não sei por que isso foi possível, exceto pelo fato de que eu fazia parte de uma experiência universal. A comunicação entre nós se dava por meio da projeção de pensamentos. (...) Todos parecíamos estar em um comprimento de onda universal. Na época, pensei: *"Nunca esquecerei a melodia e essas palavras"*. Mais tarde, porém, só consegui me lembrar de duas: "Jesus" e "redimido".[105]

QUE ELES SEJAM UM SÓ

Com a comunicação perfeita e o amor perfeito, vem a unidade perfeita. O que Jesus orou para que aprendêssemos a vivenciar cada vez mais na Terra acontecerá plenamente na família do céu:

> A minha oração não é apenas por eles. Peço também por aqueles que crerão em mim, por meio da mensagem deles, para que todos sejam um. Pai, como tu estás em mim e eu estou em ti, que eles também estejam em nós, para que o mundo creia que tu me enviaste. Dei-lhes a glória que me deste, para que eles sejam um, como nós somos um: eu neles, e tu em mim. Que sejam levados à plena unidade, para que o mundo saiba que tu me enviaste e os amaste assim como amaste a mim (João 17:20-23).

No céu, a oração de Jesus é sentida de forma tangível por todos. O capitão Dale Black descreve esse fato: "A melhor união que já senti na Terra não se compara à unidade estimulante que experimentei com minha família espiritual no céu. Esse amor (...), o amor de Deus, foi transformador. Experimentar algo tão sagrado e tão profundo como o amor ilimitado de Deus foi a parte mais emocionante do céu."[106]

Jeff Olsen refletiu sobre sua experiência, dizendo,

> Todos nós éramos peças conectadas em um enorme quebra-cabeça de unidade. As palavras que Jesus havia dito vieram rapidamente à minha memória: "Sempre que o fizestes ao menor destes meus irmãos, a mim o fizestes". Ele estava falando sobre a consciência que eu estava experimentando? Ele sentia a mesma coisa que eu estava sentindo? Era assim que ele caminhava pela Terra, com a consciência de conhecer cada alma individual nesse nível profundo de amor? (...) Somos

todos ligados e iguais aos olhos de Deus. Eu estava vendo, sentindo e vivenciando isso.[107]

"Em vez de apenas ouvir a música e as milhares de vozes louvando a Deus, eu havia me tornado parte do coro", lembra Don Piper. "Eu era um com eles, e eles me absorveram em seu meio."[108]

O neurocirurgião de Harvard, Eben Alexander, descreve em sua experiência de quase-morte ter permanecido distinto — não uma unidade budista em que você perde sua personalidade distinta, mas a unidade que Jesus descreveu:

> Ver e ouvir não estavam separados nesse lugar onde eu estava então. Eu podia ouvir a beleza visual dos corpos prateados daqueles seres cintilantes [angélicos] acima e podia ver a perfeição alegre e vibrante do que eles cantavam. Parecia que não era possível olhar ou ouvir nada neste mundo sem se tornar parte dele — sem se unir a ele de alguma forma misteriosa. (...) Tudo era distinto, mas também fazia parte do todo, como os ricos e misturados desenhos de um tapete persa.[109]

A única maneira de tornar possível essa perfeita unidade, unicidade e comunicação familiar: o céu não tem espaço para o pecado. Dale Black relembra essa epifania:

> Parte da alegria que eu estava sentindo não era apenas a presença de tudo que era maravilhoso, mas a ausência de tudo que era terrível. Não havia disputa, competição, sarcasmo, traição, engano, mentiras, assassinatos, infidelidade, deslealdade, nada contrário à luz, à vida e ao amor. (...) A ausência de pecado era algo que se podia sentir. Não havia vergonha, porque não havia nada do que se envergonhar. Não havia tristeza, porque

não havia motivo para ficar triste. Não havia necessidade de se esconder, porque não havia nada do que se esconder. Tudo estava às claras.[110]

A FAMÍLIA RESTAURADA

Jeff Olsen estava de volta ao céu. "Eu dançava e corria, sentindo-me tão alegre (...) e me maravilhava com a beleza indescritível ao meu redor. Tudo era vasto, aberto e lindo. Eu podia sentir, tocar e saborear tudo como se tivesse não cinco, mas cinquenta sentidos. Foi incrível".

Jeff passou por meses de recuperação após o trágico acidente de carro. Ele se culpava e sentia um desespero intenso por ter perdido Tamara e o bebê Griffin. Ele lutou para deixá-los ir, enquanto queria morrer e ficar com eles, mas sabendo que precisava de forças para ficar e ser pai de Spencer, de quatro anos. Em um ponto baixo de sua recuperação, ele teve outra experiência do céu.

> Enquanto caminhava, com duas pernas fortes e saudáveis, entrei em um longo corredor (...) e no final do corredor havia um berço de bebê. Corri para o berço e, ao dar uma olhada, vi algo muito alegre. Ali, deitado no berço, estava meu filho. Era o pequeno Griffin! Ele estava vivo e bem. Ele dormia tranquilamente. Olhei para ele e observei cada detalhe. Como suas mãozinhas rechonchudas estavam tão pacificamente ao lado de seu rosto perfeito, (...) como seu cabelo estava gentilmente sobre o topo de suas orelhas. Peguei o berço e o coloquei em meus braços. Pude sentir o calor de seu corpinho. Sentia sua respiração em meu pescoço e o cheiro de seu cabelo delicado. Ele era tão familiar e tão vivo! (...) Eu o abracei e chorei lágrimas de alegria ao encostar minha bochecha em sua cabecinha macia, como sempre fizemos. (...) Era Griffin! Ele estava vivo,

e eu estava com ele, segurando-o nesse lugar maravilhoso. (...) Senti algo ou alguém se movendo atrás de mim. O sentimento que vinha desse ser era tão poderoso e, ao mesmo tempo, tão amoroso que quase me assustou. Senti luz e amor me envolverem. (...) Eu sabia que minha esposa e meu filho haviam partido. Eles haviam morrido meses antes, mas o tempo não existia onde eu estava naquele momento. Em vez de tê-los arrancados de mim, eu estava tendo a oportunidade de realmente entregá-los a Deus. De deixá-los partir em paz, amor e gratidão. De repente, tudo fez sentido. Tudo tinha uma ordem divina. Eu poderia entregar meu filho a Deus e não ter que tirá-lo de mim. (...) Abracei meu filho bebê como o próprio Deus me abraçou. Experimentei a unidade de tudo. (...) O ser atrás de mim me convidando a deixar tudo de lado e entregar Griffin a Ele. Com toda essa paz e conhecimento, abracei meu filhinho com força uma última vez, dei-lhe um beijo no rosto e o coloquei gentilmente de volta no berço. Eu o entreguei de bom grado. Ninguém jamais o tiraria de mim novamente. Ele era meu. Éramos um só, e eu era um com Deus. (...) Griffin estava vivo em um lugar mais real do que qualquer coisa aqui.[22]

Isso é o céu. Vida, amor, juntos novamente — tudo restaurado e vivo em um lugar mais bonito do que você pode imaginar. Vamos imaginar o quão belo será.

Capítulo 8

O LUGAR MAIS LINDO QUE SE PODE IMAGINAR!

O capitão Dale Black registrou 17 mil horas de voo ao redor do mundo como piloto de linha aérea comercial. Durante esse tempo, ele também foi voluntário em quase mil voos para cinquenta países, construindo orfanatos, clínicas médicas e igrejas a fim de compartilhar o amor de Deus com as pessoas necessitadas. Black diz que sua motivação vem de um terrível acidente aéreo e do que ele viu — e que mudou sua vida.

Dale sempre sonhou em ser um piloto comercial. Aos dezenove anos, ele já tinha sua licença de piloto. Chuck e Gene, pilotos comerciais que haviam colocado Dale sob suas asas, gentilmente deixaram Dale voar com eles em viagens de entrega pela Califórnia para registrar mais horas. Em um dia fatídico, os três decolaram em um Piper Navajo bimotor em um céu limpo de Los Angeles. Gene acelerou até a potência máxima de decolagem, mas de repente eles se viram no ar a uma velocidade anormalmente baixa. Incapaz de ultrapassar as copas das árvores, Gene desviou diretamente para um monumento de aviação de 23 metros de altura. O avião se desintegrou quando os três pilotos se chocaram contra o edifício de pedra a 217 km/h e, em seguida, mergulharam 22 metros no chão. Apenas Dale sobreviveu — mais ou menos.

A última coisa de que me lembrei foi a visão das mãos de Chuck nos controles, puxando violentamente os controles de voo totalmente para a esquerda e totalmente para trás. (...) De repente, me vi suspenso no ar, pairando sobre os destroços do meu corpo. Minha calça cinza e minha camisa de manga curta estavam rasgadas em pedaços e encharcadas de sangue. (...) Acelerei pelo que parecia ser um caminho estreito. (...) Não era um túnel de luz que eu estava percorrendo. Era um caminho na escuridão que era delineado pela luz. Fora desse caminho, a escuridão era total. Mas, na escuridão, milhões de minúsculas esferas de luz passavam enquanto eu viajava pelo que parecia ser o espaço profundo, quase como se um jato estivesse voando em uma tempestade de neve à noite. (...) Nesse momento, percebi que não estava viajando sozinho. Acompanhando-me, havia dois acompanhantes angelicais vestidos com roupas brancas sem costura, tecidas com fios de prata. Eles não tinham gênero discernível, mas pareciam masculinos e maiores do que eu. (...) Notavelmente, minha visão periférica estava aprimorada e eu podia ver seus rostos brilhantes ao mesmo tempo. Eu podia até mesmo ver atrás de mim sem mover minha cabeça. (...)

Eu estava me aproximando rapidamente de uma cidade magnífica, dourada e reluzente em meio a uma miríade de cores resplandecentes. A luz que eu via era a mais pura que já havia visto. E a música era a mais majestosa, encantadora e gloriosa que eu já havia ouvido. Eu ainda estava me aproximando da cidade, mas agora estava diminuindo a velocidade. Como um avião fazendo sua aproximação final para o pouso. Soube na hora que esse lugar era total e completamente sagrado. Não me pergunte como eu sabia, mas eu sabia.

Fiquei impressionado com sua beleza. Era de tirar o fôlego. E um forte sentimento de pertencimento encheu meu coração; eu nunca queria ir embora. De alguma forma, eu sabia que havia sido feito para esse lugar e que esse lugar havia sido feito para mim. (...) A cidade inteira estava banhada de luz, uma brancura opaca na qual a luz era intensa, mas difusa. Naquela luz deslumbrante, todas as cores imagináveis pareciam existir e — qual é a palavra certa? (...) As cores pareciam estar vivas, dançando no ar. Eu nunca tinha visto tantas cores diferentes. (...) Era de tirar o fôlego. E eu poderia ter passado uma eternidade fazendo exatamente isso.

Quanto mais me aproximava da cidade, mais nítida se tornava a iluminação. A luz magnífica que eu estava experimentando emanava de cerca de quarenta ou cinquenta quilômetros dentro da muralha da cidade, (...) de um ponto focal que era mais brilhante que o sol. Estranhamente, não me fez apertar os olhos para olhar para ela. E tudo o que eu queria fazer era olhar para ele. A luz era palpável. Tinha substância, peso e espessura, como nada que eu já tivesse visto antes ou depois. A luz de uma bomba de hidrogênio é o mais próximo que posso chegar para descrevê-la. (...)

De alguma forma, eu sabia que a luz, a vida e o amor estavam conectados e inter-relacionados. (...) Notavelmente, a luz não brilhava sobre as coisas, mas através delas. Através da grama. Através das árvores. Através da parede. E através das pessoas que estavam reunidas ali. Havia uma enorme reunião de anjos e pessoas, milhões, incontáveis milhões. Eles estavam reunidos em uma área central que parecia ter mais de dez quilômetros de diâmetro. A extensão de pessoas estava mais próxima de um oceano do que de uma sala de concertos. Ondas de pessoas, movendo-se na luz, balançando ao som da música, adorando a Deus. (...) De alguma forma, a música no céu calibrava tudo, e eu sentia que nada estava sendo apressado.

Eu estava fora da cidade, movendo-me lentamente em direção à sua muralha, suspenso a algumas centenas de metros acima do solo. Não tenho certeza de como sabia a direção para lá, mas tive uma sensação forte, quase magnética, de que era noroeste. Isso significava que eu estava me aproximando da cidade pelo sudeste. Uma estrada estreita levava a uma entrada na muralha, que dava acesso à cidade. Eu me movia sem esforço pela estrada, escoltado por meus dois guias angélicos, no que parecia ser um cronograma divino.

Abaixo de mim estava a grama mais pura e perfeita, com o comprimento exato e nenhuma lâmina dobrada ou fora do lugar. Era o verde mais vibrante que eu já havia visto. Se uma cor pode ser considerada viva, o verde que eu vi estava vivo, ligeiramente transparente e emitindo luz e vida de dentro de cada folha. A grama iridescente se estendia infinitamente sobre colinas onduladas, sobre as quais estavam salpicadas as flores silvestres mais coloridas, elevando sua beleza de pétalas macias para o céu, quase como se fossem um coro de flores envolvidas em sua própria maneira de louvar a Deus.

A fragrância que permeava o céu era tão suave e doce que quase não a notei em meio a tudo o que havia para ver e ouvir. Mas quando olhei para as flores e a grama delicadas e perfeitas, quis sentir o cheiro delas. Instantaneamente, percebi um aroma suave. Ao me concentrar, pude perceber a diferença entre a grama e as flores, as árvores e até mesmo o ar. Era tudo tão puro e inebriante e se misturava em um aroma doce e satisfatório.

Ao longe, havia uma cadeia de montanhas de aparência majestosa, como se dominassem toda a paisagem. Essas não eram montanhas que você queria conquistar; eram montanhas que você queria reverenciar. (...)

A estrada era larga o suficiente apenas para duas pessoas e seguia os contornos das colinas. Em seguida, começou a se inclinar para cima em direção à enorme muralha que circundava a cidade. (...) Em seguida, ouvi o som fraco de água correndo ao longe. Eu não conseguia ver a água, mas parecia que eram rios caindo em cascata em uma série de pequenas cachoeiras, criando uma música que estava sempre mudando. (...)

Entre a parte central e os muros da cidade, havia grupos de casas de cores vivas e perfeitas em cidades pequenas e pitorescas. (...) Cada casa era personalizada e única em relação às outras, mas combinava de maneira harmoniosa. Algumas tinham três ou quatro andares, outras eram ainda mais altas. Não havia duas iguais. Se a música pudesse se transformar em casas, seria como essas, lindamente construídas e perfeitamente equilibradas. (...) [A muralha da cidade] se estendia à minha esquerda e à minha direita até onde eu podia ver em ambas as direções. (...) Uma luz poderosa permeava a muralha, e você podia ver todas as cores do arco-íris nela. Achei estranho, pois sempre que eu me movia, as cores se moviam um pouco, como se estivessem sentindo meu movimento e fazendo um ajuste. (...)

Em seguida, meus olhos foram atraídos para um rio que se estendia da área de reunião no meio da cidade até a muralha. Ele fluía em direção à muralha e parecia terminar ali, pelo menos do meu ponto de vista. O rio era claro, com uma tonalidade branco-azulada. A luz não brilhava na água, mas misteriosamente brilhava dentro dela de alguma forma. (...)

As flores do céu me fascinaram. Novamente, um equilíbrio delicioso e delicado entre diversidade e unidade. Cada uma era única. Todas eram uma só. E eram lindas de se ver. Cada pétala e folha se iluminava com aquela luz gloriosa e acrescentava os toques certos de cor à extensão aveludada da grama verde. Como descrevi anteriormente, a grama, o céu, as paredes, as casas, tudo era mais bonito do que eu jamais imaginei que pudesse ser. Até as cores. Até mesmo as cores. Elas eram mais ricas, mais profundas, mais luminescentes do que quaisquer cores que eu já tivesse visto nos confins da Terra ou no mais fantástico dos sonhos. Eram tão vibrantes que pulsavam de vida.[111]

A Terra é a sombra

O céu parece um lugar de fantasia imaginativa e fictícia. Mas talvez a razão de possuirmos dentro de nós essa capacidade imaginativa fictícia seja o desejo de eternidade que Deus colocou no coração humano. Como o instinto de um pássaro, ele está nos apontando para casa. Há um pequeno pássaro chamado maçarico-de-cauda-branca que voa 15 mil milhas de ida e volta do Alasca para a Nova Zelândia todos os anos. Esse é um voo longo para uma ilha pequena — e se eles perdessem? Eles estariam se reproduzindo com os pinguins. Mas eles não erram. Nunca! Alguma coisa em seu cérebro os direciona para a Nova Zelândia.

"[Deus] também colocou a eternidade no coração do homem" (Eclesiastes 3:11). Há algo em nós que todos desejamos, algo que almejamos e, no entanto, toda experiência humana nos deixa ainda em busca. Como canta o U2, *"But I still haven't found what I'm looking for"* (*Mas eu ainda não encontrei o que estou procurando*, em tradução livre). Todos os nossos anseios apontam para o céu. E as EQMs dizem que ele é mais real e muito mais belo do que podemos imaginar.

O que levaria um piloto veterano de uma companhia aérea comercial a inventar uma história dessas? Ou uma pergunta ainda mais confusa: como centenas de pessoas — médicos, pilotos de avião, presidentes de bancos, professores titulares — que não precisavam inventar histórias malucas para ganhar dinheiro (e que perderiam a credibilidade profissional se o fizessem) chegaram a descrever um lugar incrivelmente semelhante?

As Escrituras sempre descreveram um lugar assim — mais bonito do que você pode imaginar. Se você já alimentou secretamente o medo de que o céu pudesse ser esse lugar etéreo, confuso, menos que real, nublado... pense novamente! A linguagem das Escrituras e as palavras que as EQMs usam repetidamente enfatizam o oposto — esta vida temporal (temporária) é a sombra difusa, menos que real, da vida sólida, brilhante, bela — além de seus sonhos mais loucos — à qual você precisa se agarrar.

Os quarenta escritores diferentes das Escrituras revelaram uma imagem consistente da super-realidade do céu. Deus até fez com que Israel construísse uma cópia terrena de uma realidade celestial. "[Os sacerdotes terrestres] servem em um santuário que é *cópia e sombra* daquele que está nos céus, já que Moisés foi avisado quando estava para construir o tabernáculo: 'Tenha o cuidado de fazer tudo segundo *o modelo* que foi mostrado a você no monte'" (Hebreus 8:5, itálico meu). Randy Alcorn observa: "Os versículos em Hebreus sugerem que Deus criou a Terra à imagem do céu, assim como criou a humanidade à Sua imagem."[112]

Alcorn ressalta que muitas vezes nosso pensamento está invertido. Pensamos na Terra como a coisa real e no céu como a sombra etérea, menos que real. Mas as Escrituras nos dizem, e as EQMs atestam, que o oposto é verdadeiro — as realidades terrenas são derivadas das contrapartes do céu. Isso nos ajuda a imaginar melhor o céu, quando percebemos que tudo o que amamos nesta Terra é apenas uma sombra da realidade maior que está por vir — um lugar lindo feito para nós.

Na noite anterior à crucificação de Jesus, ele se reuniu para sua última refeição com seus amigos mais próximos para assegurar-lhes:

> Que o coração de vocês não se perturbe. Creiam em Deus; creiam também em mim. Na casa do meu Pai há muitos aposentos; se não fosse assim, eu teria dito que vou preparar lugar para vocês? Quando eu for e preparar lugar, voltarei e os levarei comigo, para que vocês estejam onde eu estiver (João 14:1-3).

Imagine esse lugar, repleto da beleza que Deus criou na Terra. Afinal de contas, quando Deus criou a Terra, ele declarou: "Isso é bom" (Gênesis 1). Mas a beleza da Terra foi prejudicada pelo mal e sujeita à morte e à decadência, para que percebamos o que está faltando — a vontade e os caminhos perfeitos de Deus. "Pois a criação foi submetida à inutilidade, não pela sua própria escolha, mas por causa da vontade daquele que a sujeitou, na esperança de que a própria criação será liberta da escravidão que conduz à decadência, para receber a mesma gloriosa liberdade dos filhos de Deus" (Romanos 8:20-21). Imagine a criação restaurada, mais real, mais bonita e mais viva do que nunca. Deus promete que nossa Terra será finalmente renovada e se unirá ao céu, mas o céu atual já é belo e glorioso.

O profeta Isaías, do Antigo Testamento, fez uma viagem ao céu e ouviu "[anjos] clamando uns aos outros: 'Santo, Santo, Santo é o Senhor Todo-Poderoso; toda a terra está cheia da sua glória'" (Isaías 6:1-3). Imagine toda a beleza da Terra — as majestosas serras mergulhando no azul profundo do litoral da Califórnia, os vales das montanhas do Colorado, os vales roxos e verdes das montanhas, as praias de areia branca das Ilhas Virgens cercadas de turquesa, os lindos litorais recortados do Havaí — tudo isso reflete a beleza, o esplendor e a glória de Deus.

Se isso é verdade, então por que pensaríamos que o céu, onde o Criador reina, seria menos glorioso e belo do que a Terra, onde o

Criador se esconde por trás do conhecimento do bem e do mal? Deus disse a profetas como Isaías que o novo céu e a nova Terra terão semelhanças com a beleza da Terra atual, mas restaurados e melhorados:

> Prestem atenção! Criarei novos céus e nova terra (...)
> vou criar Jerusalém para regozijo, e seu povo, para alegria. Eu me regozijarei por causa de Jerusalém e terei prazer no meu povo; (...)
> Construirão casas e nelas habitarão; plantarão vinhas e comerão do seu fruto. (...)
> Antes de que clamem, eu responderei; mesmo antes que digam algo, eu os ouvirei. O lobo e o cordeiro comerão juntos, (...)
> "Ninguém fará nem mal nem causará destruição em todo o meu santo monte", diz o Senhor (Isaías 65:17-25).

Deus diz a Isaías que sua Cidade Santa será um lugar de beleza e alegria, com plantas e árvores, vinhedos e frutas, montanhas e vales, onde toda a criação finalmente viverá em harmonia. Como sabemos intuitivamente que *deveria ser*.

Através do buraco de minhoca

E por que nos esforçaríamos para acreditar em um lugar chamado céu quando a ciência tem apontado para uma quinta dimensão invisível, buracos de minhoca no espaço-tempo e universos paralelos teorizados como uma possível explicação das formas misteriosas da natureza? A teoria das cordas propõe que há de fato dimensões ocultas além das nossas três dimensões espaciais de altura, largura e profundidade.[113] Por que, então, não podemos conceber a existência do céu em um espaço dimensional superior que não podemos ver?

A ciência costumava pensar na matéria como sólida, mas agora sabemos que os minúsculos átomos que compõem a matéria são mais parecidos com ondas invisíveis, mais parecidos com a mente do que com partículas. De fato, os átomos são 99,999% de espaço vazio.[114] James Jeans, físico de Cambridge e Princeton, escreveu:

> O fluxo de conhecimento está caminhando para uma realidade não mecânica; o universo começa a se parecer mais com um grande pensamento do que com uma máquina. A mente não parece mais ser um intruso acidental no reino da matéria; devemos, ao contrário, saudá-la como a governadora do reino da matéria.[115]

Quando as pessoas descrevem a transição da vida para a vida, muitas experimentam deixar seus corpos e observar os esforços médicos de um ponto no teto, mas depois muitas passam por um túnel negro ou, em alguns casos, por um túnel ou caminho colorido que leva a esse belo paraíso, como Dale Black descreveu. Eu me pergunto se esse túnel é como um buraco de minhoca, que leva para fora de nossa dimensão espaço-temporal para as dimensões expandidas do céu ao nosso redor.

Moody fala sobre como cada um usa uma linguagem um pouco diferente para descrever a passagem — alguns como um espaço escuro, outros como um recinto, um túnel, um funil, um vácuo, um vazio:[116]

> Passei por esse vácuo escuro e negro em supervelocidade. (...)
> De repente, eu estava em um vale muito escuro e profundo. Era como se houvesse um caminho, quase uma estrada, através do vale, e eu estava descendo o caminho. (...) Pensei: "Bem, agora sei o que a Bíblia quer dizer com 'o vale da sombra da morte' porque já passei por isso" [ver Salmo 23:4].[117]

Karen, que entrevistei pessoalmente, pegou a gripe suína e estava morrendo. Ela me disse que saiu de seu corpo para um vazio escuro que não era assustador; foi a experiência mais pacífica e alegre que já teve. Lá, ela viu sua avó e percebeu que deveria retornar ao corpo — ela ainda tinha trabalho a fazer na Terra. Talvez Karen e outros que estão no vazio escuro ainda não tenham "atravessado o buraco de minhoca". O que está claro para aqueles que, como Dale Black, passaram por ele: há um mundo de beleza extraordinária esperando do outro lado, uma beleza que até os cegos podem ver.

Beleza sem barreiras

Brad Barrows, assim como Vicki, era cego desde o nascimento e teve uma EQM aos oito anos de idade. Ele nunca tinha visto nada, nem tinha conceitos mentais ou imagens pictóricas de nada. Brad vivia no Boston Center for Blind Children quando uma pneumonia grave fez com que seu coração parasse por quatro minutos.

"Em algum momento no meio da noite", disse Brad a Ken Ring, "comecei a ficar muito duro e rígido, e estava ofegante. (...) Eu realmente achei que estava prestes a morrer. (...) Era como se meu ser estivesse flutuando lentamente pelo quarto".

Ring observa que Brad estava perto do teto e podia "ver" seu corpo aparentemente sem vida sobre a cama. Ele também "viu" seu colega de quarto cego se levantar da cama e sair do quarto para buscar ajuda (seu colega de quarto confirmou isso mais tarde). Em seguida, ele descobriu que era capaz de penetrar no teto do segundo andar de seu quarto e, assim como Vicki, logo descobriu que estava subindo direto em direção ao telhado do prédio, na verdade, subindo e passando por cima dele. Brad podia "ver" neve em toda parte, exceto nas ruas, que haviam sido aradas. Ele "viu" um bonde passar. Por fim, reconheceu um playground usado pelas crianças de sua escola e uma colina específica que ele costumava escalar nas proximidades.

Quando Ring perguntou se ele "sabia ou via" essas coisas, Brad disse: "Eu as visualizava claramente. De repente, pude percebê-las e vê-las. (...) Consegui ver com bastante clareza". Ring e Cooper, que estudaram 21 pessoas cegas que tiveram EQMs, postulam um tipo de visão que eles chamam de "visão mental", uma percepção visual que os cegos que tiveram EQMs experimentam além da visão normal.

Nesse momento, quase em paralelo com Vicki, Brad percebeu que estava sendo puxado em um ângulo de 45 graus para cima, em um túnel escuro, onde notou a ausência de sua nova visão.

> Quando realmente entrei no túnel, lembro-me de que uma coisa que me intrigou foi a falta de cor. Comecei a me perguntar se aquilo era escuridão. (...) Não havia cor alguma. Era tão preto quanto posso entender que seja a escuridão. Mas ao entrar em um campo grande, o mais próximo que eu poderia dizer sobre cor era que o brilho e a luminosidade de toda aquela área eram absolutamente indescritíveis. Por algum motivo, eu não conseguia distinguir tons finos de cor. É possível que eu conseguisse, mas não tinha vocabulário para descrevê-las. Disseram-me, quando eu era uma criança de quatro ou cinco anos, que a grama podia ser marrom ou verde ou que o céu podia ser azul (...), mas, mesmo assim, meu conceito de cores, minha percepção das cores, continuava absolutamente fora do meu alcance. (...) Eu me sentia como se estivesse entrando em outro reino, uma dimensão inexplicável da qual eu tinha pouca compreensão.

Ao se aproximar do fim do túnel, Brad percebeu um "imenso campo" que se estendia diante dele pelo que pareciam ser quilômetros. Ele notou, por exemplo, enormes palmeiras com folhas imensas e grama muito alta também.

A experiência de Brad no campo me faz lembrar de um médico e sua esposa que vieram à nossa igreja por causa de seus gêmeos, um dos quais quase morreu aos três anos de idade. Nenhum dos pais tinha fé em Deus nem jamais haviam falado sobre Deus ou Jesus. Seus filhos nunca tinham ido à igreja. No entanto, certa noite, quando o filho estava sendo colocado na cama, ele declarou: "Quero correr pelos campos e brincar com Jesus novamente". Sua mãe ficou chocada e continuou perguntando quem havia lhe contado sobre Jesus (eles certamente não haviam contado!). Ele insistiu que Jesus veio buscá-lo no hospital e "eles correram e brincaram juntos em lindos prados". A experiência detalhada do filho levou a mãe e o pai a explorar a fé e, por fim, a acreditar. Talvez tenha sido o mesmo campo que Brad atravessou.

> Quando percebi que estava subindo esse campo, parecia que eu estava tão entusiasmado e tão incrivelmente renovado que não queria ir embora. Queria ficar para sempre onde estava. (...) Foi tão pacífico que não há como descrever a paz, a tranquilidade e a calma. (...) [O clima] estava perfeito em termos de temperatura e umidade. Estava tão fresco, tão fresco que o ar das montanhas da Terra não chegaria nem perto [uma pessoa cega notaria mais os ambientes não visuais]. (...)
>
> Havia uma luz tremenda lá em cima. Parecia vir de todas as direções. (...) Estava ao redor e em todos os lugares para os quais eu estava olhando. (...) Parecia que tudo, até mesmo a grama em que eu estava pisando, parecia estar impregnada

daquela luz. Parecia que a luz podia realmente penetrar em tudo o que estava lá, até mesmo nas folhas das árvores. Não havia sombra, não havia necessidade de sombra. A luz era de fato abrangente. No entanto, eu me perguntava como poderia saber disso, pois nunca tinha visto antes daquele ponto.

No início, fiquei surpreso com isso [a visão]. Não entendia a sensação que estava experimentando. Enquanto estava me movendo por esse campo específico, parecia que eu o aceitava muito prontamente. Senti que não entenderia se isso tivesse acontecido na Terra. Mas onde eu estava, fui capaz de aceitar quase imediatamente.

Assim como Vicki, Dale, Marv e muitos outros, Brad notou a luz (que parecia amor) saindo da grama e das folhas. Acho fascinante o fato de todos eles descreverem a mesma maneira intrigante de a luz de Deus sair da natureza. Mas como as pessoas cegas teriam essa ideia? Elas nunca teriam ouvido pessoas falando sobre a luz que sai da grama e das árvores. Assim como Vicki e outros, Brad também se dá conta de milhares de vozes cantando:

> Lembro-me de pensar que as vozes pareciam estar cantando em um idioma que eu nunca havia entendido ou talvez em muitos, muitos idiomas. A música que eu tinha ouvido não se parecia com nada que eu já tivesse experimentado na Terra, nem jamais experimentei. (...)
>
> Naquela época, eu estava me aproximando da música e ficando absolutamente fascinado por ela. Eu queria me juntar a essa música. Ela era absolutamente preciosa. Em um curto espaço de tempo, e eu não tinha ideia de quanto tempo realmente havia se passado, mas enquanto subia a colina, cheguei a uma grande estrutura de pedra. Percebi que era de pedra mesmo sem tocá-la. (...) Elas eram quase como pedras

preciosas. Pareciam literalmente brilhar com sua própria luz particular. No entanto, a própria luz estava de fato penetrando através das pedras.[118]

O discípulo mais jovem de Jesus, João, teve uma visão do céu registrada em Apocalipse. Brad está descrevendo a grande muralha e a beleza que cerca a cidade sobre a qual João escreveu:

> Ele [o anjo] me levou no espírito a um grande e alto monte e mostrou-me a cidade santa, Jerusalém, que descia dos céus, da parte de Deus. Ela *resplandecia com a glória de Deus*, e o seu brilho era como o de uma joia muito preciosa, como jaspe, clara como cristal. Tinha um grande e alto muro com doze portas (...). Os fundamentos dos muros da cidade eram adornados com toda sorte de *pedras preciosas*. (...) A cidade não precisa de sol nem de lua que brilhem sobre ela, pois *a glória de Deus a ilumina*, e o Cordeiro é a sua lâmpada (Apocalipse 21:10-12, 19, 23, itálico meu).

Eu costumava pensar que as descrições do Apocalipse eram puramente metafóricas. Embora eu ainda ache que grande parte seja simbólica, quando tantas pessoas em EQMs (até mesmo cegas) descrevem a mesma beleza sobrenatural que João descreveu, você tem que se perguntar! Se for verdade, imagine o quão incrível, o quão intrigantemente belo, o quão parecido com a Terra o céu será, e ainda assim muito mais vivo, tudo vibrante, colorido, infundido com a própria luz e vida de Deus permeando tudo.

Prados, grama e árvores

Um daltônico britânico que passou por uma EQM de repente viu beleza em todos os tipos de cores com uma nova visão da qual muitos falam:

> O que eu vi era bonito demais para ser descrito. Eu estava olhando para uma paisagem magnífica, cheia de flores e plantas que eu não conseguia nomear. Tudo parecia estar a centenas de quilômetros de distância. E, no entanto, eu podia ver tudo em detalhes. Era ao mesmo tempo distante e próxima. Era completamente tridimensional e cerca de mil vezes mais bonita do que meu destino de férias favorito na primavera. Eu estava sempre cercado por seres espirituais amorosos de luz.[119]

Como a maioria das pessoas nunca leu o Apocalipse, elas não percebem a beleza terrena que João menciona em sua visão do céu:

> Depois disso, vi (...) pessoas de todas as nações, tribos, povos e línguas (...). Estavam vestidas com roupas brancas e tinham ramos de palmeira nas mãos (...). Ele os conduzirá a fontes de águas vivificantes (...). Ele me levou no Espírito a um grande e alto monte e me mostrou a cidade santa, Jerusalém (...). Ela brilhava com a glória de Deus (...). Então o anjo me mostrou um rio com a água da vida que, clara como cristal, fluía do trono de Deus e do Cordeiro, no meio da rua principal. De cada lado do rio, estava a árvore da vida, que frutifica doze vezes por ano, uma por mês (Apocalipse 7:9, 17; 21:10; 22:1-2)

Brad e outros afirmam ver exatamente o que as Escrituras dizem — um lugar lindo com montanhas, riachos, árvores e grama aparentemente incrível!

Marv Besteman, como presidente de um banco aposentado, adorava jogar golfe. Então, naturalmente, o que ele notou no céu foi a grama. "Vi bebês, crianças e adultos de todas as idades brincando, conversando e rindo em uma grama que era a mais verde que já vi. (...) Imagine a grama verdejante e exuberante do Masters [torneio de golfe] e depois tente imaginar uma grama muito mais verde e luxuosa. É assim que a grama é verde no céu."[120]

Flores e florestas para sempre

Aos cinco anos de idade, Margret foi diagnosticada erroneamente com escarlatina. Na verdade, seu apêndice havia se rompido e a infecção a levou à beira da morte. Em uma noite, diz Margret,

> Tive uma sensação maravilhosa de paz. Eu estava me deliciando com isso porque era muito bonito, quando de repente percebi que alguém estava segurando minha mão direita. Olhei para cima e meus olhos estavam percorrendo um vestido branco. Cheguei à cabeça dessa linda mulher (...).
>
> Ela me acompanhou, segurando minha mão (...). Percebi uma fragrância no ar que estava ficando cada vez mais forte. Era de flores, e elas pareciam permear todo o meu corpo. E quando prestei atenção no que estava ao meu redor além dela, percebi que o caminho estava repleto de flores bem acima de nossas cabeças. Essas flores estavam próximas umas das outras, como um buquê colonial, e eram enormes. Fiquei tão impressionado com a fragrância que disse a ela, como se fosse uma criança: "Essas flores são reais?"
>
> Ela sorriu, olhou para mim e disse: "sim, eles são". Pude vê-la dar uma risadinha, tentando segurar o riso.

Depois que essa bela mulher lhe disse que ela deveria voltar, Margret levou um ano para se recuperar. Anos mais tarde, já na casa dos sessenta, ela decidiu pintar o belo caminho em forma de pérgola do céu. Enquanto o pintava, Margret precisou consultar seu médico. O médico mencionou experiências de quase-morte, e ela lhe disse que estava pintando a sua. Ele pediu uma reprodução do quadro, e o médico acabou pendurando a pintura de Margret entre dez outros quadros em seu consultório.

Várias semanas depois, uma nova paciente chamada Mary Olivia entrou no consultório médico. Como mãe solteira, enfrentando uma doença terminal e com três filhos, ela precisava de uma segunda opinião. Quando Mary viu o quadro no consultório médico, ficou parada e olhou fixamente por vários minutos antes de exclamar para o médico,

"Eu sei onde fica isso."
Ele disse: "Você sabe do que se trata essa foto?"
"É claro que sim. Andei por esse caminho quando tinha cinco anos de idade e quase morri."

Mary contou como O HOMEM (com letra maiúscula a pedido dela) disse que estaria sempre com ela enquanto caminhavam sob as belas flores do pergolado. Será que duas crianças de cinco anos realmente caminharam pelo mesmo caminho florido no céu? Margret acha que Deus a levou a pintar esse quadro porque Mary Olivia precisava ser lembrada de que "estou sempre com você" (Mateus 18:20).[121]

As Escrituras nos falam de uma beleza no céu, não muito diferente das flores e florestas da Terra, mas muito maior. O Dr. Richard Eby se considerava um botânico amador e não conseguia nem mesmo nomear todas as variedades de árvores e flores que viu durante sua EQM. Ele também notou um novo tipo de vida na flora:

> Meu olhar se fixou no vale requintado em que eu me encontrava. Florestas de árvores simétricas, diferentes de tudo o que existe na Terra, cobriam os contrafortes de cada lado. Eu podia ver cada galho e "folha" — não havia uma mancha marrom ou folha morta na floresta. ("Não há morte ali" inclui a vegetação!). (...) Eles se assemelhavam um pouco aos altos cedros *arbor vitae* da América do Norte, mas não consegui identificá-los. O fundo do vale era lindo. Gramíneas imponentes, cada lâmina perfeita e ereta, eram intercaladas com flores ultrabrancas de quatro pétalas em hastes de dois metros de altura, com um toque de ouro no centro. (...)
>
> Então, senti uma sensação nova e estranha nos caules — nenhuma umidade! Eu os apalpei cuidadosamente. Delicadamente macios, mas nada parecidos com os caules terrestres com seu conteúdo celular aquoso. Antes que eu pudesse perguntar, tive novamente a resposta: a água da terra é hidrogênio e oxigênio para sustentar a vida temporariamente; aqui Jesus é a Água Viva. Em Sua presença, nada morre. (...)
>
> Instintivamente, olhei para trás, onde eu estava sobre dezenas de flores. Nenhuma delas estava dobrada ou machucada. Em seguida, observei meus pés enquanto caminhava mais alguns passos sobre a grama e as flores; elas estavam de pé dentro dos meus pés e pernas! Nós simplesmente passamos um pelo outro.[122]

Richard, um judeu messiânico, morreu em um terrível acidente de carro, que o deixou com a coluna, o pescoço e os dois braços quebrados, além de duas costelas que perfuraram seu coração. Os médicos disseram que ele estava morto há cerca de oito horas quando o encontraram. Mas Richard reviveu para descrever a beleza do céu e a nova vida que encontrou nele. Ele também mencionou não apenas como a grama estava verde, mas como a grama e as flores pareciam vivas com um novo tipo de vida:

> Eu estava caminhando por um jardim que se estendia até onde eu podia ver em qualquer direção. E vi grandes grupos de pessoas. Em ambos os lados do caminho havia a grama verde-turfa mais rica que eu já tinha visto. E ela se movia com vida e energia. (...) Havia flores de todos os tamanhos e cores imagináveis ao longo do caminho. (...) O ar estava repleto de seu aroma, e todas estavam cantarolando. Perguntei se poderia escolher uma para cheirar e me disseram que sim. Era maravilhoso. Quando coloquei a flor no chão, ela foi imediatamente replantada e voltou a crescer. Mais uma vez, não há morte no céu. (...) O parque, muito bem cuidado, estava repleto de árvores enormes e impressionantes. Elas deviam ter pelo menos dois mil metros de altura. E havia muitas variedades diferentes. Algumas eu conhecia; outras, eu não fazia ideia de que espécie eram. (...) Havia um som contínuo de sinos vindo das folhas [de uma árvore] quando elas se chocavam umas contra as outras. (...) A fruta tinha formato de pera e era cor de cobre. Quando eu a colhia, outra fruta crescia instantaneamente em seu lugar. Quando toquei a fruta em meus lábios, ela evaporou e se derreteu na coisa mais deliciosa que já provei.[123]

ÁGUA VIVA

Eu adoro água! Adoro o oceano. Velejar, surfar, mergulhar — adoro tudo isso. Portanto, uma das declarações de João sobre a natureza do céu sempre me incomodou: "Então, vi novos céus e nova terra, pois o primeiro céu e a primeira terra tinham passado, e o mar já não existia." (Apocalipse 21:1-2). Não havia mais mar!? Fiquei chateado. Mas quanto mais penso sobre isso, talvez João não estivesse fazendo uma declaração sobre o estado eterno, mas apenas sobre o que ele percebeu que *não havia* em sua visão. Afinal de contas, João estava preso na ilha de Patmos há anos — o mar era sua cela de prisão.

O que sabemos é que há água no céu — água viva! Ian McCormack, um surfista neozelandês que "morreu" enquanto mergulhava à noite, viu água nesse lugar de beleza extraordinária durante sua EQM:

> No centro dos prados, eu podia ver um riacho cristalino serpenteando pela paisagem com árvores em ambas as margens. À minha direita, havia montanhas ao longe e o céu acima era azul e claro. À minha esquerda, havia colinas verdes ondulantes e flores que irradiavam belas cores. Paraíso! Eu sabia que meu lugar era aqui. Senti-me como se tivesse acabado de nascer pela primeira vez. Cada parte de mim sabia que eu estava em casa.[124]

João também observa em Apocalipse: "Então, o anjo me mostrou o rio da água da vida que, claro como cristal, fluía do trono de Deus e do Cordeiro, no meio da rua principal da cidade" (Apocalipse 22:1-2). Muitas pessoas que tiveram EQMs mencionaram rios, cachoeiras, mar, mas somente Marv Besteman e alguns outros mencionaram barcos. Isso pode ser um caso atípico em relação à EQM comum, mas como alguém que adora velejar, estou apostando nisso:

> A cerca de sessenta metros de distância, no centro esquerdo do panorama diante de mim, havia alguns barcos de pesca antigos encostados na margem de um lago enorme e ondulante.

> Os barcos pareciam desgastados e envelhecidos, e não elegantes e deslumbrantes como os barcos que vemos passeando pelo lago Michigan. (...) Eles estavam em um litoral arenoso e rochoso. O azul do lago era mais escuro e menos brilhante do que a tonalidade do céu, e a superfície tinha algumas ondas suaves. Como em um oceano ou em um dos Grandes Lagos, eu não conseguia ver o outro lado.[125]

Imagine se os alienígenas aterrissassem no estado de Nova York, fizessem observações durante uma hora e depois voltassem para casa para contar o que viram. Alguns diriam que a Terra está cheia de prédios altos por toda parte, outros poderiam pousar no metrô e sair para a luz para dizer que a Terra é um túnel escuro que leva a prédios bem iluminados. Outros poderiam aterrissar no Central Park e falar da bela grama, das árvores e dos jardins, enquanto outros que aterrissassem no norte do estado de Nova York descreveriam as folhas de outono amarelas e alaranjadas nas encostas cobertas de árvores. Cada um tem apenas uma pequena perspectiva, mas juntos vocês obteriam uma imagem composta. É isso que acredito que as EQMs estão nos dando, e o que é surpreendente é o quanto elas estão descrevendo o que Jesus e os profetas já nos disseram nas Escrituras.

Enquanto escrevo estas palavras, estou nas montanhas acima de Los Angeles, em uma conferência de artes chamada Terra Nova. A beleza absoluta desse vale montanhoso e acidentado é um desafio para os sentidos. Gostaria que meu filho estivesse aqui, pois poderíamos explorá-lo juntos. Quão grandioso será quando meu filho e eu pudermos explorar as maravilhas de uma criação que faz com que a beleza da Terra seja pálida em comparação. Quando minha esposa, filha e filho puderem viajar comigo para lugares distantes para fazer o piquenique mais panorâmico que se possa imaginar. Talvez seja por isso que o universo seja tão vasto! Quando o pensamento puder nos levar a qualquer lugar, talvez encontremos uma aventura sem fim explorando o maravilhoso universo de Deus em um novo tempo e espaço. Como será isso? Vamos imaginar!

Capítulo 9
Vivo em novas dimensões

Em 10 de novembro de 2008, o neurocirurgião de Harvard Eben Alexander foi acometido por uma doença rara que fez com que todo o seu neocórtex — a parte do cérebro que nos torna humanos — fosse desligado. O que ele vivenciou reverteu as conclusões que ele havia formado durante a faculdade de medicina — ele se viu vivo como nunca antes, experimentando um mundo em que o tempo e o espaço se tornaram muito mais expansivos do que jamais poderíamos conceber.

>Como neurocirurgião, ao longo dos anos, ouvi muitas histórias de pessoas que tiveram experiências estranhas, geralmente após sofrerem uma parada cardíaca: histórias de viagens a paisagens misteriosas e maravilhosas, de conversas com parentes mortos e até de encontros com o próprio Deus. Coisas maravilhosas, sem dúvida. Mas tudo isso, em minha opinião, era pura fantasia. (...) Se você não tem um cérebro funcionando, não pode estar consciente. Isso ocorre porque o cérebro é a máquina que produz a consciência em primeiro lugar. Quando a máquina quebra, a consciência é interrompida. (...) Desligue o plugue e a TV fica inoperante. O programa acaba, não importa o quanto você esteja gostando dele. Ou eu teria dito isso a você antes de meu cérebro entrar em colapso.
>
>Minha experiência me mostrou que a morte do corpo e do cérebro não é o fim da consciência, que a experiência humana continua além do túmulo. Mais importante ainda, ela continua sob o olhar de um Deus que ama e se preocupa com cada um de nós e com o destino final do próprio universo e de todos

os seres dentro dele. O lugar para onde fui era real. Real de uma forma que torna a vida que estamos vivendo aqui e agora completamente onírica em comparação. (...)

Atravessei a abertura e me vi em um mundo completamente novo. O mundo mais estranho e mais bonito que eu já havia visto. Brilhante, vibrante, extasiante, impressionante. (...) Eu poderia usar um adjetivo após o outro para descrever a aparência e a sensação desse mundo, mas todos seriam insuficientes. Eu me senti como se estivesse nascendo. (...)

Abaixo de mim, havia um campo. Era verde, exuberante e semelhante à terra. Era terra, mas ao mesmo tempo não era. (...) Eu estava voando, passando por cima de árvores e campos, riachos e cachoeiras, e aqui e ali, pessoas. Havia crianças também, rindo e brincando. As pessoas cantavam e dançavam em círculos e, às vezes, eu via um cachorro correndo e pulando entre elas. (...)

Enquanto isso, eu estava em um lugar de nuvens. Grandes, inchadas, branco-rosadas, que se destacavam nitidamente contra o céu azul-escuro profundo. Mais alto do que as nuvens — incomensuravelmente mais alto — bandos de orbes transparentes, seres cintilantes cruzavam o céu em arcos, deixando longas linhas semelhantes a serpentinas atrás de si. Pássaros? Anjos? (...) Um som, enorme e estrondoso como um cântico glorioso, veio do alto, e eu me perguntei se os seres alados o estavam produzindo. Pensando novamente sobre isso mais tarde, ocorreu-me que a alegria dessas criaturas, enquanto voavam, era tanta que precisavam fazer esse barulho — se a alegria não saísse delas dessa forma, elas simplesmente não conseguiriam contê-la. (...)

Quanto tempo permaneci neste mundo? Não tenho a menor ideia. Quando você vai a um lugar onde não há noção de tempo como o experimentamos no mundo comum, descrever com precisão a sensação é quase impossível. (...) Vi que existem inúmeras dimensões superiores, mas que a única maneira de conhecer essas dimensões é entrar nelas e vivenciá-las diretamente. Elas não podem ser conhecidas ou compreendidas a partir do espaço dimensional inferior. Causa e efeito existem nesses reinos superiores, mas fora de nossa concepção terrena deles. O mundo do tempo e do espaço no qual nos movemos neste reino [terrestre] está intrinsecamente ligado a esses mundos superiores. Em outras palavras, esses mundos não estão totalmente separados de nós, porque todos os mundos fazem parte da mesma *realidade* divina abrangente. A partir desses mundos superiores, é possível acessar qualquer tempo ou lugar em nosso mundo. (...)

Como vivenciei tão intensamente a natureza não linear do tempo no mundo espiritual, agora posso entender por que tantos escritos sobre a dimensão espiritual podem parecer distorcidos ou simplesmente sem sentido de nossa perspectiva terrena. Nos mundos acima deste, o tempo simplesmente não se comporta como aqui. Nesses mundos, não é necessariamente uma coisa após a outra. Um momento pode parecer uma vida inteira, e uma ou várias vidas podem parecer um momento.[126]

Explorando novas dimensões da realidade

Imagine que aventura será explorar a beleza do céu e vivenciar as maravilhas da criação de Deus, que não serão diferentes da beleza da Terra ou de nossas experiências na Terra, mas muito mais amplas! Assim como ver uma pintura bidimensional do belo litoral sul da França não chega nem perto de viver lá, a beleza, as maravilhas e as boas dádivas da Terra são apenas uma pintura plana e bidimensional do mundo multidimensional que Deus tem para experimentarmos.

O meio-irmão de Jesus, Tiago, nos lembra disso: "Meus amados irmãos, não se enganem. Toda boa dádiva e todo dom perfeito vêm do alto e descem do Pai das luzes, que não muda como sombras inconstantes" (Tiago 1:16-17). Imagine algumas das boas dádivas do céu que estão por vir!

Don Piper nos ajuda a imaginar como será a sensação de experimentar as dádivas do céu em seus *90 minutos no céu*:

> Quando olhei ao redor, mal pude perceber as cores vivas e deslumbrantes. Todos os matizes e tons superavam tudo o que eu já havia visto. Com toda a consciência ampliada de meus sentidos, senti como se nunca tivesse visto, ouvido ou sentido algo tão real antes. Não me lembro de ter provado nada, mas sabia que, se tivesse provado, isso também teria sido mais glorioso do que qualquer coisa que eu tivesse comido ou bebido na Terra. A melhor maneira de explicar isso é dizer que me senti como se estivesse em outra dimensão. Nunca, nem mesmo em meus momentos mais felizes, eu havia me sentido tão plenamente vivo.[127]

Tempo e Eternidade

Dallas Willard, ex-professor de filosofia da University of Southern California (USC), observou certa vez: "O tempo está dentro da eternidade, não fora dela. O universo criado está dentro do reino de Deus, não fora dele. (...) Quando passamos pelo que chamamos de morte, não perdemos o mundo. Na verdade, nós o vemos pela primeira vez como ele realmente é."[128]

Você sabia que o relato da criação em Gênesis é a única história de criação entre as religiões do mundo em que Deus cria o tempo (cria *ex nihilo*, de fora do nosso tempo, "*do nada*")? Mas Deus também criou o céu "do nada", e nossa dimensionalidade espaço-temporal parece existir dentro dele de alguma forma. Portanto, não perdemos a experiência de nossa Terra tridimensional, mas expandimos nossa experiência para os céus ao nosso redor, assim como viver em um espaço tridimensional não impede que você aprecie uma pintura bidimensional.

Talvez tenha sido isso que o profeta Eliseu mostrou ao seu servo que estava com medo dos exércitos que os cercavam — Eliseu orou para que o véu fosse levantado e, de repente, seu servo viu que os anjos do céu estavam ao redor para protegê-los (2 Reis 6:16-17). Apocalipse 21 prediz um dia em que o céu e a Terra se unirão — o que parece implicar que nosso tecido espaço-temporal está simplesmente contido em um espaço e tempo mais expandidos que um dia se reunirão. O que a realidade dimensional mais elevada do céu pode oferecer? Vamos ampliar nossa imaginação.

Imagine um mundo onde o tempo não é mais um inimigo, onde as viagens não são mais incômodas, onde as imagens e os sons, a luz e a cor, a música e o canto ganham vida de uma forma que traz êxtase eufórico aos residentes do céu. Vamos imaginar as possibilidades que as novas dimensões de tempo e espaço podem trazer para o outro lado.

Visão aprimorada

"Pois os olhos do Senhor estão atentos sobre toda a terra para fortalecer aqueles que lhe dedicam totalmente o coração" (2 Crônicas 16:9). Obviamente, a visão de Deus não é limitada como a nossa. Não que tenhamos a capacidade onisciente de Deus de ver tudo e estar sempre presente, mas o apóstolo João, ao ter as visões do céu, descreve muitos detalhes minuciosos que ele não poderia ter visto claramente do alto de uma montanha sem uma visão aprimorada (Apocalipse 21:10-22). O Dr. Long observa que 66% das pessoas com EQMs que ele pesquisou descrevem a visão como um brilho, clareza e vivacidade elevados e não mundanos. Alguns descreveram uma visão de 360 graus, outros a capacidade de "telescopar" para longas distâncias e ver coisas distantes de perto.[129]

Moody entrevistou uma mulher que observou seu acidente de carro de cima de seu corpo: "Havia muita ação acontecendo e pessoas correndo ao redor da ambulância. E sempre que eu olhava para uma pessoa e me perguntava o que ela estava pensando, era como um *zoom-up*, exatamente como em uma lente de zoom, e eu estava lá. (...) Quando eu queria ver alguém à distância, parecia que parte de mim, como se fosse um rastreador, ia até essa pessoa. Naquela época, parecia-me que se algo acontecesse em qualquer lugar do mundo, eu poderia simplesmente estar lá."[130]

Outros falam de uma visão de 360 graus, como Dale Black mencionou no último capítulo, só que não apenas 360 graus em um círculo, mas uma visão esférica para cima, para baixo e ao redor simultaneamente. O Dr. Long relata que um homem disse: "Quando eu estava flutuando acima do meu corpo, podia ver 360 graus ao meu redor ao mesmo tempo. Mas parecia que eu só me concentrava em uma área visível menor, semelhante à minha visão física normal."[131] Imagine tanto a capacidade de ver tudo ao nosso redor quanto a de se concentrar em uma única coisa, como acontece agora.

Ray, um garoto que fazia movimentos de judô com um amigo no parquinho, foi jogado no chão, bateu a cabeça com força no solo e deixou seu corpo: "Eu ainda tinha um 'corpo', mas ele era totalmente diferente. Eu podia ver em três dimensões como se não tivesse corpo algum. (...) Eu podia ver todas as direções ao mesmo tempo, mas não havia direções ou dimensões como pensamos nelas."[132]

Leonard teve um ataque cardíaco. Ele descreveu uma visão de 360 graus enquanto observava os esforços frenéticos para ressuscitá-lo, e Leonard também recebeu um comentário especial sobre sua cirurgia feito pelo próprio Deus: "Do outro lado, a comunicação é feita por telepatia (transferência de pensamentos). Devo lhe dizer que Deus tem um senso de humor fantástico; eu nunca ri tanto em toda a minha vida!"[133]

A maioria das EQMs fala de uma clareza e acuidade visual, uma luz e um brilho que, de alguma forma, eles sabiam que não seriam possíveis na Terra. O Dr. Richard Eby observou: "A luz do céu cegaria nossos olhos naturais imediatamente. Ele é o Sol do céu. Com olhos espirituais, eu podia ver em qualquer lugar e através de qualquer coisa."[134]

"Parecia que minha visão havia sido extremamente aprimorada", lembra Dale Black.

> De que outra forma eu poderia ver as cores que estava vendo ou a luz que estava em tudo? Era como estar em um filme em 3D e depois colocar os óculos 3D. (...) De repente, tudo ganhou mais dimensões, mais riqueza. Mas isso é um eufemismo. Multiplique isso por dez mil e será como o que eu estava vivenciando.[135]

Com essa visão nova e ampliada, algumas EQMs dizem que Deus nos reserva um deleite para os olhos. "Nenhum olho viu, nenhum ouvido ouviu, e coração nenhum concebeu o que Deus preparou para aqueles que o amam" (1 Coríntios 2:9).

Show de luzes do céu

Colton Burpo havia dito ao pai que ficou com Pop, o falecido avô de Todd, no céu. Todd decidiu testar seu filho de quatro anos. Afinal de contas, uma criança de quatro anos que afirma ter visitado o céu nunca leu o livro do Apocalipse. Então Todd lhe perguntou o que ele e o pai faziam quando escurecia e ele ia para casa com o pai.

Colton franziu a testa para ele. "Não escurece no céu, pai! Quem lhe disse isso?"

"Como assim, não escurece?"

"Deus e Jesus iluminam o céu. Ele nunca fica escuro. Está sempre iluminado."

Todd ficou chocado. Colton passou no teste.[136]

O livro de Apocalipse nos diz: "A cidade não precisa que o sol ou a lua brilhem sobre ela, pois a glória de Deus a ilumina, e o Cordeiro [Jesus] é a sua lâmpada. As nações andarão à sua luz. (...) Não haverá mais noite. Elas não precisarão da luz de uma lâmpada nem da luz do sol, pois o Senhor Deus as iluminará" (21:23-24; 22:5). Todos os que veem a beleza do céu mencionam essa nova luz, que excede em muito tudo o que podemos compreender. Nosso sol é apenas um espectro tênue e muito limitado das cores da luz visível no céu. E combinada com um novo e ampliado sentido de visão, a Luz dá vida a tudo em uma dimensão totalmente nova.

Dean Braxton relembra: "O céu mais lindo já visto aqui na Terra não chega nem perto da atmosfera do céu. Ele é brilhante por causa da glória de nosso Deus. (...) A atmosfera é algo que você experimenta, não apenas vê. É dourada, amarela, branca e tem mais cores que se movem por ela (...) como as luzes da aurora boreal."[137] Tenho uma foto em meu celular do pôr do sol tropical mais deslumbrante que eu poderia imaginar, mas comparado ao brilho extravagante do céu do céu, imagino que ele seria sem graça. E, ao contrário da Terra, as cores do céu parecem estar vivas, encantadoras, até mesmo se ajustando à visão do observador.

Dale Black mencionou a experiência da atmosfera do céu: "As cores pareciam estar vivas, dançando no ar. Eu nunca tinha visto tantas cores diferentes. (...) Era de tirar o fôlego observar. E eu poderia ter passado uma eternidade fazendo exatamente isso". Nossos olhos terrestres não conseguem ver as cores ultravioleta e infravermelha que compõem o espectro do nosso sol. Aparentemente, a Luz de Deus contém uma paleta requintada de milhares de outras cores, iluminando tudo internamente. E a luz é palpável - infundida com o amor e a alegria de Deus.

"Eu vi as cores mais deslumbrantes, o que foi ainda mais surpreendente porque sou daltônico", lembra um paciente holandês do estudo do Dr. Pim van Lommel. "Consigo distinguir as cores primárias, mas as cores pastéis parecem todas iguais para mim. Mas, de repente, eu pude vê-los, todos os tipos de tons diferentes. Não me peça para nomeá-las porque não tenho a experiência necessária para isso."[138]

Marv se viu cativado enquanto a atmosfera projetava um show de luzes celestiais, exibidas nos tons mais brilhantes do céu azul profundo como pano de fundo:

> O céu em que voei e o firmamento que circunda os céus eram mais profundos e azuis do que você jamais imaginaria. (...) O tom mais próximo que consigo associar a esse azul de outro mundo é o tom surreal das águas do Caribe ou da costa do Havaí ao pôr do sol. (...) Essa cor está esperando por você e por mim do outro lado. (...)

As cores e as luzes do céu eram simplesmente sublimes. (...) Eram as cores mais profundas, ricas e gloriosamente exuberantes que eu já tinha visto, e algumas que nunca tinha visto antes. O céu é um sonho que se tornou realidade para aqueles que amam todas as coisas coloridas, e nosso lar lá é iluminado pelo Pai das Luzes. (...) Havia feixes robustos, ousados e vigorosos que, de alguma forma, eram suaves aos meus olhos. Simplesmente não acredito que essas cores e luzes existam na Terra. (...)

O branco no céu era — perdoe-me! — como nenhum outro que eu possa comparar. De um branco brilhante a uma pedra de opala e a uma cor de lua de vidro de leite, os tons brancos se agrupavam no céu como um enorme buquê de noiva. (...) As cores no céu se misturavam do branco ao azul, vermelho, roxo e verde. As múltiplas cores mudavam e se deslocavam e se moviam constantemente, girando, girando e flutuando, (...) mudando de forma de uma maneira que me fixava e me encantava. O mais próximo que posso chegar para descrever como era aquele show de luzes é provavelmente a aurora boreal, ou as luzes do norte. (...) Por outro lado, se eu comparar o show de luzes no Alasca com o show de luzes no céu (...) não chega nem perto. (...) Mesmo apenas o show de luzes foi totalmente arrebatador.[139]

E QUANTO AO SONO?

Esta manhã, tive o privilégio de apertar o botão soneca cinco vezes — é o Dia do Trabalho — o dia em que descansamos e celebramos nosso trabalho nos Estados Unidos. Enquanto dormia, em meu crepúsculo de consciência, agradeci a Deus pela dádiva do sono. Então pensei: *Mas não dormiremos no céu, não é mesmo? Como podemos dormir se nunca está escuro?* Então comecei a pensar por que precisamos dormir.

Em nosso mundo finito, nossa energia se esgota, e o descanso nos restaura. Sob a maldição do conhecimento do mal (um mundo que vai contra os caminhos de Deus), o sono é a dádiva de Deus para nos dar um descanso das provações, dos esforços e dos sofrimentos.

No céu, entramos no descanso de Deus e, portanto, não precisamos mais dormir, porque entramos em um descanso que é vivo e cheio de energia infinita que flui da conexão com a Fonte.

> Portanto, restam entrar alguns naquele descanso, e aqueles a quem anteriormente as boas-novas foram pregadas não entraram por causa da desobediência. Por isso, Deus estabelece outra vez determinado dia, chamando-o "hoje", ao declarar muito tempo depois, por meio de Davi (...) "Hoje, se vocês ouvirem a sua voz, não endureçam o coração". (...) Assim, ainda resta um descanso sabático para o povo de Deus; pois aquele que entra no descanso de Deus também descansa do seu trabalho, como Deus descansou do seu (Hebreus 4:6-10).

Como veremos, esse descanso vem de uma paz eterna por meio da conexão com Deus. Imagine que no céu estaremos sempre em repouso em nosso ser, portanto não precisaremos dormir. Mas não se preocupe, você não sentirá falta. Imagino que será como quando você era jovem e lutava contra o sono porque a vida era muito agitada. Será um descanso cheio de energia, entusiasmo, aventura, projetos que não são trabalhosos e uma paz que muda tudo. Todas as disputas, lutas e conflitos dos quais escapamos por meio do sono desaparecerão para sempre.

No século VII a.C., o profeta Isaías teve uma visão da vida que estava por vir, quando a velha Jerusalém e todos os conflitos intermináveis do Oriente Médio finalmente chegariam ao fim sob o governo pacífico de Deus:

> Nunca mais se ouvirá falar de violência na sua terra,
> nem de ruína e destruição dentro das suas fronteiras.
> Aos seus muros você chamará Salvação,
> e às suas portas, Louvor.
> Nunca mais o sol será a sua luz de dia,
> nem o brilho do luar iluminará você,
> pois o Senhor será a sua luz para sempre;
> o seu Deus será a sua glória.
> O seu sol nunca se porá,
> e a sua lua nunca desaparecerá,
> porque o Senhor será a sua luz para sempre,
> e os seus dias de tristeza terão fim (Isaías 60:18-20).

Imagine esse dia, quando o tempo não for mais o inimigo, nem ampliando nosso sofrimento nem retardando nossa satisfação, mas a paz se tornar uma companheira constante, e o tempo se tornar um amigo.

Quando o tempo é um amigo

Como será o tempo no céu? As escrituras nos dizem que o tempo de Deus é exatamente o que Eben Alexander afirmou ter experimentado: "Mas não se esqueçam de uma coisa, queridos amigos: Para o Senhor, um dia é como mil anos, e mil anos são como um dia" (2 Pedro 3:8). Outras EQMs experimentaram o que parecia ser atemporalidade e, para outros, parecia tempo, mas em outra dimensão.

Os participantes do estudo de Jeffrey Long descreveram o tempo em vários termos:

> Parecia que eu havia experimentado tanto em um período tão pequeno de tempo terreno. (...)
>
> Tanto o tempo quanto o espaço na Terra pararam completamente. Ao mesmo tempo, "o tempo e o espaço" do outro lado estavam completamente vivos, evidentes e reais. (...)
>
> Sim, enquanto estava na luz, eu tinha (...) nenhuma noção do tempo como eu o conheço aqui na Terra. Em outras palavras, não tinha noção da natureza serial do tempo (...) passado, presente ou futuro. Todos os tempos (passado, presente e futuro) foram vivenciados em cada momento do tempo enquanto eu estava na luz.[140]

Alguns o descrevem como atemporal, outros observam que há um senso de tempo, mas não da mesma forma unidimensional que o experimentamos na Terra. E vemos isso indicado nas Escrituras também, que o tempo no céu não se equipara ao nosso tempo linear, mas o tempo pode ser experimentado no céu. João percebeu o tempo no céu. "Quando ele abriu o sétimo selo, houve silêncio no céu por *cerca de meia hora*. (...) De cada lado do rio, estava a árvore da vida, que frutifica doze vezes por ano, *uma por mês*" (Apocalipse 8:1; 22:2, itálico meu). Portanto, embora um dia no céu possa ser como mil anos terrestres, ainda parece haver a capacidade de experimentar alguma medida de tempo.

Três pessoas até falaram de um tipo diferente de dia e de "noite" que observaram, embora eu chame isso de um caso atípico (não ouvi muitos outros dizerem isso). Mas menciono esse fato porque parece estar de acordo com as Escrituras:

> O céu é um lugar muito interessante, não há nada monótono, inclusive a passagem do tempo. (...) [Na Terra,] o relógio bate,

sabe, o sol ultrapassa o horizonte e você sente a passagem do tempo, você não sente a passagem do tempo [no céu], mas há diferentes períodos. Há um momento em que o céu está claro e isso [eles] chamam de dia e depois há um momento em que o céu não está tão claro. (...) É um período em que a atividade parece se desacelerar. E esse dia e essa "noite", como eles chamam, não há noite no céu, mas luz e menos luz (...). Teriam a duração de sete dias, de modo que temos a semana.[141]

Bill observou algo semelhante: "Em seguida, a luz se dissipou um pouco. Não estava escuro, mas não tão claro quanto antes. A área em que eu estava ficou quieta e silenciosa."[142] Se for verdade que o céu tem seu próprio tipo de dias, acho que isso contextualiza o fato de as árvores do céu poderem dar frutos *todos os meses* (Apocalipse 22:2, itálico meu).

Tempo bidimensional

Imagine se, no céu, vivenciássemos o tempo em uma nova segunda dimensão. Na Terra, experimentamos três dimensões de espaço (altura, largura, profundidade), mas apenas uma dimensão de tempo — o tempo é linear em uma direção. Imagine uma linha (veja o diagrama 1). Vivenciamos um evento (A), depois outro evento (B), depois outro (C). E se algo maravilhoso acontecer no momento A, o tempo não vai esperar que você aproveite totalmente. Antes que você perceba, o momento já passou. É por isso que o tempo é um inimigo — nunca há o suficiente para os momentos maravilhosos.

Diagrama 1

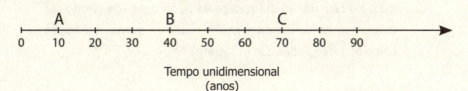

Mas se no céu vivenciássemos uma segunda dimensão de tempo, em cada ponto da linha do tempo da Terra haveria outra "linha do tempo" perpendicular a cada ponto no tempo, de modo que você poderia passar todo tipo de tempo aproveitando o momento A — nada seria apressado.[143] (Veja o diagrama 2).

Diagrama 2

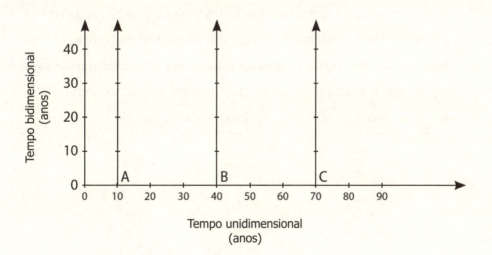

Crystal observou essa sensação de tempo sem pressa.

> Quando falo sobre isso agora, há uma sequência, porque só podemos entender as coisas uma de cada vez. Isso acontece, depois acontece aquilo. Mas não foi bem assim que aconteceu.

> Tudo aconteceu ao mesmo tempo, mas sem nenhum senso de pressa ou urgência. (...) No céu, não há minutos, horas ou dias. No céu, não existe essa coisa de "tempo". Os eventos se desenrolam de forma diferente no céu? Ou é apenas a maneira como os percebemos que é diferente? Não sei.[144]

Claramente, as EQMs diferem na tentativa de descrever algo difícil de colocar em nossas palavras limitadas pelo tempo-espaço, mas as múltiplas dimensões do tempo teriam esse efeito.

O astrofísico Hugh Ross ressalta que, se o céu oferece três dimensões de tempo, todas essas linhas de tempo verticais bidimensionais que se estendem de cada ponto (A, B, C etc.) se encontrariam em um único ponto de tempo. Imagine um globo — para cada ponto linear do tempo "horizontal" unidimensional terrestre (A, B, C), há muito tempo "vertical" bidimensional, todos viajando ao longo de linhas longitudinais que se encontram em um ponto tridimensional (o Polo Norte de um globo!). Isso significa que é possível vivenciar o passado, o presente e o futuro do tempo da Terra em um único ponto (Polo Norte) do tempo tridimensional (diagrama 3).

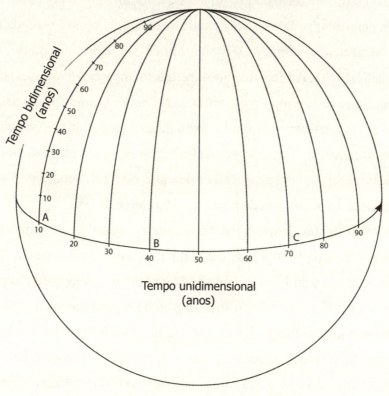

Não tenho certeza se é isso que vivenciamos no céu, mas Deus declarou: "Eu sou o Alfa e o Ômega, o Princípio e o Fim. A quem tiver sede, darei de beber gratuitamente da fonte da água da vida" (Apocalipse 21:6). Deus é infinito, não limitado por nenhuma dimensão do tempo (já que ele criou o tempo), mas isso não significa que ele não possa agir em dimensões inferiores do tempo. Talvez também experimentemos algumas dessas dimensões de tempo.

Notícias da Terra

Mas será que saberemos do céu o que está acontecendo no tempo da Terra? Acho que sim, até certo ponto. Aqueles que foram mortos por causa de sua fé perguntam a Deus: "Até quando, ó Soberano, santo e verdadeiro, não julgarás nem vingarás o nosso sangue dos habitantes da terra?" (Apocalipse 6:10). Foi-lhes dito que *esperassem* um pouco mais. A espera requer o passar do tempo, mas, como mencionado, o tempo pode passar de forma muito diferente. Isso também mostra uma continuidade com o que aconteceu na Terra. Seremos as mesmas pessoas, com nossas lembranças da Terra e com a capacidade de saber o que está acontecendo na Terra até certo ponto, mas do ponto de vista eterno do céu.

Colton Burpo, de quatro anos, perguntou ao pai se ele sabia que Deus é formado por três pessoas. Seu pai é pastor! Colton disse: "Eu estava sentado com Deus, o Espírito Santo, porque estava orando por você. Você precisava do Espírito Santo, então eu orei por você."[145] Isso deixou Todd sem fôlego, lembrando-se de sua discussão com Deus quando Colton estava morrendo. Como Colton sabia? Talvez saibamos todas ou algumas das notícias da Terra, mas com a perspectiva do céu.

Imagine como será maravilhoso — nunca com pressa, nunca atrasado, mas com tempo de sobra para rir, tempo de sobra para criar, tempo de sobra para explorar o universo de Deus.

Viagem celestial

"Instantaneamente, a sensação de atemporalidade fez com que toda a pressa se tornasse tola", lembra o Dr. Eby.

> Notei imediatamente que meus olhos tinham um alcance de visão ilimitado; dez polegadas ou dez milhas — o foco era nítido

e claro. (...) A iluminação me fascinou — não havia sombra em lugar algum. Não havia uma única fonte de luz como na Terra. Percebi que tudo parecia produzir sua própria luz. (...) Não há nada na física do céu que seja semelhante à física da Terra. Ele estava falando dentro da minha mente e eu estava respondendo com uma rapidez que só pode ser imaginada. (...) Se eu fazia uma pergunta, Ele tinha a resposta pronta antes mesmo de eu fazê-la. Jesus e eu caminhávamos juntos no céu, mas era mais como voar do que andar. Estávamos conversando enquanto estávamos suspensos no ar. Não há peso ou gravidade no céu, portanto, não há necessidade de tocar o chão. (...) O espaço também é ilimitado.[146]

Imagine as possibilidades de viagem no céu. Como muitas pessoas que passaram por EQMs já observaram, vários tipos de voo parecem naturais no céu. Por mais que isso pareça ficção científica, quando Jesus apareceu aos seus seguidores após a ressurreição, ele tinha a capacidade de atravessar paredes e aparecer em uma sala trancada (João 20:19). Diante de 120 pessoas, "[Jesus] foi elevado às alturas enquanto eles olhavam, e uma nuvem o encobriu da vista deles. Ficaram com os olhos fixos no céu enquanto ele subia" (Atos 1:9-10). Aparentemente, as leis do céu se sobrepõem às leis da terra.

Imagine como seria incrível não apenas voar, mas poder viajar grandes distâncias literalmente em um piscar de olhos. Imagine aonde poderíamos ir! Uma pessoa diferenciou vários modos diferentes de viagem:

> É possível se deslocar na velocidade do pensamento. Você precisa ir a algum lugar e, sem mais nem menos, já está lá. Mas há um modo de se mover lentamente. Você tem a sensação de estar se movendo, o que, por si só, já é delicioso. Quando você percorre uma estrada panorâmica, pode olhar para fora e ver

a paisagem, ao passo que, viajando com o pensamento, você não veria isso, porque imediatamente está lá. Mas ao viajar, você vê, aprende enquanto viaja, e é delicioso aprender. (...) E então você parece estar flutuando no espaço. (...) Embora não tenhamos asas, simplesmente flutuamos pelo espaço.[147]

Dale Black, Dr. Alexander e outras EQMs descreveram essa viagem mais lenta como uma espécie de flutuação pelo espaço. Mas outros também descreveram o que parecia ser uma capacidade de viajar pelo pensamento. Imagine como você e seus amigos e familiares se divertiriam explorando juntos os quilômetros de beleza cênica do céu. "O céu é enorme e está se expandindo", Dean afirma ter descoberto. "Não há distância, como a conhecemos aqui na Terra. Eu parecia estar longe das coisas e, ao mesmo tempo, perto. Se eu quisesse estar em outro lugar no céu, bastava pensar nisso e eu estava lá."[148]

Você já olhou para as bilhões de estrelas em um céu noturno e se perguntou por que Deus criaria um universo tão vasto e tão além do nosso alcance? Talvez seja para que possamos explorá-lo para sempre. "Os céus declaram a glória de Deus; o firmamento proclama a obra das suas mãos" (Salmo 19:1). Posso imaginar amigos e membros da família, talvez equipes especiais de exploração, enviados para explorar e estudar de perto as maravilhas do universo, porque tudo isso declara quão majestosa e impressionante é a Mente que o criou.

Que glória Deus terá ao se deleitar com a descoberta de seus filhos e mais de suas maravilhas. Posso imaginar a busca das maravilhas da beleza criativa de Deus por toda a eternidade como um ato de adoração sem fim. Mas nada se compara, e nada parece ser mais interessante para as EQMs, do que estar com o próprio Deus. Imagine ver Deus!

Capítulo 10

Um amor que você nunca vai querer deixar

Ian McCormack, de 20 anos, partiu de sua terra natal, a Nova Zelândia, para encontrar a onda perfeita, a altura perfeita, a garota perfeita e a vida de surfista enquanto viajava pela Austrália, África e Indonésia — dois anos fazendo o que bem entendesse. Mas a morte nunca envia um pedido de encontro e, certa noite, enquanto mergulhava com amigos nos recifes de Maurício, uma ilha no Oceano Índico, um cardume de águas-vivas picou Ian quatro vezes — e apenas uma picada já é mortal!

Na ambulância, a caminho do hospital, a vida de Ian começou a se reproduzir vividamente diante de seus olhos. "As pessoas dizem que, pouco antes de morrer, sua vida passa diante de seus olhos". Ian se lembra:

> Meus pensamentos estavam acelerados. "Sou muito jovem para morrer, por que fui mergulhar? (...) Fiquei ali deitado, imaginando o que aconteceria se eu morresse. Haverá algo depois que eu morrer? Para onde eu iria se morresse?
>
> Então, tive uma visão clara de minha mãe. Era como se ela estivesse proferindo as palavras que havia dito há muito tempo: "Ian, não importa o quão longe de Deus você esteja, não importa o que tenha feito de errado, se você clamar a Deus de coração, Ele o ouvirá e o perdoará".
>
> Em meu coração, eu estava pensando: "Será que acredito que Deus existe? Vou orar?" Eu quase me tornei um ateu devoto.

> Não acreditava em ninguém. No entanto, fui confrontado com a visão de minha mãe.[149]

Ian descobriu mais tarde que sua mãe havia sido despertada de um sonho que lhe mostrava que Ian estava morrendo naquele exato momento, e lá na Nova Zelândia ela orou pelo filho com todas as suas forças. Ian se lembra: "Eu não sabia o que orar ou para quem orar. Para qual deus eu deveria orar? Buda? Kali? Shiva? Há milhares deles. No entanto, não vi Buda, Krishna ou algum outro deus ou homem ali, vi minha mãe — e minha mãe seguia Jesus Cristo. Fiquei me perguntando o que eu deveria orar".

A oração do Pai Nosso que sua mãe lhe ensinara lhe veio à mente, mas depois ele não conseguiu se lembrar. Enquanto suas pernas elevadas pressionavam o veneno mais profundamente em seu cérebro, Ian implorou desesperadamente a Deus que o ajudasse a se lembrar. "Perdoa-nos os nossos pecados" veio à sua mente. "Deus, eu lhe peço que perdoe meus pecados, mas eu fiz tantas coisas erradas", disse Ian. "Não sei como o Senhor pode fazer isso, mas, por favor, perdoe meus pecados." A próxima linha veio à tona: "Perdoe aqueles que pecaram contra você". Ian pensou: "Bem, eu não guardo rancor". Então veio a pergunta: "Você perdoará o indiano que o empurrou para fora do carro e os chineses que não quiseram levá-lo ao hospital?" Eu pensei: "Você deve estar brincando!" Nesse momento, Ian disse, nenhuma outra parte da oração veio à sua cabeça depois. Ele percebeu que, se Deus podia perdoá-lo, ele também deveria perdoar os outros. Após isso, verso por verso, ele orou para que a vontade de Deus fosse feita em sua vida. Em seguida, ele partiu.[150]

No início, Ian se viu totalmente vivo, mas em uma escuridão total que o aterrorizava. Exploraremos essa parte de sua história, muitas vezes esquecida, nos próximos capítulos. Ian descreve o que aconteceu em seguida:

> Eu já estava chorando e clamei a Deus: "Por que estou aqui, eu lhe pedi perdão, por que estou aqui? Voltei meu coração para o Senhor, por que estou aqui?" Então, uma luz forte brilhou sobre mim e literalmente me tirou da escuridão. (...) Pude ver que a fonte da luz estava emanando do fim do túnel. Ela parecia indescritivelmente brilhante, como se fosse o centro do universo, a fonte de toda luz e poder. Era mais brilhante do que o sol, mais radiante do que qualquer diamante, mais brilhante do que um raio laser. No entanto, você podia olhar diretamente para ele. (...)
>
> Enquanto eu estava sendo transportado pelo ar, pude ver ondas sucessivas de luz de intensidade mais espessa se desprenderem da fonte e começarem a subir o túnel em minha direção. A primeira onda de luz emitiu um calor e um conforto incríveis. Era como se a luz não fosse apenas de natureza material, mas fosse uma "luz viva" que transmitia uma emoção. A luz passou por mim e me encheu de um sentimento de amor e aceitação.
>
> Na metade da descida, outra onda de luz passou por mim. Essa luz transmitia uma paz total e completa. (...) Eu já havia tentado de tudo para encontrar paz e satisfação em minha vida, mas nunca a encontrei. Agora, do alto da minha cabeça até a base dos meus pés, eu me encontrava totalmente em paz.
>
> Na escuridão, eu não conseguia ver minhas mãos na frente do meu rosto, mas agora, quando olhei para a direita, para meu espanto, lá estavam meu braço e minha mão — e eu podia ver através deles. Eu estava transparente como um espírito, só que

meu corpo estava cheio da mesma luz que brilhava sobre mim no fim do túnel. (...) Saí do fim do túnel e parecia estar de pé diante da fonte de toda a luz e poder. Toda a minha visão foi tomada por essa luz incrível. Parecia um fogo branco ou uma montanha de diamantes lapidados cintilando com o brilho mais indescritível. (...)

Enquanto eu estava ali, perguntas começaram a correr pelo meu coração: "Será que isso é apenas uma força, como dizem os budistas, ou carma ou Yin e Yang? É apenas um poder inato ou uma fonte de energia ou pode realmente haver alguém ali?" Eu ainda estava questionando tudo isso.

Enquanto eu pensava nessas coisas, uma voz falou comigo do centro da luz. Era a mesma voz que eu havia ouvido no início da noite [orientando sua oração]. A voz disse: "Ian, você deseja voltar?" Respondi: "Se estou fora de meu corpo, não sei onde estou, mas desejo voltar". A resposta dessa pessoa foi: "Se você deseja voltar, Ian, precisa ver sob uma nova luz".

No momento em que ouvi as palavras "ver em uma nova luz", algo se encaixou. Lembrei-me de ter recebido um cartão de Natal que dizia: "Jesus é a luz do mundo" e "Deus é luz e nele não há trevas". (...) Então, esse era Deus! Ele é luz. Ele sabia meu nome e conhecia os pensamentos secretos de meu coração e mente. Pensei: *Se esse é Deus, então ele também deve ser capaz de ver tudo o que já fiz em minha vida.*

Eu me senti totalmente exposto e transparente diante de Deus. Você pode usar máscaras diante de outras pessoas, mas não pode usar uma máscara diante de Deus. Senti-me envergonhado e desfeito. (...) Meu primeiro pensamento foi que essa luz me lançaria de volta ao poço, mas, para minha surpresa, uma onda de puro amor incondicional fluiu sobre mim. Era a última coisa que eu esperava. Em vez de julgamento, eu estava sendo lavado com puro amor. Amor puro, não adulterado, limpo, desinibido, imerecido. Ele começou a me preencher de dentro para fora. (...)

Comecei a lhe contar sobre todas as coisas repugnantes que havia feito sob o manto da escuridão. Mas foi como se ele já tivesse me perdoado e a intensidade de seu amor só aumentou. De fato, mais tarde, Deus me mostrou que, quando pedi perdão na ambulância, foi então que ele me perdoou e lavou meu espírito do mal.

Comecei a chorar incontrolavelmente à medida que o amor se tornava cada vez mais forte. Era tão limpo e puro, sem amarras. (...) Esse amor estava curando meu coração e comecei a entender que há uma esperança incrível para a humanidade nesse amor.

Eu estava tão perto que me perguntei se poderia simplesmente entrar na luz que cercava Deus e vê-lo face a face. (...) Quando entrei na luz, foi como se eu tivesse entrado em um véu de luzes cintilantes suspensas, como estrelas ou diamantes suspensos que emitiam um brilho incrível. E enquanto eu caminhava pela luz, ela continuava a curar a parte mais profunda de mim. (...) No centro da luz estava um homem com vestes brancas deslumbrantes que chegavam até os tornozelos. Eu podia ver seus pés descalços. As vestes não eram feitas de tecidos artificiais, mas eram como vestes de luz. Quando levantei os olhos, pude ver o peito de um homem com os braços estendidos como se quisesse me dar as boas-vindas.

Olhei para o rosto dele. Era tão brilhante que parecia ser cerca de dez vezes mais brilhante do que a luz que eu já havia visto. Em comparação, fazia o sol parecer amarelo e pálido. Era tão brilhante que eu não conseguia distinguir as feições de seu rosto. (...) Eu sabia que estava na presença do Deus Todo-Poderoso — ninguém além de Deus poderia ter essa aparência.[151]

O SER MÍSTICO DA LUZ

O ponto alto de muitas EQMs, para todos os que afirmam ter se aproximado, é esse ser de luz místico que os preenche com um amor além da imaginação. O estudo do Dr. Long perguntou: "Você parece ter encontrado um ser ou presença mística?" As EQMs responderam com 49,9% selecionando "Ser definido ou voz claramente de origem mística ou de outro mundo."[152] Mas quem é esse ser de luz? Não é de surpreender que seja nessa pergunta que as opiniões dos pesquisadores mais divergem.

Osis e Haraldsson, dois pesquisadores, estudaram quinhentos americanos e quinhentos indianos para determinar o quanto o condicionamento religioso ou cultural moldava a experiência de quase-morte de cada um. Eles observaram: "Se o paciente vê um homem radiante vestido de branco que lhe induz uma experiência inexplicável de harmonia e paz, ele pode interpretar a aparição de várias maneiras: como um anjo, Jesus ou Deus; ou, se for hindu, como Krishna, Shiva ou Deva."[153]

Embora eu tenha ouvido pesquisadores afirmarem conclusões como essa, nunca li sobre EQMs que descrevessem algo como Krishna (que tem pele azul), Siva (que tem três olhos) ou as descrições da dissolução do eu individual no impessoal Brahma Supremo (a realidade hindu suprema). Embora possam fazer interpretações diferentes, o que eles descrevem é semelhante em todas as culturas.

Depois de ler cerca de mil relatos de EQM, as características do ser de luz que eles relatam parecem surpreendentemente consistentes com o que os profetas do Antigo Testamento e Jesus revelaram. Nos próximos capítulos, não só vou ajudá-lo a imaginar como Deus é amoroso e pessoal, mas também quero mostrar por que cheguei a essa conclusão. Você pode discordar da minha interpretação desse ser de luz, mas pelo menos considere a clareza com que os testemunhos de EQM se correlacionam com as Escrituras. Afinal de contas, se esse ser de luz é realmente tão maravilhoso como dizem as EQMs, não queremos saber quem ele é e como podemos conhecê-lo pessoalmente?

Simran quase morreu em um acidente de ônibus em Mumbai. Ela lembra: "Uma luz brilhante apareceu, com uma voz suave de homem que me disse: 'Você deixará tudo para trás — seus entes queridos, o prêmio conquistado com muito esforço, dinheiro e até suas roupas. Você virá a mim de mãos vazias'. A luz também me deu uma mensagem importante para segui-la. (...) Como posso expressar isso em palavras? O sentimento é lindo e milagroso demais para alguém acreditar. Mas é tão verdadeiro, tão amoroso e tão pacífico."[154]

Uma mulher indiana relatou ao seu médico antes de morrer: "Veja, estou vendo o céu. Há belos jardins e flores (...), as crianças estão brincando e cantando lá. Muitas pessoas, casas altas. Lá eu também vi Deus. Parece muito bonito."[155]

Osis e Haraldsson argumentam que "o fenômeno dentro de cada cultura muitas vezes não está de acordo com as *crenças religiosas sobre a vida após a morte*. (...) As ideias cristãs de 'julgamento', 'salvação' e 'redenção' não se espelharam nas visões de nossos pacientes americanos". Examinaremos porque isso acontece e o que isso significa em um capítulo posterior, mas Osis e Haraldsson também observam:

> Várias ideias hindus básicas sobre a vida após a morte nunca foram retratadas nas visões dos pacientes indianos. Os vários "loci" védicos de uma vida após a morte — o céu hindu — nunca foram mencionados. Tampouco a reencarnação e a dissolução em Brahma, o aspecto sem forma de Deus que é o objetivo do

esforço espiritual indiano. O conceito de carma — acúmulo de méritos e deméritos — pode ter sido vagamente sugerido por relatos de um "homem de vestes brancas com um livro de contabilidade".[156]

Os pesquisadores observam que nenhum dos indianos mencionou o objetivo hindu final de *moksha*, o eu finalmente absorvido na forma impessoal final de Deus, mas os indianos às vezes descreviam esse ser de luz muito amoroso, pessoal, de vestes brancas, com barba e um livro de contas. "O paciente [indiano] parecia estar morrendo. Depois de algum tempo, ele recuperou a consciência. Ele então nos disse que foi levado por mensageiros com roupas brancas e levado a um lugar bonito. Lá ele viu um homem de branco com um livro de contabilidade."[157] Outro indiano "viu um 'homem barbudo' parado na abertura de um longo corredor dourado."[158] Um médico indiano relatou que seu paciente "viu uma bela cena, com lindas flores. Lá dentro, ele viu um homem vestido de branco sentado com um livro aberto."[159]

Osis e Haraldsson mencionam: "[nas EQMs indianas] o homem com o 'livro de contas' é sempre retratado como um governante benigno. Uma aura de sacralidade repousa sobre ele, independentemente de ser chamado de o 'homem de túnica branca' ou 'Deus'."[160] Steve Miller estudou relatos de EQMs ocidentais e não ocidentais e descobriu o mesmo: "Um indiano relatou uma pessoa com barba, olhando os livros para ver se a EQM deveria permanecer ou ser mandado de volta." Miller diz: "Encontrei todos os elementos ocidentais comuns na experiência não ocidental."[161]

O Dr. Bruce Greyson, que estuda EQMs interculturais, conclui: "Mesmo as diferenças interculturais observadas sugerem que não é a experiência central que difere, mas as maneiras pelas quais as pessoas interpretam o que vivenciaram."[162] O que esses pesquisadores parecem não perceber é que seus entrevistados podem *não* estar descrevendo suas próprias ideias culturais do céu, mas *estão* descrevendo o céu dos profetas bíblicos. O profeta Daniel, do Antigo Testamento, que vivia na Babilônia no século VI a.C., teve essa visão do céu:

> Enquanto eu olhava, tronos foram colocados, e o Ancião de Dias tomou assento. A sua veste era branca como a neve; o cabelo era branco como a pura lã. O seu trono era envolto em fogo, e as rodas do trono estavam em chamas [descrevendo uma luz brilhante]. (...) O tribunal iniciou o julgamento, e os livros foram abertos. (...) Vi alguém semelhante a um filho de homem vindo com as nuvens dos céus. Ele se aproximou do Ancião de Dias e foi conduzido à sua presença. Ele recebeu autoridade, glória e o reino; todos os povos, nações e homens de todas as línguas o adoraram. O seu domínio é um domínio eterno, que não acabará, e o seu reino jamais será destruído (Daniel 7:9-10, 13-14).

Daniel vê Deus cercado por uma luz brilhante, os livros são abertos e um homem semelhante a um Filho do Homem, o Messias judeu, recebe autoridade suprema e governa todas as nações (os Manuscritos do Mar Morto atestam que Daniel foi escrito antes do nascimento de Jesus).

Davi também menciona os livros do céu, dizendo: "Os teus olhos viram o meu corpo informe; todos os dias que me foram designados foram *escritos no teu livro*, antes que um deles existisse" (Salmo 139:16, itálico meu). Quando observamos as características do Deus descrito pelos antigos profetas judeus, é impressionante como as pessoas que passam por EQMs parecem estar vivenciando o mesmo Deus maravilhoso ou uma falsificação incrivelmente boa. Vamos imaginar por um momento como será estar com aquele que o criou para si mesmo.

DEUS É AMOR

Você já se perguntou como podem existir tantas canções de amor? Passei a acreditar que toda forma de amor que experimentamos na Terra, por mais intensa que seja, é apenas uma gota no oceano de amor que Deus criou para que você e eu experimentássemos. Não podemos nos fartar de amor porque o nosso sempre fica aquém do que desejamos. Os profetas do Antigo Testamento nos dizem que Deus criou todas as pessoas para um relacionamento único e amoroso com Ele e, embora a humanidade tenha se afastado de Deus para provar o fruto amargo do conhecimento do mal, o amor de Deus nos persegue incansavelmente.

Há cerca de 4 mil anos, 1.500 anos antes da origem da maioria das religiões do mundo atual, Deus escolheu Abraão e Sara para criar uma nação especial para preservar suas promessas e predizer sua vinda como Messias para todas as nações. O amor de Deus sempre se estendeu a todas as nações — em contraste, a maioria das divindades é restrita a um local ou a algumas pessoas especiais. Yahweh (Deus) disse a Abraão: "Farei de você um grande povo e o abençoarei. (...) por meio de você, *todos os povos da terra* serão abençoados" (Gênesis 12:2-3, itálico meu). Mais de quinhentas vezes no Antigo Testamento, Deus fala sobre as nações. Yahweh sempre agiu por amor a todos os povos de todas as nações.

Khalida vagou pelas ruas de Belém quando criança, ficando órfã devido a um míssil que tirou a vida de toda a sua família. Vendida como escrava quando criança, ela viajou pelo mundo árabe com uma tribo beduína e se casou com um muçulmano muito abusivo. Seu marido acabou espancando-a e a deixou para morrer, levando sua única filha com ele. Ela então se casou com um homem que a levou para os Estados Unidos. Quando sua vida foi ameaçada pelas agressões de seu segundo marido, ela conseguiu fugir com seus dois filhos. Ela estava sem teto e sem dinheiro. Uma mulher viu a situação de Khalida e lhe ofereceu um emprego e um lar para ela e seus filhos, e contou a Khalida sobre o amor de Deus encontrado por meio de Jesus.

Khalida queria o amor que essa mulher tinha e pediu a Jesus que lhe mostrasse se ele era Deus. Khalida afirma que teve uma visão do céu muito parecida com a do profeta Isaías ou Daniel. Não acredito em todo mundo que afirma ter visões (nunca tive uma), mas já ouvi vários relatos como o de Khalida entre os muçulmanos. Relatar uma visão como essa pode resultar em perseguição severa. Ela afirmou ter tido essa visão do céu, que mostra o amor persistente de Deus por todas as pessoas e é consistente com a Bíblia e as descrições de EQMs:

> Uma pessoa estava diante de mim, mas diferente de qualquer outra pessoa que eu já havia conhecido. Ouvi Sua voz — era a mesma voz que eu havia ouvido anos antes. Embora eu não soubesse quem era na época [quando ainda estava na Palestina], Ele me falou várias vezes quando meu marido muçulmano estava me batendo e ameaçando minha vida: "Deixe as trevas pela luz".
>
> Agora, Ele disse em árabe: "Eu sou a verdade, a vida e o caminho, e ninguém vem ao Pai a não ser por Mim". Sua voz era como água corrente, poderosa e suave ao mesmo tempo. No momento em que Ele disse: "Eu sou a verdade", eu soube imediatamente que era Jesus. Ele não disse: "Eu sou Jesus",

mas cada fibra do meu ser sabia quem Ele era. Eu nunca tinha lido a Bíblia antes, mas, de alguma forma, sabia que o que Jesus estava me dizendo estava na Bíblia. Eu estava tão consumido por Sua presença que caí de joelhos e olhei para Ele. Ele é tão glorioso, tão belo. Completamente luz dentro de luz.

Eu disse: "Senhor! O Senhor é o Senhor!" Ele disse: "Sim, eu sou Jesus, Aquele que você negou. Aquele que você disse que não é o Filho de Deus. Eu vim para salvá-lo, para torná-lo uma pessoa feliz. Você não precisa fazer nada, apenas saiba que eu a amo".

Eu disse: "É só isso?"

Ele disse: "Sim, creia em mim".

Foi como se eu tivesse ido à escola e estudado tudo em um dia. De repente, Jesus passou a fazer sentido para mim. (...) Ele chegou tão perto que havia muita luz e vi a cor de Seus olhos. Não era como olhar para um ser humano. De alguma forma, com Seu ser e Sua voz, havia luz. Uma luz enorme. Uma luz avassaladora. Ele estava falando comigo, mas, ao mesmo tempo, eu estava vendo o céu bem diante dos meus olhos (...) Ele não estava pregando para mim; estava apenas falando comigo como se fosse outra pessoa, mas com uma voz linda e forte. Era amorosa e doce como mel.[163]

Cerca de 1.500 anos antes do nascimento de Jesus, Deus apareceu a Moisés na forma de uma chama brilhante em uma sarça ardente que não consumia a árvore, e uma voz falou com ele a partir da luz flamejante para dizer-lhe que fosse resgatar o povo judeu da escravidão egípcia. Quando Moisés os conduziu, Deus lhes disse o que era mais importante para ele. Isso se tornou o princípio central da fé judaica: "Ouve, ó Israel: O Senhor nosso Deus, o Senhor é um só. Ame o Senhor, o seu Deus, de todo o seu coração, de toda a sua alma e de todas as suas forças" (Deuteronômio 6:4-5).

O amor é o mais importante para Deus porque Ele é amor no âmago de Seu ser. "Ele passou diante de Moisés, proclamando: 'Senhor, Senhor, Deus compassivo e misericordioso, tardio em irar-se e cheio de amor leal e fidelidade, que mantém o seu amor leal a milhares e perdoa a iniquidade, a transgressão e o pecado. Contudo, não deixa de punir o culpado" (Êxodo 34:6-7). Depois de estar na gloriosa luz de Deus por quarenta dias, "ao descer do monte Sinai com as duas tábuas do testemunho nas mãos [Dez Mandamentos], Moisés não sabia que o seu rosto resplandecia por ter conversado com o Senhor" (Êxodo 34:29). Deus é luz e amor. Deus também é justo, mas sua justiça é sua resposta amorosa ao mal quando este fere as pessoas que ele ama.

Deus é amor. É o que os profetas revelaram. É o que as EQMs experimentam. Basta pensar: o amor é intrínseco a Deus, portanto, tudo no universo criado existe por causa do amor perfeito, inclusive nós. Como meu amigo Michael Warden explica: "Assim como uma águia é feita para voar nas alturas, fomos feitos para o amor de Deus. O amor é nossa atmosfera nativa. No entanto, em um mundo decaído, fomos separados do amor. O que experimentamos como 'vida normal' é tudo menos isso. Somos águias acorrentadas à terra, desejosas de voar." É por isso que os EQMs nunca querem deixar o amor de Deus depois que o experimentam.

Como disse um homem do estudo de Moody, de forma muito enfática: "Eu *nunca* quis deixar a presença desse ser". Até mesmo uma mãe com filhos pequenos que amava acima de tudo disse: "Esta é a parte que é difícil de transmitir: quando tive essa sensação maravilhosa, na presença daquela luz, eu realmente não queria voltar. Mas (...) eu sabia que tinha um dever para com minha família. Então decidi tentar voltar."[164] Deus deve ser nosso primeiro amor, pois somente assim Ele pode nos ensinar a amar os outros como Ele nos ama.

Deus diz a Moisés e aos israelitas vinte vezes que amar a Deus deve ser a prioridade máxima. Então ele poderá levá-los a amar verdadeiramente os outros. "Não procurem vingança nem guardem rancor (...), mas amem o seu próximo como a vocês mesmos. Eu sou o Senhor" (Levítico 19:18). Os primeiros quatro dos Dez Mandamentos tratavam do amor a Deus. Ele quer ser nossa prioridade e tem ciúmes de nosso amor, não por causa dele, mas por causa de nós — todas as outras coisas que colocamos em primeiro lugar em nossas vidas são deuses ruins que nos decepcionarão. Fomos feitos para o amor de Deus em primeiro lugar. Seu amor ordena corretamente todos os outros amores.

Eben Alexander diz que a mensagem central que recebeu pode ser resumida em:

> *Você é amado.* E se eu tivesse que resumi-la ainda mais, em apenas uma palavra, seria (é claro) simplesmente: *amor.* O amor é, sem dúvida, a base de tudo. (...) Nenhum de nós deixa de ser amado. Todos e cada um de nós somos profundamente conhecidos e cuidados por um Criador que nos ama além de qualquer capacidade que tenhamos de compreender. Esse conhecimento não deve mais permanecer em segredo.[165]

É a mensagem que Deus tornou central ao longo dos tempos para todos os que leem as Escrituras. Não tem sido um segredo, mas tem sido amplamente ignorada. Imagine um amor tão grande que nenhum amor terreno se compara — e, melhor ainda, todos os amores terrenos encontram uma nova profundidade. Embora as EQMs possam chamar Deus por outros nomes, o Deus que eles estão descrevendo corresponde ao Deus da Bíblia. Ele quer que saibamos o quanto ele nos ama e quer saber: "Você me ama?" Moody entrevistou um paciente a quem foi feita essa mesma pergunta.

> Flutuei direto através da tela, como se ela não estivesse lá, e subi em direção a uma luz pura e cristalina, uma luz branca iluminadora. Era linda e tão brilhante, tão radiante, mas não machucava meus olhos. Não é nenhum tipo de luz que se possa descrever na Terra. Na verdade, não vi uma pessoa nessa luz, mas ela tem uma identidade especial, sem dúvida. É uma luz de perfeita compreensão e perfeito amor. O pensamento veio à minha mente: "Você me ama?" Não foi exatamente na forma de uma pergunta, mas acho que a conotação do que a luz disse foi: "Se você me ama, volte e complete o que começou em sua vida". E durante todo esse tempo, senti-me como se estivesse cercado por um amor e uma compaixão avassaladores.[166]

DEUS É PESSOAL

Moody ressalta que, dentre os que viram essa luz,

> nenhuma pessoa expressou qualquer dúvida de que se tratava de um ser, um ser de luz. E não apenas isso, um ser pessoal. Tem uma personalidade muito definida. O amor e o calor que emanam desse ser para a pessoa que está morrendo estão totalmente além das palavras, e ela se sente completamente cercada por ele e envolvida por ele, completamente à vontade e aceita na presença desse ser.[167]

Steve Miller também relata EQMs que confirmam a natureza pessoal, amorosa e onisciente desse ser:

> Passei por esse vácuo escuro e negro em supervelocidade. Você poderia compará-lo a um túnel. (...) Vi uma luz brilhante e, no caminho, ouvi uma música linda e vi cores que nunca tinha visto antes. [A luz] era de um tipo que eu nunca tinha visto antes e que difere de qualquer outro tipo, como a luz do sol. Era branca e extremamente brilhante e, ainda assim, era fácil olhar para ela. É o auge de tudo o que existe. De energia, especialmente de amor, de calor, de beleza. Eu estava imerso em um sentimento de amor total. (...)
>
> Desde o momento em que a luz falou comigo, eu me senti muito bem, segura e amada. O amor que veio dela é simplesmente inimaginável, indescritível. Era uma pessoa divertida de se conviver! E tinha senso de humor também — definitivamente! Eu nunca quis deixar a presença desse ser.
>
> Toda a minha vida até então parecia estar diante de mim em uma espécie de revisão panorâmica e tridimensional, e cada evento parecia ser acompanhado por uma consciência do bem e do mal ou por uma percepção de sua causa e efeito. Durante todo o tempo, eu não apenas via tudo do meu próprio ponto de vista, mas também conhecia os pensamentos de todos os que estavam envolvidos nesses eventos. (...) E durante todo o tempo, a revisão enfatizou a importância do amor.[168]

Os profetas escrevem: "o Senhor sonda o coração e conhece a inclinação dos pensamentos de todos os homens. Se você o buscar, o encontrará" (1 Crônicas 28:9). Todas as pessoas que encontram esse ser de luz, não importa como o chamem, sabem que ele é uma pessoa que conhece todos os segredos sobre elas e, ainda assim, as ama mais do que jamais imaginaram.

Eles descrevem o mistério do Deus judaico, Yahweh, que, como Moisés disse, é apenas um Deus — mas, como Daniel e Isaías aludem, existe em um relacionamento amoroso como Pai Todo-Poderoso, alguém semelhante a um Filho do Homem (ou Messias) e seu Espírito Santo. Isaías relata como esse Deus trino afirma ser pessoal e íntimo conosco:

> "Sem dúvida, eles são o meu povo", disse ele [Yahweh]; "são filhos que não vão me trair"; assim, ele se tornou o Salvador deles. Em toda a aflição do seu povo, ele também se afligiu, e o *anjo da sua presença* os salvou. No seu amor e na sua misericórdia, ele os resgatou; foi ele que sempre os levantou e os conduziu nos dias antigos. Apesar disso, eles se revoltaram e entristeceram o *seu Espírito Santo* (Isaías 63:8-10, itálico meu).

Yahweh se revela como um Pai que anseia por filhos amorosos, o Anjo de Sua Presença que é o Salvador deles e o Espírito Santo que pode sentir a dor. Deus está emocionalmente envolvido conosco porque fomos criados à sua imagem — e ele é pessoal. Embora Deus seja infinito, onisciente e poderoso além de nossa compreensão, Ele também está pessoalmente envolvido com cada pessoa que criou.

Eben Alexander fala da presença de Deus durante sua EQM como sendo vasta, infinita, completamente outra e, ainda assim, extremamente pessoal, e mediada por um globo de luz brilhante. Embora eu não concorde com tudo o que ele diz, ele ainda parece descrever o que outros reconhecem como o Pai, que ele chama de "Om", e Jesus, o "Orbe":

> [Vi] uma luz que parecia vir de um globo brilhante que eu agora sentia perto de mim. Um globo que estava vivo. (...) [No centro] estava Deus, o Criador, a Fonte responsável pela criação do universo e de tudo o que há nele. Esse Ser estava tão próximo que parecia não haver distância alguma entre Deus e eu. No entanto, ao mesmo tempo, eu podia sentir a vastidão infinita

do Criador, podia ver como eu era completamente minúsculo em comparação.

Ocasionalmente, usarei *Om* como pronome para Deus (...), esse Deus onisciente, onipotente e incondicionalmente amoroso. (...) Percebi que a pura vastidão que separava Om de mim era o motivo pelo qual eu tinha o Orbe como meu companheiro. De alguma forma que eu não conseguia compreender completamente, mas tinha certeza, o Orbe era uma espécie de "intérprete" entre mim e [Deus] essa presença extraordinária que me cercava. (...)

As perguntas e as respostas continuaram. Embora elas ainda não viessem na forma de linguagem como a conhecemos, a "voz" desse Ser era calorosa e — por mais estranho que eu saiba — pessoal. Ele entendia os humanos e possuía as qualidades que nós possuímos, só que em uma medida infinitamente maior. Ele me conhecia profundamente e transbordava de qualidades que, durante toda a minha vida, sempre associei aos seres humanos, e somente aos seres humanos: calor, compaixão, *páthos* — até mesmo ironia e humor.[169]

Eben parece descrever o Deus que se revelou como Pai Eterno e o Filho (Orbe/homem de luz) que "interpreta" Deus ao se tornar humano. "Pois há um só Deus e um só mediador entre Deus e os homens, o homem Cristo Jesus" (1 Timóteo 2:5). Os profetas do Antigo Testamento revelaram esse mistério de um Deus que é amor — mas a quem Deus amava antes de sua criação? A pessoa do Pai ama o Filho, que ama o Espírito, que ama o Pai. Deus é amor porque Deus é pessoal.

Com uma voz como muitas águas

Como pessoa, Deus tem uma voz diferente de qualquer outra. Khalida a reconheceu como uma voz dentro dela que lhe dizia para "deixar a escuridão pela luz", mas depois, na presença de Deus, ela ouviu uma "voz como a de *águas impetuosas*, poderosa e reconfortante ao mesmo tempo"[170] É incrível como muitas pessoas descrevem a voz de Deus com as mesmas palavras dos profetas, mesmo sem conhecer as Escrituras. Às vezes, Sua voz é suave e amorosa, mas autoritária; outras vezes, é de um poder inconfundível.

O profeta Ezequiel disse: "e vi a glória do Deus de Israel que vinha do lado leste. A *sua voz era como o estrondo de muitas águas*, e a terra refulgia com a sua glória" (Ezequiel 43:2, itálico meu). Daniel viu o Anjo da Presença de Deus e descreveu um homem de luz brilhante com uma voz semelhante: "olhei para cima e vi um homem (...) e o seu rosto, [era] como um relâmpago; os seus olhos eram como tochas acesas, e os seus braços e as suas pernas, como o reflexo de bronze polido; a *sua voz era como o som de uma multidão*" (Daniel 10:5-6, itálico meu). Esses profetas do Antigo Testamento descrevem esse mesmo ser de luz como um homem com uma voz inconfundível, também descrita por EQMs.

Um EQM relembra: "Quando ele falou, foi como se alguém tivesse colocado em um *alto-falante enorme* e ele simplesmente ricocheteou nas nuvens: 'Leve-a de volta'. (...) A luz era tão linda! Era tão brilhante ao redor do Senhor, e sua voz era tão imponente *e ao mesmo tempo gentil.*"[171]

"Ouvi uma voz de comando que veio de todos os lugares ao mesmo tempo. Eu a ouvi até mesmo dentro de mim. Parecia um trovão de relâmpago [sic], um *grande vento e corredeiras de água branca*, tudo junto, dizendo: 'Não é sua hora!'"[172]

Steve Sjogren descreveu que "a voz *de* Deus (...) era como a *voz de cem amigos* falando em uníssono harmonioso. (...) Fiquei alarmado — até que ouvi o que ele tinha a dizer. 'Não tenha medo', Deus me assegurou. 'Você não tem nada a temer. Vai dar tudo certo.'"[173]

Em todo o mundo, aqueles que experimentam Deus ouvem a mesma voz. Samaa, do Oriente Médio, ouviu: "'Bem-vinda ao lar, Samaa', disse ele em uma voz doce e gentil, mas também poderosa, *como o som de muitas águas*. Ele abriu os braços para mim. Seus belos olhos eram como fogos ardentes de amor que me consumiam e me dominavam."[174]

Imagine um dia ver esse ser de luz com os braços bem abertos, dizendo com a mesma voz de poder amoroso: "Bem-vindo ao lar", e é *o seu* nome que ele diz, e nesse momento você percebe: *"Esse é o único relacionamento que desejei durante toda a minha vida!"* Vamos imaginar como será o relacionamento com Deus no céu.

Capítulo 11
Deus é relacional

Jack acordou na terça-feira de manhã com fortes dores. Depois de três longas semanas no hospital fazendo exercícios pulmonares extenuantes, o especialista em pulmão o liberou para uma delicada cirurgia na coluna. A doença pulmonar de Jack complicou a situação para o anestesista, mas a cirurgia seria realizada na sexta-feira seguinte. Enquanto Jack se revirava na cama para aliviar a dor, uma luz brilhante apareceu no quarto e uma paz serena tomou conta dele. Uma mão saiu da luz e uma voz disse: "Venha comigo. Quero lhe mostrar algo".

> Levantei minha mão e agarrei a mão que vi. Ao fazer isso, tive a sensação de ser puxado para cima e de sair do meu corpo, olhei para trás e o vi deitada na cama enquanto eu subia em direção ao teto do quarto. (...) Começamos a atravessar o teto e a parede do quarto do hospital (...) e descemos para um andar inferior do hospital. Não tivemos dificuldade em passar por portas ou paredes. (...) Percebi que havíamos chegado à sala de recuperação do hospital. Eu nem sabia onde ficava a sala de recuperação desse hospital, mas chegamos lá e, novamente, estávamos no canto da sala, perto do teto, acima de todo o resto. Vi os médicos e as enfermeiras andando de um lado para o outro com roupas verdes e vi as camas que estavam espalhadas por ali.
>
> Esse ser então me disse — ele me mostrou — "É aí que você vai ficar. Quando o tirarem da mesa de operação, eles o

colocarão nessa cama, mas você nunca acordará dessa posição. Você não saberá de nada depois de ir para a sala de cirurgia até que eu volte para buscá-lo algum tempo depois disso." (...) Não era uma voz audível (...) [Mas] eu soube imediatamente o que era, o que ele tinha em mente. Não havia dúvida — era *aquela cama*. (...) Ele queria me assegurar para que eu não tivesse medo, porque estava me dizendo que não estaria lá imediatamente, que eu passaria por outras coisas primeiro, mas que ele estaria ofuscando tudo o que acontecesse e estaria lá para mim no final. (...) Estávamos em uma comunhão tão íntima que nada poderia ter me incomodado. Mais uma vez, era apenas uma paz, uma calma e uma serenidade que nunca encontrei em nenhum outro lugar. Então, depois de me dizer isso, ele me levou de volta ao meu quarto no hospital e, instantaneamente, eu estava de volta ao meu corpo.[175]

Quando Jack se levantou na manhã seguinte, sabendo que não sobreviveria à cirurgia, ele não estava nem um pouco assustado.

Tudo isso me surpreendeu, me pegou completamente de surpresa. Foi tão vívido e real — mais do que as experiências comuns. E, na manhã seguinte, eu não estava nem um pouco assustado. (...) Eu sabia que iria morrer, mas não havia arrependimento, nem medo. Não pensei: "O que posso fazer para evitar que isso aconteça?". Eu estava pronto.

Na noite anterior à cirurgia, Jack decidiu escrever duas cartas e escondê-las — uma para sua esposa e outra para seu sobrinho, que ele havia adotado legalmente como seu próprio filho. Ele e sua esposa estavam tendo problemas com o filho, e ele queria expressar seus sentimentos a ambos. Em cerca de duas páginas da carta para a esposa, as comportas se abriram e ele começou a soluçar. Enquanto chorava descontroladamente, Jack sentiu novamente a presença de Deus entrar na sala.

> Senti uma presença e, a princípio, pensei que talvez tivesse chorado tão alto que incomodei uma das enfermeiras, e que elas tivessem entrado para ver o que estava acontecendo comigo. Mas eu não tinha ouvido a porta se abrir. E novamente senti essa presença, mas não vi nenhuma luz dessa vez, e pensamentos ou palavras vieram a mim, exatamente como antes, e ele disse: "Jack, por que você está chorando? Achei que você estaria feliz por estar comigo". Eu pensei: "Sim, estou. Quero muito ir". E a voz disse: "Então, por que você está chorando?" Eu disse: "Tivemos problemas com nosso sobrinho, você sabe, e tenho medo de que minha esposa não saiba como criá-lo. Estou tentando expressar em palavras como me sinto e o que quero que ela tente fazer por ele. Também estou preocupado, pois sinto que talvez minha presença pudesse acalmá-la um pouco."
>
> Então me veio o pensamento dessa presença: "Já que você está pedindo por outra pessoa e pensando em outras pessoas, e não em Jack, eu lhe concederei o que deseja. Você viverá até ver seu sobrinho se tornar um homem.[176]

Jack sobreviveu milagrosamente à operação e, quando voltou a si, disse ao Dr. Coleman: "Sei exatamente onde estou. (...) Estou na primeira cama à direita, assim que você chega do corredor". Embora o médico tenha considerado sua recuperação milagrosa, ele achou que a empolgação de Jack em saber em qual cama estava era a conversa sobre anestesia. Por causa disso, Jack não compartilhou sua história. "Só contei para minha esposa, meu irmão e meu pastor." Anos depois, ele contou ao Dr. Moody.[177]

O coração relacional de Deus

Uma razão pela qual alguns pesquisadores de EQM afirmam que o ser de luz não pode ser o Deus do Antigo Testamento tem a ver com um mal-entendido: o Deus do Antigo Testamento é um Deus que julga, condena e pune, enquanto o Deus do Novo Testamento é amoroso, perdoador e compassivo. Nenhuma das generalizações se encaixa. Deixe-me mostrar a você como o Deus relacional que as EQMs encontram corresponde ao Deus da Bíblia.

O tema central da Bíblia é que Deus deseja um relacionamento de amor com você e com cada pessoa criada. O relacionamento amoroso motiva Deus. Mas o amor requer várias coisas — liberdade, risco e escolha. Isso significa que Deus optou por se sujeitar à mesma montanha-russa de relacionamentos emocionais a que o amor submete todas as pessoas — a possibilidade de rejeição e desgosto.

Se você ouvir o coração de Deus transmitido pelos profetas do Antigo Testamento, Deus usa todas as metáforas relacionais que podemos imaginar para que possamos entender o que Ele sente por nós. Deus derrama seu coração a Jeremias, o profeta, quando as pessoas que ele ama continuam a rejeitá-lo para amar e adorar outras coisas.

> Eu a amei com amor eterno;
> com amor leal a atraí. (...)
> Não é Efraim o meu filho querido?
> O filho em quem tenho prazer?
> Cada vez que eu falo sobre Efraim,
> mais intensamente me lembro dele.
> Por isso, com ansiedade o tenho no coração;
> tenho por ele grande compaixão",
> declara o Senhor (Jeremias 31:3, 20).

> Eu mesmo disse:
> "Com que alegria eu a trataria como se tratam filhos
> e daria uma terra desejável a você,
> a mais bela herança entre as nações!".
> Pensei que você me chamaria "Pai"
> e que não deixaria de seguir-me.
> Mas, como a mulher que trai o marido,
> assim você tem sido infiel comigo (Jeremias 3:19-20).

Deus nos ama como um pai ama um filho rebelde. Mesmo que nos rebelemos e fujamos, ou que partamos seu coração, o coração de seu Pai anseia por demonstrar compaixão, perdoar e nos aceitar de volta. Mas Deus usa imagens relacionais ainda mais fortes. "Como o jovem se casa com a noiva, assim os seus filhos se casarão com você; como o noivo se regozija com a noiva, assim o seu Deus se regozija com você" (Isaías 62:5).

Deus escolhe nosso relacionamento mais íntimo para comparar o que Ele quer conosco. Por mais difícil que seja para nós entendermos, Deus se compara a um noivo apaixonado que canta para sua noiva. "O Senhor, o seu Deus, está no seu meio, um guerreiro poderoso para salvar. Ele terá imensa alegria em você; com o seu amor a renovará. Ele se regozijará em você com brados de alegria (Sofonias 3:17).

Embora apenas algumas EQMs tenham mencionado isso, no céu Dean ouviu:

> Deus, o Pai, cantando de volta para cada ser que o louvava diante do Trono. Ele estava cantando uma canção de amor individual para cada uma de suas criações. A canção era viva e parecia estar dentro dos seres a quem se destinava. (...) Isso é o que estava acontecendo no céu. Deus Pai estava expressando

Seu amor por cada ser e eles estavam expressando seu amor por Ele.[178]

William Smith vivenciou algo semelhante:

> Há uma diferença entre os dois personagens identificáveis que são o mesmo Deus, um sai do outro. A pessoa espiritual que une cada um deles, o Espírito de Deus, passa do Filho para o Pai. Não há separação entre eles. (...) Há o próprio Deus — único, somente um. Ele se revela no tempo por meio da encarnação [Jesus]. Jesus é tudo o que vem do Pai. (...) Eu me tornei parte de seu amor. Ele me fez uma serenata e cantou para mim em seu trono.[179]

Imagine se é assim que Deus se sente em relação a você! Todas as canções de amor da Terra são um reflexo da imagem daquele que o ama mais. Quando você está com ele, o amor dele supera todos os amores — é tão incrível que você não quer estar em nenhum outro lugar. Essa é a resposta extremamente consistente das EQMs. Isso coloca em perspectiva a próxima imagem relacional que Deus dá por meio dos profetas. "Imagine", diz Deus, "como você se sentiria se a pessoa que você mais ama, seu próprio cônjuge, cometesse adultério — é assim que me sinto quando aqueles que amo são infiéis a mim".

ADULTÉRIO ESPIRITUAL

Ouça a emoção nessa passagem que emana do coração de Deus — um amante ferido que acabou de descobrir que tudo o que ele esperava foi despedaçado nos bancos de areia do adultério:

> "Volte, ó infiel Israel", declara o Senhor.

> "Não mais franzirei a testa cheio de ira contra você,
> pois eu sou fiel", declara o Senhor.
> "Não ficarei irado para sempre.
> Reconheça, porém, o seu pecado:
> você se rebelou contra o Senhor, o seu Deus,
> e ofereceu os seus favores a deuses estranhos,
> debaixo de toda árvore verdejante,
> e não me obedeceu",
> declara o Senhor. (...)
> Como a mulher que trai o marido,
> assim você tem sido infiel comigo, ó povo de Israel
> (Jeremias 3:12-13, 20).

Você consegue ouvir a emoção no coração de Deus? Como Deus revela aos profetas do Antigo Testamento, quando abandonamos nosso Criador para seguir nosso próprio caminho contra a vontade dele e quando amamos outras coisas mais do que a Deus, isso parte seu coração (um ídolo é qualquer coisa que colocamos em primeiro lugar, antes de Deus). Todas as advertências de punição e julgamento pelo pecado e pela rebelião no Antigo Testamento nos lembram que nossas ações têm consequências de causa e efeito. Quando nos afastamos de nosso Criador, ferimos a Deus e ferimos uns aos outros — sempre — mesmo que ainda não percebamos isso.

Lisa, do estudo do Dr. Long, disse:

> O ser de luz sabia tudo sobre mim. Sabia tudo o que eu já havia pensado, dito ou feito e me mostrou toda a minha vida em um piscar de olhos (...) todas as relações de causa e efeito em minha vida, tudo o que era bom ou negativo, todos os efeitos que minha vida na Terra teve sobre os outros.[180]

Alguns cristãos provavelmente se perguntarão: como Deus poderia se revelar àqueles que não acreditam nele? Mas eles se esquecem de que o coração de Deus anseia que *cada pessoa* volte para casa, de todas as nações, de todos os idiomas; todos foram criados por ele e para ele. E não se esqueça de que não há medida que ele não tome para trazê-los de volta. Ele tomou medidas extremas para resgatar a maligna Nínive. Ele se revelou em uma luz ofuscante a Saul, que estava indo para prender e assassinar o povo de Deus. E os profetas do Antigo Testamento previram a última medida extrema que Deus tomaria para nos trazer de volta: ele entraria em nosso sofrimento para nos restaurar relacionalmente.

A LEI MORAL

As pessoas que passam por EQMs geralmente experimentam duas coisas na presença desse ser de luz: um amor e uma compaixão avassaladores e uma revisão de vida em que esse Deus de luz enfatiza o impacto de suas ações sobre os outros. Steve Miller estudou EQMs não ocidentais e não cristãs e disse: "Em minha amostra não ocidental, não vi nenhuma diferença significativa nas revisões de vida em comparação com as revisões de vida ocidentais."[181] Suresh, da Índia, relembra a natureza relacional de sua EQM: "Percebi que Deus era amor, luz e movimento e, para poder recebê-lo no coração, era preciso limpá-lo e limpar a mente, pedindo desculpas a todas as pessoas com as quais eu estava associada e com as quais eu tinha diferenças, discussões ou brigas, ou a todos aqueles que eu pudesse ter causado dor, consciente ou inconscientemente. O tipo de amor que experimentei lá não pode ser expresso em palavras."[182]

As pessoas costumam dizer: "Todas as religiões ensinam basicamente as mesmas coisas". Há alguma verdade nisso. Na verdade, é surpreendente a semelhança das leis morais entre as culturas — na China antiga, na Babilônia, no Egito, na Grécia e em Roma; na cultura anglo-saxônica e na cultura indígena americana; nas escrituras sagradas budistas, hindus, cristãs e muçulmanas — todas concordam basicamente nessa área. O ex-acadêmico de Oxford C. S. Lewis fornece evidências dessa lei moral comum, resumidas a seguir:

1. Não prejudique outro ser humano pelo que você faz ou diz (a Regra de Ouro).
2. Honre seu pai e sua mãe.
3. Ser gentil com os irmãos, as crianças e os idosos.
4. Não faça sexo com o cônjuge de outra pessoa.
5. Seja honesto em todos os seus negócios (não roube).
6. Não minta.
7. Cuidar das pessoas mais fracas ou menos afortunadas.
8. Morrer para si mesmo é o caminho para a vida.[183]

Em praticamente todas as culturas e religiões do mundo desde o início da história registrada, vemos essa lei moral comum. "Eles demonstram que a lei de Deus está escrita em seus corações" (Romanos 2:15). Portanto, sempre soubemos o certo e o errado básicos em todas as culturas e em todos os tempos, mas o que isso nos ensina? Até que ponto temos *cumprido* a lei moral? A história da humanidade é bastante pacífica e amorosa, certo? Não brigamos, não nos dividimos, não nos divorciamos, não matamos, não destruímos nem falamos mal dos outros; não prejudicamos uns aos outros, não enganamos uns aos outros, não nos iludimos uns aos outros — não é mesmo? Agora veja as notícias!

Não, a história da humanidade indica que não honramos os pais, deixamos de ser gentis com os irmãos ou com os idosos, somos sexualmente infiéis, desonestos, mentirosos, gananciosos e poucos de nós nos envolvemos com os menos afortunados porque ficamos autoconsumidos com nossa própria vontade e nossos próprios caminhos. Em vez de buscar a vontade e os caminhos de Deus, buscamos primeiro que "seja feita a minha vontade, na Terra e no céu". E quando Deus não faz o que esperamos, ficamos com raiva e nos afastamos dele.

Então, o que essas verdades comuns das religiões do mundo nos ensinam? Somos todos uns verdadeiros desastrados! O mundo está uma bagunça. Temos um problema muito sério, humanamente falando. Todos nós sabemos as coisas certas a fazer; sempre soubemos em todas as culturas e em todos os tempos. E, no entanto, a história é que ficamos aquém, não importa o quanto tentemos! As pessoas têm um problema — cristãos, judeus, budistas, muçulmanos, ateus, você, eu — e isso está afetando a todos nós. Todos nós precisamos desesperadamente da ajuda de Deus. A questão é: o que Deus fará com nossas falhas morais? Nos condenará? Irá nos punir?

Perdoe-nos

Um dos maiores indícios de que o Deus que as EQMs descrevem é o Deus das Escrituras judaicas/cristãs é a forma como eles descrevem a revisão de suas vidas em sua presença. Apesar de verem vividamente todos os seus atos, bons e maus, e todos os efeitos de ondulação relacional de ambos, eles não experimentam um ser que deseja condenar. Eles sentem uma compaixão vinda desse ser de luz. No entanto, se pesquisarmos os deuses das religiões do mundo, quantos afirmam defender a justiça e a retidão, registrar cada pensamento e ação e ainda assim oferecer perdão e compaixão devido ao desejo de um relacionamento amoroso? Um homem no estudo do Dr. Long vivenciou tudo isso:

> Tudo o que eu já pensei, fiz, disse, odiei, ajudei, não ajudei, deveria ter ajudado foi mostrado na minha frente, na frente da multidão de centenas de pessoas e de todos, como em um filme. Como fui ruim com as pessoas, como eu poderia tê-las ajudado, como fui ruim (sem querer também) com os animais! Sim! Até os animais tinham sentimentos. Foi horrível. Caí de cara no chão de vergonha. Percebi como minha ação, ou não ação, afetou outras pessoas e suas vidas. Foi só então que entendi como cada pequena decisão ou escolha afeta o mundo. A sensação de decepcionar meu Salvador era muito real. Estranhamente, mesmo durante esse horror, senti compaixão, uma aceitação de minhas limitações por parte de Jesus e da multidão de outras pessoas.[184]

O fato de as pessoas sentirem compaixão em vez de julgamento faz com que alguns pesquisadores de EQM concluam que esse não pode ser o Deus da Bíblia, mas talvez eles não entendam realmente o que a Bíblia ensina. Quando uma mulher apanhada em adultério foi levada a Jesus pelos líderes religiosos, que queriam condená-la e apedrejá-la até a morte, Jesus lhes disse: "Qualquer um de vocês que não tiver pecado seja o primeiro a atirar-lhe uma pedra." Todos eles largaram as pedras e foram embora. "Ninguém condenou você?" perguntou-lhe Jesus. "Ninguém, senhor", disse ela. "Então eu também não condeno você", declarou Jesus. "Vá agora e deixe sua vida de pecado" (João 8:2-11).

Deus nos ama e quer perdoar e recuperar toda a humanidade, mas, para nos libertar de toda condenação e perdoar todas as nossas dívidas, alguém precisa pagar para consertar as coisas. Jesus disse a Nicodemos, um fariseu, que foi isso que Ele veio fazer: "Porque Deus amou o mundo de tal maneira que deu o seu Filho unigênito, para que todo aquele que nele crê não pereça, mas tenha a vida eterna. Pois Deus não enviou seu Filho ao mundo para condenar o mundo, mas para salvar o mundo por meio dele" (João 3:16-17). Isso explicaria por que os EQMs sentem compaixão em vez de condenação. Mas por que a morte de Jesus foi necessária? Se Deus quer nos perdoar e restaurar o relacionamento, por que ele simplesmente não perdoa? É uma pergunta razoável.

APENAS PERDOAR?

Imagine se você me emprestasse seu carro esportivo novinho de US$ 85.000 e me pedisse para não dirigir rápido em estradas sinuosas. Eu sabia que podia dirigir bem, então desobedeci à sua vontade e acabei batendo e destruindo seu carro. Eu lhe deveria US$ 85.000 para consertar as coisas. Mas e se eu lhe dissesse: "Ei, por que você não me perdoa?" Se você *simplesmente* me perdoar os US$ 85.000 que devo para substituir seu carro, *você é quem terá de arcar com os custos* para que a justiça seja feita — *você* terá de pagar por um carro novo para consertar as coisas como estavam antes de eu pecar contra você.

Deus disse ao seu povo por meio de Isaías: "Certamente, o braço do Senhor não é curto demais para salvar, nem o seu ouvido é surdo demais para ouvir. Mas as vossas iniquidades [erros] vos separaram do vosso Deus" (Isaías 59:1-2). Para que a justiça seja feita, alguém tem de pagar para consertar as coisas. Ou pagamos as consequências da rebelião contra nosso Criador — que é a separação da Fonte de toda a luz, vida e amor — ou reconhecemos nossa necessidade, pedimos Seu perdão e Ele paga por nós por meio de Cristo.

Os profetas do Antigo Testamento previram que Deus revelaria "seu Braço", seu próprio Filho, para nos mostrar como ele é em uma forma humana com a qual poderíamos nos identificar. E esse Messias pagaria nossas dívidas por nós, para que todas as pessoas dispostas pudessem voltar para Deus (Isaías 53). Deus removeu todas as barreiras entre você e ele. Você não precisa provar que pode ser bom o suficiente — você não pode. Não é possível seguir perfeitamente o caminho óctuplo do budismo, os cinco pilares do islamismo, os Dez Mandamentos ou até mesmo sua própria consciência moral. Não podemos ser o que Deus planejou sem um relacionamento com Deus — portanto, Deus pagou o preço humano mais alto para nos perdoar e restaurar o relacionamento com todas as pessoas dispostas a isso.

Deus não nos forçará a buscá-lo, a admitir que precisamos de seu perdão ou a nos voltarmos para ele. Ele não quer escravos forçados, quer filhos amorosos e de livre vontade que queiram amar a Deus. Quando o aço frio da bomba de um terrorista rasgou Samaa durante um culto na igreja em um país do Oriente Médio, ela só se lembra do calor relacional desse Deus que nos dá a liberdade de escolher como vamos amá-lo de volta:

> Jogado três metros no ar e esmagado contra a parede oposta, clamei a Jesus silenciosamente em minha agonia: "Jesus, me ajude!" E então, naquele instante, meu espírito deixou meu corpo e eu morri. (...) Quando abri meus olhos, vi uma luz branca brilhante iluminando Jesus, o Filho do Homem, o Filho de Deus. Seu rosto estava mais brilhante que o sol e Ele era tão glorioso. Era como se Jesus pudesse ver através de mim,

lendo todos os pensamentos do meu coração. Meu corpo inteiro estava tremendo. Eu me sentia tão indigno de estar em Sua presença. (...) Ele irradiava um amor incrível que continha profunda aceitação. Não senti condenação nem vergonha. (...)

"Bem-vindo ao lar, Samaa", disse Ele em uma voz doce e gentil, mas também poderosa, como o som de muitas águas. Ele abriu os braços para mim. Seus belos olhos eram como fogos ardentes de amor que me consumiam e me dominavam. Como um ímã, Seu amor me atraiu. (...)

"Você quer voltar ou ficar aqui no céu?" perguntou Jesus. Então Ele me mostrou minha vida. Como se estivesse vendo instantâneos de um filme, eu me vi crescendo. Os dezenove anos que vivi passaram diante de meus olhos. Depois de ver as escolhas que fiz, percebi que estava vivendo de acordo com minha própria agenda e me arrependi.

Oh, Senhor Jesus, eu sinto muito. Por favor, me perdoe. Toda a minha vida tenho vivido para mim mesmo — meus caminhos, meus sonhos, meus desejos, meus planos. Mas não se trata de mim. É tudo sobre o Senhor. (...) Ele queria que eu voltasse para minha família para a salvação deles, mas também para a salvação de Sua família, que é uma multidão! Deus tem tudo a ver com família, de Gênesis a Apocalipse. Como diz Apocalipse 5:9: "Tu és digno de tomar o livro e de abrir os seus selos, porque foste morto e com o teu sangue compraste para Deus pessoas de todas as tribos, línguas, povos e nações." (...) Ele também é um cavalheiro. Ele nunca me forçou, mas me deu a liberdade de escolher. Quando disse a Ele minha escolha — que queria voltar à Terra e ser uma testemunha Dele — fui motivado pelo amor, não por um senso de dever. (...)

"Tudo bem, vejo você em breve", disse ele.

Imediatamente, uma nova onda de amor tomou conta de mim. Parecia tão fácil falar com Ele, comunicar-me, como uma criança falando com o pai.[185]

O Deus da luz na Índia

Deus quer que todas as pessoas o conheçam, mas ele não nos força. Ele nos diz que se o buscarmos de todo o coração, nós o encontraremos. As EQMs confirmam que esse ser de luz de fato conhece cada pensamento do coração. "O Senhor sonda cada coração e compreende cada desejo e cada pensamento. Se vocês o buscarem, ele será encontrado por vocês; mas se o abandonarem, ele os rejeitará para sempre" (1 Crônicas 28:9).

Enquanto escrevo este texto, meu amigo Jaya está me visitando do sudeste da Índia. O avô de Jaya era o guru hindu de seu vilarejo. Todos os anos, durante um festival especial, eles colocavam comida em sua casa para os deuses e depois saíam. Quando voltavam, se os deuses tivessem comido a comida, isso significava uma bênção muito especial para a casa.

Aos doze anos de idade, Jaya decidiu se esconder em casa para ver como eram os deuses. Para sua surpresa, os ratos vieram e comeram a comida. Quando Jaya disse a seu avô festejador que não foram os deuses que comeram a comida, mas os ratos, seu avô explicou com raiva que os deuses vieram como ratos para proteger o jovem Jaya. Se Jaya tivesse visto os deuses, ele teria morrido, então os deuses misericordiosamente se disfarçaram de ratos para protegê-lo!

Mas isso não apaziguou o ceticismo crescente de Jaya. Ele queria saber se os deuses eram reais, então arrombou o baú trancado de seu avô que continha as antigas escrituras védicas escritas em folhas de palmeira. No Rigveda (a mais antiga das escrituras hindus), ele leu sobre o deus da luz, o criador de tudo, que veio como o Purush Prajapati, "o Senhor de toda a criação que se tornou homem", e se sacrificou para pagar para que pudéssemos ser emancipados dos efeitos do carma (retorno por boas e más ações).[186] Algo lá dentro fez com que Jaya ficasse determinado a descobrir sobre esse deus da luz.[187]

Jaya perguntou ao sacerdote hindu, que disse ao jovem Jaya que, se ele quisesse ver o deus da luz, deveria mergulhar no rio Krishna todas as noites durante 100 noites e entoar um mantra especial 100 mil vezes. Se ele fizesse isso perfeitamente, o deus da luz apareceria. O sacerdote hindu nunca pensou que um jovem de 14 anos faria esse curso de meditação extrema.

Sem se intimidar com a pesada tarefa, Jaya passou os três meses seguintes mergulhado até o peito na sujeira e no esgoto humano que descia o rio. Cem mil mantras depois, Jaya se arrastou até a margem do rio, esperando ansiosamente pelo aparecimento do deus da luz. Nenhuma luz apareceu, exceto a luz distante da lua nascente. Jaya estava fora de si — o que ele havia feito de errado? Desanimado, ele desistiu da busca por dois anos.

Aos dezesseis anos, um homem santo que passava pelo vilarejo veio ficar com sua família e Jaya perguntou-lhe sobre o deus da luz. Esse guru disse a Jaya que o levaria a um sumo sacerdote hindu que morava a 1.300 quilômetros de distância e que conhecia o deus da luz. Com o desejo ainda ardente de saber a verdade, Jaya decidiu fugir secretamente com esse homem santo para ver o sumo sacerdote, disposto a enfrentar as consequências quando voltasse.

Na metade da viagem de trem, que duraria uma semana, Jaya descobriu que o homem santo e seu assistente haviam desaparecido e, com eles, todos os pertences e o dinheiro de Jaya. Jaya foi expulso do trem por não ter passagem. Muito envergonhado para voltar para casa, muito desanimado para ter esperança, o desespero se instalou e ele decidiu acabar com sua vida.

Jaya colocou seu corpo sobre os trilhos do trem. Em uma última oração de desespero, ele clamou: "Deus da luz, se você é real, revele-se a mim agora, pois estou prestes a tirar minha vida". Jaya não consegue explicar exatamente o que aconteceu enquanto ele estava deitado nos trilhos naquela noite, exceto que ele pensou estar vendo a luz do trem que se aproximava, mas mais brilhante do que qualquer outra luz que ele já havia visto. Uma voz vinda da luz disse: "Jaya, eu sou o Deus que você está procurando. Sou o Deus da luz. Meu nome é Jesus".

Jaya passou a ter fé em Jesus, o Deus da luz, antes mesmo de conhecer um cristão ou ver uma Bíblia. Nos últimos 25 anos, ele e sua esposa serviram entre os mais pobres dos pobres na Índia, fundando um orfanato para acolher crianças de rua, fornecendo habilidades de trabalho para mulheres — que são alvos principais da escravidão sexual — fundando um hospital para fornecer cuidados para aqueles que não podem pagar e fundando igrejas para ajudar outras pessoas em seu país a conhecer o Deus da luz.

Jesus é o Deus da luz, do amor e do perdão. Ele quer que todas as pessoas de todas as nações se voltem para ele, mas não nos forçará. Ele respeita nosso livre arbítrio. Como veremos nos próximos capítulos, há um propósito para que ele permaneça oculto e para que escolhamos buscá-lo, amá-lo e segui-lo, mesmo que não o tenhamos visto.

Mary Neal, a cirurgiã que morreu andando de caiaque, fez esta pergunta: "Quando eu estava falando com Jesus no campo ensolarado, perguntei-lhe por que todos na Terra não tinham a oportunidade de ter a mesma experiência que eu estava tendo. (...) Sua resposta divertida reiterou os comentários de Jesus a Tomé: 'Porque me viste, creste; bem-aventurados os que não viram e creram' (João 20:29)."[188]

Jesus disse: "Se não derem ouvidos a Moisés e aos Profetas [as Escrituras], não ficarão convencidos, mesmo que alguém ressuscite dos mortos" (Lucas 16:31) — ou tenha uma experiência de quase-morte! Acho que isso explica em grande parte porque Deus não diz simplesmente as EQMs sua identidade. Deus olha para o coração e quer pessoas que realmente o busquem e o amem. Deus colocou muitas evidências nas Escrituras e na história para todos os que realmente o estão buscando. Se você quiser ver exemplos de evidências históricas incríveis e verificáveis que me convenceram, coloquei algumas no "Apêndice A: Razões para acreditar".

Sua promessa é que todos os que o buscarem de todo o coração encontrarão um relacionamento com ele, porque Deus criou você e eu para um relacionamento único e especial. Não precisamos esperar pela eternidade. Você entra nesse relacionamento pela fé. Assim como minha esposa e eu entramos no casamento pela fé — prometendo nossas vidas com um simples "aceito". Isso é tudo o que Deus exige: voltar-se para ele com fé, dizendo: "Quero que o que Jesus fez valha para mim — quero seu perdão e liderança — quero passar a eternidade com você".

Você também não precisa esperar pela eternidade para crescer nesse relacionamento. Deus pode falar diretamente aos nossos pensamentos agora mesmo. Podemos aprender a ouvir espiritualmente e, à medida que respondemos com confiança, passamos a conhecer Deus de uma forma mais pessoal. Vocês nem imaginam o quanto são especiais para a Luz do Mundo, mas vamos tentar!

Capítulo 12

Luz do mundo

"Hoje eu conheci Deus", sussurrou Akiane, de quatro anos, para sua mãe.

"O que é Deus?", perguntou sua mãe, Foreli, que foi criada como ateia na Lituânia.

"Deus é leve, quente e bom. Ele sabe tudo e conversa comigo. Ele é meu pai."

A família nunca havia falado de religião, nunca tinha ido à igreja, nem mesmo possuía uma TV, e isso chocou Foreli. "Quem é o seu Deus?", perguntou sua mãe.

"Não posso lhe dizer."

"O quê? Você não pode contar para sua própria mãe?"

"A Luz me disse para não fazer isso". A pequena Akiane se manteve firme. "Você não vai entender."

Mais ou menos na mesma época em que Akiane afirmou ter recebido visitas de Deus, ela começou a desenhar. Mas seus desenhos aos quatro e cinco anos de idade superavam os de estudantes de arte do ensino médio — pareciam milagrosos. Depois de desenhar "seu anjo", ela explicou: "Ela não sorri em meu desenho, porque o papel não é branco o suficiente para mostrar como seus dentes são brancos, e eu queria mostrar como ela fala comigo com os olhos [por meio de seus pensamentos]. Veja, onde Deus me leva, Ele me ensina a desenhar."

Akiane afirmou que Deus a levou para o céu, onde ela viu uma "casa de luz com paredes como vidro" onde Deus vive, um lugar com grama bonita, árvores, plantas e frutas. Ela afirmou que Deus lhe deu frutas no céu: "Tem um gosto bom, melhor do que qualquer coisa que você já tenha provado. A Luz me dá frutas".

"Que fruta?", perguntou sua mãe.

"Para respirar."

"O que você quer dizer com isso?"

"Para viver. (...) Deus diz que muitos precisarão comer isso. A árvore sempre estará lá em uma nova Terra". Embora tivesse apenas quatro anos de idade, suas descrições correspondiam ao que as Escrituras descrevem (ver Ezequiel 1:22; Apocalipse 2:7; 21:11, 21), mas sua mãe não sabia disso.

"Lá eu sou boa e escuto com atenção", explicou Akiane. "Todos ouvem lá — Deus está lá. (...) A música lá é viva". A conversa de Akiane sobre Deus, o Pai, Jesus e o Espírito Santo, combinada com seu dom sobrenatural para a arte, acabou levando sua família à fé. À medida que Akiane crescia, suas habilidades artísticas milagrosas se expandiram de desenhos para pinturas e, aos sete anos, ela começou a compor poemas espirituais milagrosamente maduros.

Aos oito anos de idade, as pinturas de Akiane sobre Jesus estavam ganhando reconhecimento mundial. Ela afirmou ter visto Jesus no céu e, como resultado, pintou as renomadas obras *The Prince of Peace* (O Príncipe da Paz) e *Father Forgive Them* (Pai Perdoe-os). Todos os principais programas de notícias nos Estados Unidos e muitos ao redor do mundo começaram a reconhecê-la como a única criança viva prodígio em duas áreas: arte e poesia. Ela diz que o objetivo de sua incrível arte é "chamar a atenção das pessoas para Deus, e quero que minha poesia mantenha a atenção delas em Deus".

Aos nove anos de idade, ela pintou outro quadro de Jesus no cosmos. Sua mãe lhe perguntou sobre um planeta. "Ah, essa é a nova Terra. Eu simplesmente senti que tinha de incluí-la. Não me lembro onde, quando ou como, mas a Terra vai mudar. Tudo o que sei é que tudo será diferente. Não haverá medo, nem ódio, nem fome ou dor. Somente amor" (veja Apocalipse 21:4).

"Seu Jesus está olhando para as galáxias?", perguntou a mãe dela enquanto olhavam para a pintura. "Ele está conversando com seu Pai no céu (...) sobre o futuro do nosso mundo. Acho que Jesus voltará com todo o poder muito em breve. Na parte de trás dele, você pode ver todo o processo de nascimento do nosso novo universo."

Conhecida mundialmente aos dez anos de idade, ela começou a receber perguntas difíceis. Um dia, alguém perguntou a Akiane porque ela havia escolhido o cristianismo em vez de uma religião mundial diferente. "Eu não escolhi o cristianismo", respondeu Akiane. "Escolhi Jesus Cristo. Estou pintando e escrevendo o que Deus me mostra. Não sei muito sobre as religiões, mas sei disso: Deus olha para o nosso amor."

Em uma exposição de arte, um homem a confrontou. "Eu sou budista. Você chamou Jesus de 'Príncipe da Paz', mas em nome dele tantas pessoas foram massacradas. Como você explica isso?"

"Jesus é paz, assim como a água calma", respondeu Akiane, de dez anos, "mas qualquer um pode jogar uma pedra na água e deixá-la turbulenta."[189]

Imagine Jesus

Embora isso pareça um pouco com uma EQM moderna, não é:

> Estava na ilha de Patmos por causa da palavra de Deus e do testemunho de Jesus. (...) Ouvi atrás de mim uma forte voz, como de trombeta, que dizia: — Escreva em um livro o que você vê (...). Voltei-me para ver de quem era a voz que falava comigo. Voltando-me, vi sete candelabros de ouro e, entre os candelabros, alguém semelhante a um filho de homem, vestido com uma túnica que chegava aos pés e um cinto de ouro ao redor do peito. A cabeça e os cabelos eram brancos como a lã, tão brancos como a neve; os olhos, como chama de fogo. Os pés eram como o bronze reluzente em uma fornalha ardente, e a voz, como o som de muitas águas. (...) O seu semblante era como o sol quando brilha em todo o esplendor. Quando o vi, caí aos seus pés como morto. Então, ele colocou a mão direita sobre mim e disse: — Não tenha medo. Eu sou o Primeiro e o Último. Sou Aquele que Vive. Estive morto, mas agora estou vivo pelos séculos dos séculos, e tenho as chaves da morte e do Hades (Apocalipse 1:9-18).

João, um dos discípulos de Jesus, viu isso várias décadas após a crucificação de Jesus. Quando pensamos em Jesus apenas como uma figura religiosa mansa e de maneiras suaves, encoberta pela obscuridade e, na maioria das vezes, fora de contato com nossa vida real hoje, estamos enganados. Jesus revelou o Criador onipotente, onisciente, sempre presente e infinito do universo em uma forma com a qual poderíamos nos relacionar, porque Deus quer relacionamento.

Mas Jesus não é apenas totalmente homem; ele é totalmente Deus em todo o seu brilho majestoso hoje. É isso que as EQMs veem: a majestade de Deus na forma de um homem. E aqueles que já o conhecem, o reconhecem. Como Jesus disse: "Eu sou o bom pastor; conheço as minhas ovelhas, e elas me conhecem (...). Elas ouvirão a minha voz" (João 10:14, 16). Dean o reconheceu imediatamente:

> Jesus é pura luz! Seu brilho estava diante de mim, ao meu redor, era parte de mim e dentro de mim. Ele é mais brilhante do que o sol do meio-dia, mas ainda podemos olhar para Ele no céu. (...) Jesus é mais lindo, maravilhoso e glorioso do que posso explicar. (...) Tudo em Jesus é amor. O amor Dele por você é tão pessoal que parece que é só para você. Você percebe que Ele cuida de você desde sempre e continuará a cuidar de você para sempre. Seu amor é vivo. É mais do que apenas um sentimento. Você está se tornando o amor Dele. Você é o amor Dele. Jesus nos ama completamente.... Era como se eu fosse a única pessoa que Ele amava em toda a Sua criação. Eu sabia que Ele amava os outros, mas parecia que eu era o único.[190]

Durante sua espiada no céu, muitas EQMs relatam exatamente o que as Escrituras dizem: "A cidade não precisa de sol nem de lua que brilhem sobre ela, pois a glória de Deus a ilumina, e o Cordeiro [Jesus] é a sua lâmpada" (Apocalipse 21:23). Enquanto estava na Terra, Jesus disse a seus seguidores que ele é a luz que veio para revelar o amor do Deus invisível:

> "Que o coração de vocês não se perturbe. Creiam em Deus; creiam também em mim. Na casa do meu Pai há muitos aposentos; se não fosse assim, eu teria dito que vou preparar lugar para vocês? Quando eu for e preparar lugar, voltarei e os levarei comigo, para que vocês estejam onde eu estiver. Vocês sabem o caminho para onde vou. Jesus, o caminho para o Pai." Tomé lhe disse: "Senhor, não sabemos para onde vais;

como, então, podemos saber o caminho?" Jesus respondeu: "Eu sou o caminho, a verdade e a vida. Ninguém vem ao Pai, a não ser por mim. Se vocês tivessem me conhecido, também teriam conhecido o meu Pai. Desde agora, no entanto, vocês o conhecem e o têm visto" (João 14:1-7).

Jesus não revelou tudo o que há para ver do poder invisível de Deus, mas a representação exata do caráter de Deus em uma forma com a qual podemos nos identificar (Hebreus 1:3). A natureza trina de Deus como apenas Um, mas revelada como Pai, Filho e Espírito, é um mistério que parece paradoxal para nossas mentes finitas e tridimensionais. Como três pessoas podem ser um só Deus? Só podemos entender parcialmente por analogia.

Deus da Planolândia

Para nos ajudar a entender, gostaria de adaptar o conceito de Planolândia (*Flatland*) do professor inglês Edwin Abbott. Imagine que você criasse um mundo bidimensional plano — a Planolândia.[191] As pessoas planas do mundo que você criou só poderiam se mover em duas direções, para frente e para trás ou da esquerda para a direita, não há acima ou abaixo (não há terceira dimensão). Como você (o criador delas) é tridimensional, elas não poderiam vê-lo como você é, a menos que você as "arrancasse" do plano bidimensional e as transformasse em criaturas tridimensionais (e isso seria a morte — morte significa "separação" do mundo bidimensional delas).

Mas você poderia optar por revelar uma "fatia" bidimensional de si mesmo para eles. Você poderia colocar seu braço através da Planolândia deles e eles veriam uma "fatia 2D" redonda de você. Não é totalmente você, mas é o máximo que essas pessoas bidimensionais podem ver e ainda viver na Planolândia. Se você tentasse explicar que não é realmente uma fatia circular, mas várias fatias que formam um único Ser, isso seria um paradoxo para elas. Múltiplas fatias circulares bidimensionais estão sempre separadas na Planolândia. Elas nunca podem ser uma só — por quê? Porque não há uma terceira dimensão em que as fatias circulares possam ser "empilhadas" em um ser unificado.

Jesus foi chamado de "o Braço de Deus revelado" pelos profetas judeus (Isaías 53) que previram sua chegada ao nosso mundo tridimensional. Como Deus pode ser três pessoas separadas, mas um só Deus, é um mistério que só se resolve em algum lugar além das dimensões extras do céu. Embora todas as analogias sejam insuficientes, Jesus revelou uma fatia em 3D do ser de Deus: "Se você me viu, você viu o Pai" (ou o máximo que você pode ver nesta vida tridimensional). É por isso que as Escrituras dizem: "Ninguém jamais viu Deus, mas o Filho unigênito, que é Deus e está no mais íntimo relacionamento com o Pai, o deu a conhecer" (João 1:18).

Será que essa Escritura rejeita a possibilidade de que as EQMs estejam vendo Deus? Não creio que seja isso. Assim como muitos profetas do Antigo Testamento tiveram visões de Deus (Moisés, Isaías, Daniel), as pessoas que tiveram EQMs também podem estar vendo Deus por terem sido temporariamente arrancadas deste mundo e levadas para as dimensões do céu. Como disse um dos EQMs holandeses do Dr. Pim van Lommel: "Devo admitir que a linguagem humana é lamentavelmente inadequada para transmitir toda a extensão e profundidade da outra dimensão que vi."[192]

Luz do mundo do Antigo Testamento

O profeta Ezequiel parece ter visto a glória pré-encarnada de Jesus em sua visão do céu:

> Acima da abóbada, sobre a cabeça deles, havia o que parecia um trono de safira e, bem no alto, sobre o trono, uma figura semelhante a um homem. Vi que a parte de cima do que parecia a cintura dele assemelhava-se a metal reluzente, como que cheio de fogo; a parte inferior assemelhava-se ao fogo, e uma luz brilhante envolvia todo o seu ser. Como a aparência do arco-íris entre as nuvens em um dia chuvoso, assim era o resplendor ao seu redor (Ezequiel 1:26-28).

Ezequiel teve essa visão quase 600 anos antes do nascimento de Jesus, mas o que ele descreve parece uma EQM moderna. Quinhentos e cinquenta anos antes do nascimento de Jesus, Daniel foi informado por um anjo exatamente quando Jesus, o Messias, viria e seria morto. "o Ungido será morto e não terá mais nada. A cidade e o santuário [Jerusalém e o templo] serão destruídos pelo povo do governante" (Daniel 9:26). Os romanos destruíram o templo em 70 d.C. e ele nunca foi reconstruído! Portanto, esse Messias teve de vir e morrer antes de 70 EC.[193]

Depois, Daniel teve uma visão semelhante da glória pré-encarnada do Messias:

> No vigésimo quarto dia do primeiro mês, eu estava em pé à margem daquele grande rio, o Tigre, olhei para cima e vi um homem vestido de linho, com um cinto de ouro puríssimo de Ufaz na cintura. O seu corpo era como o crisólito, e o seu rosto, como um relâmpago; os seus olhos eram como tochas acesas,

e os seus braços e as suas pernas, como o reflexo de bronze polido; a sua voz era como o som de uma multidão (Daniel 10:4-6).

Desde os tempos do Antigo Testamento até os tempos do Novo Testamento e as EQMs de hoje — esse mesmo Homem de Luz que brilha mais do que o sol revelou o Deus invisível de uma forma compreensível. Na noite anterior à sua crucificação, Jesus orou para que seus discípulos o vissem "com a glória que eu tinha contigo [o Pai] antes do início do mundo" (João 17:5). Saulo, o fariseu (mais tarde chamado de Paulo), mandou prender e até matar os cristãos por blasfêmia — porque eles equiparavam Jesus ao único Deus verdadeiro, Yahweh. Então Saulo viu Jesus em sua glória:

> Persegui os seguidores deste Caminho [Jesus] até a morte (...).
> Por volta do meio-dia, eu me aproximava de Damasco, quando, de repente, uma forte luz vinda do céu brilhou ao meu redor. Caí por terra e ouvi uma voz que me dizia: "Saulo, Saulo, por que você me persegue?". Então, perguntei: "Quem és tu, Senhor?". Ele respondeu: "Eu sou Jesus, o Nazareno, a quem você persegue". (...)
> "Que devo fazer, Senhor?". O Senhor disse: "Levante-se e entre em Damasco, onde será dito o que você deve fazer". Os que estavam comigo me levaram pela mão até Damasco, porque o resplendor da luz havia me deixado cego. Um homem chamado Ananias, fiel seguidor da lei e muito respeitado por todos os judeus que ali viviam, veio ver-me e, pondo-se junto a mim, disse: "Irmão Saulo, recupere a visão". Naquele mesmo instante, pude vê-lo. Então, ele disse: (...) "Levante-se, seja batizado e lave os seus pecados, invocando o nome dele [de Cristo] (Atos 22:4, 6-8, 10-14, 16).

Vendo a luz

Enquanto estava na Terra, Jesus declarou: "Eu sou a luz do mundo. Quem me segue nunca andará em trevas, mas terá a luz da vida" (João 8:12). Paulo encontrou essa mesma luz brilhante que se declarou como Jesus. Paulo continuou a escrever muitos dos livros do Novo Testamento. Mas observe que o fato de Jesus ter aparecido a Paulo em uma luz ofuscante não significava que Paulo estava bem com Deus. Paulo ainda tinha uma escolha — como Ananias indicou. Paulo ainda tinha que invocar o nome do Senhor para ter seus pecados perdoados e se acertar com Deus, assim como o ladrão na cruz pendurado ao lado de Jesus fez, assim como Ian, Howard Storm e outras EQMs perceberam.

Aqueles que têm EQMs podem realmente estar vendo o próprio Jesus, mas isso não garante que estarão com ele no céu eternamente. Eles precisam escolher, assim como Paulo ainda tinha que escolher. Afinal de contas, Jesus apareceu e fez milagres bem na frente dos fariseus, "Contudo, os fariseus e os peritos na lei rejeitaram o propósito de Deus para eles" (Lucas 7:30) e mandaram crucificar Jesus. Judas foi escolhido por Jesus, viu seus milagres, sentiu seu amor, mas não se submeteu à liderança de Deus. Judas tentou forçar Jesus a fazer sua própria vontade (derrubar os romanos). Provavelmente foi por isso que ele traiu Jesus. Buscar sua vontade acima da vontade de Deus foi um tiro pela culatra para Judas, mas ele cumpriu perfeitamente o plano de Deus.

Amor e conhecimento

O Dr. Long fala sobre como o tema unificado de milhares de EQMs é a importância do amor em primeiro lugar. Muhammad, no Egito, disse após sua EQM: "Senti que o amor é a única coisa que todos os seres humanos devem sentir uns pelos outros."[194] A segunda coisa que a maioria das EQMs leva consigo é a importância de buscar conhecimento. Buscar conhecimento sobre esse Deus de amor que as EQMs encontram não seria o conhecimento mais importante a ser buscado? "Vocês me procurarão e me acharão quando me procurarem de todo o coração" (Jeremias 29:13). É isso que alguns fazem, como Katie.

Katie, de três anos, inalou uma castanha de caju que se alojou em sua traqueia. Ela ficou azul e desmaiou. Seu avô, um bombeiro, não conseguiu reanimá-la e a declarou morta. A ambulância chegou quase trinta minutos após a ligação para a emergência. O que Katie viveu ainda a motiva anos depois. Ela explica,

> Quando morri, me elevei acima de meu corpo e vi meu avô trabalhando em meu corpo. (...) Fui em direção a essa presença, que estava em um espaço brilhante, iluminado pela luz do sol — não um túnel, mas uma área. A presença era de uma paz, amor, aceitação, calma e alegria inacreditáveis. A presença me envolveu, e minha alegria era indescritível — enquanto escrevo isso, sou levado de volta a essa emoção, e ela ainda me encanta. (...) Eu sabia, sem dúvida, que eu era uma criatura criada, um ser que devia sua existência a essa presença.

Quando a pequena Katie reviveu, ela não conseguia parar de incomodar a mãe com perguntas:

> "Quem me criou? O que é a eternidade? E o que é Deus?" [Mamãe] não conseguiu responder às minhas perguntas. (...) Mesmo agora, quando me lembro da experiência, ela é mais real do que qualquer outra coisa que já vivi em minha vida.

Lembro-me não apenas da lembrança, mas também da emoção. Isso ainda me motiva a fazer perguntas. Essa experiência me tocou tão profundamente que dediquei minha vida a procurar respostas. (...) Atualmente, estou fazendo doutorado em teologia.[195]

Quem governa?

Alguns buscam o conhecimento de Deus após uma EQM, mas outros não. Alguns buscam conhecimento para recriar a experiência em vez de buscar a Deus e, como resultado, enveredam por práticas contra as quais o Deus da Bíblia adverte. Ver *não é* crer. Ver Deus *não* garante total confiança ou fidelidade amorosa a Deus e, no entanto, é isso que Deus mais deseja: ser amado e ter a confiança das pessoas.

O conhecido ateu A. J. Ayer teve uma parada cardíaca e morreu clinicamente. "A única lembrança que tenho (...) abrangendo minha morte é muito vívida. Fui confrontado por uma luz vermelha, extremamente brilhante e também muito dolorosa, mesmo quando me afastei dela. Eu estava ciente de que essa luz era responsável pelo governo do universo. (...) Eu também tinha a intenção de encontrar uma maneira de apagar a luz dolorosa."[196] Deus nos dá a liberdade de escolhê-lo ou de governar nossa própria vida sem ele. Talvez a luz amorosa do mundo seja dolorosa para aqueles que a rejeitam?

Não é de surpreender que as pessoas que não reconhecem Jesus ou nem mesmo acreditam nele o vejam. O Apocalipse nos diz: "Todo olho o verá, até mesmo aqueles que o traspassaram" (Apocalipse 1:7). Portanto, seria uma *suposição* muito *ruim* presumir que as pessoas que viram Deus em uma EQM estarão automaticamente com ele para sempre. Isso ainda requer uma escolha. Desistiremos de brincar de

Deus em nossas vidas, pediremos perdão e o convidaremos para reinar novamente?

A Bíblia ensina que há espaço para apenas um governante no céu. "O reino do mundo se tornou o reino de nosso Senhor e do seu Messias, e *ele reinará* para sempre e sempre" (Apocalipse 11:15, itálico meu). Todos nós já experimentamos como é a vida quando todos tentam "governar" e bancar o deus de suas próprias vidas; não é bonito. Imagine como a vida poderia ser diferente se todos nós nos voltássemos para a luz do amor de Deus e realmente deixássemos que ele nos conduzisse. Seria incrível! Com uma oferta tão incrível oferecida por Deus a cada um de nós, às vezes me esforço para entender por que mais pessoas não entregam suas vidas a Ele. Só posso imaginar que é porque elas ainda não enxergam como é (e será!) maravilhoso viver com Jesus!

Capítulo 13

O Destaque do céu

Imagine-se naquele dia, na beleza do mundo de Deus, como muitos descreveram, experimentando uma luz viva que parece o amor saindo de tudo o que é belo. Imagine-se experimentando uma tal erupção de alegria de seu ser interior que o louvor espontâneo não pode ser contido — como Eben Alexander percebeu entre os anjos, como Samma e outros sentiram na presença de Jesus; eles explodiriam se não o louvassem. Imagine estar com o Destaque do céu.

> Jesus é mais lindo, maravilhoso e glorioso do que posso explicar. (...) Como posso lhe dizer qual é a aparência de Seu rosto? Seu rosto era como se fosse um vidro de cristal líquido feito de puro amor, luz e vida. (...) Seu rosto tinha as cores do arco-íris e cores que não consigo descrever em seu interior. Todas essas cores apareciam ao mesmo tempo em Seu rosto. Elas saíam Dele como as ondas do oceano chegando à praia. Eu estava vendo as cores e fazia parte das cores. Eu estava nas cores, e as cores estavam saindo de mim. Eu estava vendo Jesus, e eu era parte de Jesus. Eu estava em Jesus, e Jesus estava brilhando em mim. (...) Tudo isso era vida. Eu só queria louvá-Lo para sempre.[197]

Há algo em nós que quer se associar com a grandeza — uma celebridade famosa, um CEO poderoso, uma supermodelo bonita, um político influente... É emocionante estar perto deles por algum motivo. Em comparação com a glória celestial de Jesus, toda a glória e beleza externas, todo o poder e prestígio, toda a fortuna, fama ou grandeza da humanidade parecerão uma vela contra o sol. Não há ninguém que você queira ter por perto mais do que Jesus! E ainda mais surpreendente — ele quer estar perto de você!

Olhos penetrantes

Muitos relatos de EQMs que olharam nos olhos de Jesus deixam claro: parece haver algo incrível em seus olhos — penetrantes, magnéticos, sedutores, gentis e lindamente cativantes como nada que você possa imaginar. Muitas pessoas disseram que poderiam se perder por toda a eternidade em seus olhos! Os escritores das Escrituras usam descrições semelhantes. Daniel disse que "seu rosto [era] como um relâmpago, seus olhos como tochas flamejantes" (Daniel 10:6). João disse que "seus olhos eram como fogo ardente" (Apocalipse 1:14). Mas não como o fogo que conhecemos — imagine olhos tão mágicos que você não consegue parar de olhar.

Dean comentou que as mudanças de cores pareciam fogo:

> Quando olhei para os olhos de Jesus, seus olhos eram como chamas de fogo com cores que mudavam de vermelho, laranja, azul, verde, amarelo e muitas outras cores. (...) Experimentei como seus olhos são profundos e cheios de vida. Eu poderia me perder em seus olhos e nunca mais querer sair. Em seus olhos, vi o amor por cada ser humano e criação de Deus. A princípio, parecia que seus olhos tinham amor apenas por mim. Mas quando pensei em outra pessoa, vi seu amor por ela. Era como se ele amasse somente aquela pessoa. Então pensei em outra pessoa e aconteceu a mesma coisa. Eu via seu amor por essa outra pessoa.[198]

Vicki, que era cega de nascença, descreveu a aparência de Jesus e disse coisas muito semelhantes sobre olhar em seus olhos durante sua EQM:

> Vicki: Ele me abraçou, e eu estava bem perto dele. E senti sua barba e seu cabelo. Eles estavam muito próximos de mim. Ele realmente me envolveu — essa é a única palavra que consigo pensar para descrever. Ele me envolveu com tanto calor e amor e com sua presença física real. (...)
>
> Entrevistador: Seu cabelo era longo ou curto?
>
> Vicki: Longo, passava dos ombros.
>
> Entrevistador: Você viu os olhos dele?
>
> Vicki: Eram olhos penetrantes. Era como se permeassem cada parte de mim, mas não de uma forma maldosa. Era como se você não pudesse mentir sobre nada, e ele olhava para todos os lados e conseguia ver tudo. No entanto, eu queria revelar tudo a ele.
>
> Entrevistador: Ele estava usando algum tipo de roupa?
>
> Vicki: Sim. E sua barba tinha luzes muito brilhantes. (...) Era apenas uma luz que saía da própria barba. (...) Não havia nada em seus pés. Ele vestia uma espécie de manto que não chegava até os pés. Ficava abaixo dos joelhos, mas acima dos tornozelos. Depois, tinha uma faixa na parte da cintura.
>
> Entrevistador: Vicki, essa não é uma pergunta cética, mas quero avisá-la de antemão que pode soar assim. A impressão que você tinha de Jesus correspondia (...) ao que lhe era familiar pela leitura da Bíblia e talvez por outras formas de treinamento religioso?
>
> Vicki: Eu realmente não sei, porque não consegui imaginar. Sei que isso pode soar muito estúpido, mas como nunca vi, não tenho uma imagem real disso. De qualquer forma, não consegui compreender o que a Bíblia diz sobre isso.[199]

É fascinante como muitas pessoas, até mesmo cegas, descrevem esse mesmo Homem de Luz, com cabelos na altura dos ombros, barba, vestindo uma túnica de luz branca brilhante até os tornozelos, presa por uma faixa dourada, olhos penetrantes que enxergam diretamente em sua alma, mas também o atraem com um calor e amor magnéticos.

Um dos EQMs do Dr. Long declarou: "Quando olhei em seus olhos, todos os segredos do universo me foram revelados. Sei como tudo funciona porque olhei em seus olhos por um momento."[200] Quando as pessoas olham em seus olhos, elas sentem que veem e entendem tudo. "Então nos veremos face a face. Agora conheço em parte; então conhecerei plenamente, como também sou plenamente conhecido" (1 Coríntios 13:12). Nunca saberemos tudo o que Deus sabe (somente Ele é incriado), mas poderemos conhecer todos os mistérios que atualmente nos confundem. Imagine olhar face a face para os olhos oniscientes do Amor.

A COR DO AMOR

Colton Burpo, de quatro anos, estava no banco de trás quando passaram pelo hospital onde ele quase havia morrido no início daquele ano. Quando Todd, brincando, perguntou se ele queria voltar, Colton deixou escapar que os anjos cantaram para ele lá. Quando lhe perguntaram que músicas eles cantaram, ele explicou que cantaram *"Jesus Loves Me"* e *"Joshua Fought the Battle of Jericho"*, mas quando ele pediu que cantassem *"We Will, We Will Rock You"*, eles não cantaram essa música.

Então Colton ficou solene e disse: "Papai, Jesus fez os anjos cantarem para mim porque eu estava com muito medo. Eles me fizeram sentir melhor".

Todd e Sonja ficaram chocados ao ouvir seu filho dizer que tinha visto Jesus quando quase morreu. Todd perguntou onde Colton encontrou Jesus.

Colton respondeu despreocupadamente: "Eu estava sentado no colo de Jesus".

À medida que Todd e Sonja investigavam mais, descobriram que Colton afirmava ter deixado seu corpo e, enquanto observava o médico do ar, ele também podia ver Todd trancado em outro quarto gritando com Deus por ter deixado seu filho morrer e Sonja no telefone celular no saguão. À medida que mais e mais detalhes surgiam, detalhes que uma criança de quatro anos não poderia saber, eles começaram a acreditar que Colton havia de fato vivenciado algo real.

Dias depois, enquanto Colton brincava com seus bonecos dos X-Men, Todd lhe perguntou como era Jesus. Colton colocou seus brinquedos no chão e olhou para Todd. "Ele tem cabelos castanhos e tem pelos no rosto." Colton deve ter descrito a barba, uma palavra que ele ainda não conhecia. "E seus olhos... Oh, papai, os olhos dele são tão bonitos!" Ao dizer isso, Colton parecia estar desfrutando de uma lembrança maravilhosa. Colton disse que os olhos de Jesus eram azuis. Eles imaginaram que Colton estava apenas projetando os olhos azuis em Jesus, já que Colton tinha olhos azuis. Jesus era judeu. Os olhos dos judeus geralmente são castanhos!

Toda vez que Todd ou Sonja viam um retrato de Jesus, perguntavam a Colton se era assim que Jesus se parecia. Por mais de dois anos e centenas de retratos, Colton sempre via algo errado em cada imagem de Jesus. Vários anos depois, Todd viu uma reportagem na CNN sobre a artista prodígio Akiane Kramarik, que relatou ter visto o céu quando tinha quatro anos de idade. Ela descreveu as cores incríveis do céu e Jesus, que era "muito masculino, muito forte e grande. E seus olhos são simplesmente lindos". Todd ficou impressionado com o fato de duas crianças de quatro anos mencionarem todas as cores do céu e os olhos maravilhosos de Jesus. Quando Colton viu a pintura d'*O Príncipe da Paz*, de Akiane, naquela noite no site da CNN, ele olhou para a tela e declarou: "Papai, essa está certa!"[201]

Depois de ler duas EQMs de adultos que descreviam os olhos azuis de Jesus, fiquei impressionado: por que você inventaria ter visto olhos azuis em um homem judeu? Talvez os olhos de Jesus *sejam* azuis. Uma mulher entrevistada por Rita Bennett disse: "Reconheci [esse Ser] como Jesus Cristo. (...) Olhei em seus olhos. Eles eram penetrantes, mas amorosos e tão claros *quanto* água *azul*. (...) Quando ele olhava para você, ele olhava diretamente através de você e para dentro de você. Você percebia imediatamente que ele sabia tudo o que havia para saber sobre você."[202]

Gary Wood reuniu tudo isso para mim: "Quando ele olhou para mim, seus olhos me perfuraram, atravessaram-me por inteiro. Era puro amor! Eu me derretia em sua presença. Os olhos [de Jesus] eram profundos, lindas piscinas de amor, e *eram azuis*. Desde então, fiquei sabendo que os judeus da tribo de Judá são conhecidos por terem olhos azuis."[203] Quando li isso, lembrei-me do comentário de Colton sobre a pintura de Akiane, que temos em um livro em nossa mesa de centro há anos. Eu nunca havia notado até agora, mas Akiane pintou Jesus com olhos azuis!

Jesus era da tribo de Judá, mas será que ele tem olhos azuis? Eu realmente não faço ideia. Talvez seus olhos possam mudar de "um fogo flamejante" de muitas cores para azul, mas, de qualquer forma, é fascinante que dois adultos que aparentemente não sabiam das EQMs de outras pessoas tenham feito a mesma observação que duas crianças de quatro anos!

UMA PESSOA DIVERTIDA

As pessoas não apenas descrevem a incrível glória e o amor palpável de Jesus, mas também o descrevem como uma pessoa divertida de se conviver. Algumas pessoas não conseguem imaginar Jesus como a pessoa mais alegre, empolgante, aventureira e divertida com quem conviver, porque nunca realmente contemplaram o que as Escrituras dizem. Você nunca encontrará um melhor amigo no universo! Jesus chocou seus seguidores mais próximos enquanto esteve na Terra porque, por mais ocupado e importante que fosse, reservava tempo para estar com as criancinhas. Jesus disse: "Deixem vir a mim as criancinhas e não as impeçam, pois o reino dos céus pertence aos que são como elas" (Mateus 19:14).

Há uma inocência e um espírito lúdico que são espremidos da maioria dos adultos, mas Jesus nos devolverá essa inocência e a modelará para nós no céu. Colton diz que se sentou no colo de Jesus e, quando voltou, continuou dizendo ao pai o quanto Jesus ama as criancinhas, repetidas vezes, presumivelmente certificando-se de que, como pastor, Todd lembrasse as pessoas de investir nas crianças. O filho do meu amigo médico disse que quando Jesus foi buscá-lo no hospital, ele estava correndo e brincando no campo com Jesus. Se Jesus inventou a brincadeira, a aventura, a diversão — por que ele não desfrutaria disso conosco, assim como gostamos de desfrutar da diversão de nossos próprios filhos?

Richard observou como Jesus, assim como Deus, também é onipresente. Ele pode comungar com o Pai, brincar com crianças pequenas, interagir com grupos de adultos e estar com você e comigo pessoalmente no céu — simultaneamente. "Quanto mais me aproximava do trono, mais tudo se tornava transparente. Tudo é absolutamente transparente, com a pureza mais próxima de Deus [como Akiane observou]. Vi Jesus caminhar até o trono e desaparecer no fogo envolvente que cerca o Ser no trono. Mais tarde, depois de sair da sala do trono, vi Jesus novamente de longe conversando com diferentes grupos de pessoas aqui e ali. Ele parece estar em toda parte. As crianças correm para ele o tempo todo, e ele ama todas elas."[204]

Uma das coisas que mais me impressiona é imaginar um ser mais poderoso do que o sol, mas que se sente como um amigo próximo! Jesus disse a seus discípulos enquanto estava na Terra: "Não os chamo mais de servos, porque o servo não sabe o que diz o seu senhor. Em vez disso, eu os chamo de amigos" (João 15:15). E João, o discípulo mais jovem, chamava a si mesmo de "aquele a quem Jesus amava" e, durante a Última Ceia, João estava recostado, reclinado no peito de Jesus como faria com um irmão mais velho (veja João 13:22-25).

Os pesquisadores Osis e Haraldsson relatam o caso de uma enfermeira cristã indiana que mencionou como se sentiu amigável e confortável na presença de Jesus. "Eu me senti subindo. Havia um lindo jardim cheio de flores. Eu estava sentada lá. De repente, senti uma luz radiante e Jesus Cristo veio até mim. Ele se sentou e conversou comigo. Havia luz por toda parte."[205]

Eben Alexander não parecia reconhecer Jesus (embora parecesse ter feito uma conexão com ele na igreja após sua EQM), mas afirmou o que as Escrituras dizem:

Um dos maiores erros que as pessoas cometem quando pensam em Deus é imaginar Deus como impessoal. Sim, Deus está por trás dos números, da perfeição do universo. (...) [Mas] Om também é "humano" — ainda mais humano do que você e eu. Om entende e simpatiza com nossa situação humana de forma mais profunda e pessoal do que podemos imaginar.[206]

As escrituras explicam o que Eben vivenciou:

> Portanto, visto que os filhos são pessoas de carne e sangue, ele também participou dessa condição humana (...). ele deveria ser semelhante aos seus irmãos em todos os aspectos, para se tornar sumo sacerdote misericordioso e fiel com relação a Deus e fazer expiação pelos pecados do povo. Porque, tendo em vista o que ele mesmo sofreu quando foi tentado, é capaz de socorrer aqueles que também estão sendo tentados. (...) Pois não temos um sumo sacerdote que não possa compadecer-se das nossas fraquezas, mas sim alguém que, como nós, passou por todo tipo de tentação, ainda que sem pecado. Assim, aproximemo-nos do trono da graça com toda a confiança, a fim de recebermos misericórdia e encontrarmos graça que nos ajude no momento da necessidade (Hebreus 2:14, 17-18; 4:15-16)

Conversa informal

Jesus entende você e eu mais do que podemos imaginar. De fato, as pessoas ficam chocadas ao perceber que ele não só conhece nossos idiomas, mas até mesmo nossos coloquialismos. Quando Samaa decidiu voltar, Jesus disse coloquialmente em sua língua nativa: "Ok, até breve". Khalida o encontrou falando com ela em árabe, em tom de conversa:

Ele não pregou para mim; estava apenas falando comigo como se fosse outra pessoa, mas com uma voz bonita e forte. (...) Foi-me revelado que ele era realmente o Filho de Deus e que havia morrido na cruz. (...) Eu também soube que ele é um Pai e que eu era sua filha e sua escolhida. Ele já sabia de toda a dor em minha vida e já estava satisfeito comigo. Eu sabia que tudo estava perdoado pelo sangue de Jesus. (...) Eu estava implorando para que ele não me deixasse ali. "Preciso de você", eu disse a ele, não querendo ficar sem ele novamente. Ele me disse em árabe: "Vou voltar para buscá-la.[207]

Durante a revisão da vida de Vicki, Jesus mostrou a ela uma cena em que, em um acesso de ciúme, Vicki havia arrancado os botões e toda a renda de um vestido elegante de outra colega de classe cega:

Vicki: Foi como se, você sabe, eu pudesse sentir de Jesus [sua] compreensão e compaixão sobre como eu me sentia daquela maneira e por que fiz aquilo. Mas, sabe, foi como se ele tivesse conversado comigo durante aquele período. Ele disse: "É, isso não foi muito legal".

Entrevistador: De verdade?

Vicki: O pensamento que me veio à mente que ele estava me dando foi: "É, isso não foi muito legal".

Entrevistador: Não está brincando comigo?

Vicki: Não. Foi exatamente isso que ele disse.[208]

Um com Deus

A intimidade do amor que Deus tem por nós é difícil de compreender. A única comparação vem por analogia — a conexão que sentimos com um melhor amigo, a união que desejamos com um cônjuge, nosso terno amor e carinho por nossos filhos — e, no entanto, há uma intimidade que buscamos uns com os outros que sempre nos escapa. Nunca podemos ser tão próximos, tão íntimos ou tão unos com outra pessoa como nossas almas desejam. Isso porque a unidade que desejamos só será encontrada quando estivermos unidos por Deus com Deus. Deus compara isso ao seu próprio casamento com todos nós juntos.

> "Chegou a hora do casamento do Cordeiro, e a sua noiva já se preparou. Para vestir-se, foi-lhe dado linho fino, brilhante e puro". Ora, o linho fino são os atos de justiça dos santos. O anjo me disse: "Escreva: 'Bem-aventurados os que são chamados para o banquete do casamento do Cordeiro!'" (Apocalipse 19:7-9).

Muitas pessoas que tiveram uma EQM falam sobre essa unidade que experimentam no céu. Não é de surpreender que mesmo aqueles que não acreditam tenham essa experiência, porque "nele vivemos, nos movemos e existimos" agora mesmo (Atos 17:28). "O Filho é o resplendor da glória de Deus e a representação exata de seu ser, sustentando *todas as coisas* por sua poderosa palavra" (Hebreus 1:3, itálico meu). A unidade de que se fala nas visões de mundo orientais provavelmente vem da verdade subjacente de que tudo *é* sustentado por ele e tem a intenção de ser unificado nele, mas também de permanecer distinto.

Talvez as EQMs vivenciem a realidade como ela é agora e deve ser para sempre. Isso só acontece por meio de uma unidade com Deus, pela qual Jesus orou na noite anterior à sua crucificação e, como sua oração indica, essa unidade definitiva ainda requer uma escolha:

> Minha oração não é apenas por eles. Peço também por aqueles que crerão em mim, por meio da mensagem deles, para que todos sejam um. Pai, como tu estás em mim e eu estou em ti,

que eles também estejam em nós, para que o mundo creia que tu me enviaste. (...) Eu neles, e tu em mim. Que sejam levados à plena unidade, para que o mundo saiba que tu me enviaste e os amaste assim como amaste a mim. Pai, quero que os que me deste estejam comigo onde eu estou e vejam a minha glória, a glória que me deste porque me amaste antes da criação do mundo (João 17:20-24).

Ouça o êxtase que as EQMs descrevem ao saborear essa unidade que Deus planejou:

> Uma das coisas mais fascinantes que experimentei foi o fato de estar conectado a tudo ao mesmo tempo. Por causa disso, passei a entender rapidamente a vida no céu. É como a eletricidade que conecta a energia para fazer funcionar qualquer coisa que precise de energia elétrica aqui. É como o nosso sistema de computador que está conectado à Internet, que nos conecta a todos os computadores do mundo. Deus conecta cada uma de suas criações.[209]

Samaa descreveu o significado de unidade e intimidade: "Estar com ele no céu, no entanto, fez com que eu me tornasse um com ele de uma forma que eu nunca poderia ter imaginado. Eu pensava o que ele pensava, sonhava o que ele sonhava, sentia o que ele sentia."[210] O Dr. Eby descreve uma intimidade que é difícil de transmitir:

> Isso será difícil para as pessoas na Terra entenderem, mas eu estava instantaneamente no Messias, nele. (...) Eu sabia que eu era eu, mas estava no Messias. (...) Seu amor está em uma dimensão diferente da nossa ideia de amor. Não há dúvida de seu amor. (...) Estamos nele e ele está em nós (ver Gálatas 2:22). No entanto, não perdemos nossa identidade.[211]

E se tivéssemos sido criados para uma intimidade, uma unidade, com Deus e uns com os outros, além de todas as nossas intimidades humanas finitas? Imagine isso se você puder. "O anjo me disse: Escreva: 'Bem-aventurados os que são chamados para o banquete do casamento do Cordeiro!'" (Apocalipse 19:9). Será a maior festa já realizada no universo quando todos os que amam a Deus estiverem unidos a ele para sempre.

Isaías descreve essa festa:

> Neste monte o Senhor dos Exércitos preparará
> um farto banquete para todos os povos,
> um banquete de vinho envelhecido,
> com carnes suculentas e o melhor vinho.
> Neste monte ele destruirá o
> véu que envolve todos os povos,
> a cortina que cobre todas as nações.
> Ele tragará a morte para sempre.
> O Soberano Senhor enxugará as lágrimas
> de todo rosto
> e retirará de toda a terra a zombaria do seu povo
> (Isaías 25:6-8).

Imagine a alegria e o êxtase de estar unido ao "Destaque do céu". Aos cinco anos de idade, Mary Olivia não queria deixar aquele que ela chamava de "O HOMEM" no céu.

> [Seu amor] era tão caloroso, acolhedor, compreensivo, eu estava com alguém que simplesmente sabia, que conhecia você por dentro e por fora, e de fora para dentro. É como se fosse o mais próximo que você poderia estar de ser um com alguém. Era um sentimento de unidade. Não tenho palavras![212]

Imagine uma intimidade e unidade que supere todas as outras intimidades relacionais, una todas as pessoas e elimine todo o luto, choro e dor de nosso passado. Está chegando.

Mas então, por que não tirá-la agora? Por que Mary Olivia teve que voltar e enfrentar as dificuldades de ser uma mãe solteira com três filhos e depois ter que lutar contra uma doença terminal aparentemente sem esperança? Por que Deus permite todo o nosso luto, choro e dor atuais? Há um motivo, e é isso que exploraremos a seguir!

Capítulo 14

Não mais luto, choro ou dor

Antes de sua EQM, o conceito de Deus como um Pai amoroso não fazia sentido para Crystal. Por que ele não a protegeu aos três anos de idade, quando o abuso sexual começou? Por que ele permitiu que outros homens abusassem dela continuamente se ele a amava? Por que ele permitiria toda a dor, o sofrimento e o caos causados pela partida de seu pai, por um padrasto abusivo e por uma mãe festeira que a deixava com companhias questionáveis? Aos nove anos de idade, as dúvidas sobre o amor ou a existência de Deus eram muito fortes, mas algo sobre Jesus parecia diferente para a jovem Crystal.

> Tudo o que eu ouvia sobre Jesus o tornava cada vez mais atraente para mim. Por um lado, ele era humano. (...) Além disso, ele morreu em uma cruz por nossos pecados — ele morreu tentando me salvar. Depois de um tempo, senti que amava Jesus e queria me aproximar dele. Então, quando eu tinha nove anos de idade, disse à minha mãe que queria ser batizado. (...) Lembro-me de pensar: "É isso que eu quero, quero ficar limpa. (...) E, com certeza, eu me senti limpa. Senti como se minha alma tivesse sido lavada. Até hoje, lembro-me dessa sensação [após o batismo] e de como foi mágico.

Mas, infelizmente, o sentimento não durou muito porque o abuso continuou. "Presumi que a salvação significava ser salva de todas as coisas ruins que estavam acontecendo comigo; não percebi que significava que Jesus estava salvando minha alma." Quando Crystal entrou na adolescência, toda aquela vergonha, mágoa e raiva pareciam ser sua identidade. Quando sua mãe reatou com seu padrasto abusivo, ela agiu de acordo com as mentiras dessa identidade.

> Se minha mãe não se importava o suficiente comigo para me escolher em vez de um ex-marido violento, então eu certamente também não me importaria comigo. O sentimento de ódio a mim mesma que se infiltrava em minha alma estava tomando conta de mim. Eu me culpava por todas as coisas ruins que haviam acontecido. (...) Comecei a acreditar que não tinha valor e decidi que, se eu não valia nada, agiria dessa forma.

Aos dezesseis anos, ela se envolveu com um homem de 22 anos e começou a frequentar festas. Ela e sua mãe brigavam constantemente, até que finalmente sua mãe a expulsou de casa. Crystal morou em seu carro por meses, e então seu pai a resgatou. Mais tarde naquele ano, ela tentou se matar, sem sucesso. Ela engravidou aos dezessete anos. Teve o bebê. Dois anos depois, engravidou novamente e, dessa vez, fez um aborto. Ela se sentia imperdoável. Teve casos com homens casados e desfez casamentos. Casou-se com um homem que tinha um passado pior do que o dela. Tiveram dois filhos, mas depois se divorciaram quando a embriaguez constante e o abuso de drogas o tornaram abusivo.

Vários anos depois, um rapaz com quem Crystal estava saindo veio levar JP, seu filho de seis anos, para dar uma volta de moto. Crystal disse que não, mas quando ela entrou para ver outra criança, ele levou JP para passear de moto mesmo assim. Ele bateu em um caminhão e quase matou o filho dela. JP sobreviveu ao ser arremessado da motocicleta e ficar preso na roda de um caminhão, mas não sem danos no tronco cerebral que exigiram quatro meses de terapia hospitalar. Como se isso não bastasse, aos 33 anos de idade, Crystal foi para o hospital com pancreatite. Devido a complicações, ela morreu por nove minutos e foi parar no céu.

> Percebi instantaneamente dois seres à minha frente e à minha esquerda, e soube imediatamente quem eram: anjos. Mas não eram anjos quaisquer — eram os meus anjos. Eu os reconheci imediatamente. Havia tanto brilho saindo deles que não consegui distinguir nenhuma característica. Mas eles não eram bolhas disformes; definitivamente tinham uma forma, que era mais ou menos a de um corpo humano: longa e esguia. O ser da direita parecia um pouco maior do que o da esquerda. (...)
>
> Um grande e arrebatador amor por meus anjos me invadiu. Era como se eles fossem os melhores amigos que eu poderia ter, (...) como se tivessem estado ao meu lado em cada lágrima que chorei, em cada decisão que tomei, em cada dia em que me senti solitária. (...) Entendi por que eles estavam lá — para me receber na minha chegada e me guiar de volta para casa. (...) Tudo o que éramos, tudo o que importava, estava passando livremente entre meus anjos e eu. (...) Não havia espaço para segredos, vergonha, mal-entendidos ou qualquer coisa negativa. Havia apenas uma sensação maravilhosa, bela e nutritiva de conhecimento. (...)
>
> Eu também estava ciente de um ser à minha direita e, instantaneamente, soube quem ele era. E o que me dominou foi um desejo profundo e infinito de louvar e adorar esse ser, pois soube imediatamente que estava na presença de Deus. Sempre me referi a Deus como "ele", e acho que sempre me referirei a

ele. Mas o ser à minha direita não era um ele ou uma ela; era apenas Deus. Tampouco fiz qualquer distinção entre Deus, Jesus e o Espírito Santo, como às vezes fazemos na Terra. Eles eram todos Um — o Um diante de mim agora. Não havia nenhuma forma distinta, certamente nenhum rosto ou corpo, apenas uma profusão ofuscante de brilho. Eu não estava exatamente encontrando Deus, mas o reconhecendo. Eu já o conhecia, e ele me conhecia. Passei minha vida duvidando de sua existência e descrendo de seu amor por mim, mas naquele instante eu soube que Deus sempre, sempre esteve lá — bem ali comigo. (...)

Havia outra sensação — a sensação de que eu não estava apenas ciente de Deus; eu o estava sentindo. Seu brilho não era simplesmente algo que eu podia observar; era algo que dominava todos os sentidos que eu tinha. No céu, não temos apenas cinco sentidos; temos uma tonelada de sentidos. (...)

Foi isso que experimentei na presença de Deus — uma nova e bela maneira de receber e enviar amor. Eu estava completamente imbuído do brilho de Deus e de seu amor, e queria entrar em seu brilho e me entrelaçar completamente com ele. Eu sentia uma proximidade milagrosa com Deus, mas queria me sentir ainda mais próximo. Este era o Criador do universo, e eu estava em Sua presença! O puro êxtase disso! A beleza, a alegria e a graça, a maneira como meu espírito se elevou e meu coração explodiu — como eu gostaria de ter palavras para expressar o quanto isso foi milagroso. Foi a bênção de todas as bênçãos. (...)

No mesmo instante em que vi, conheci e reconheci Deus, imediatamente confessei que ele era meu Senhor e o adorei com todas as minhas forças. A Bíblia tem uma passagem que diz: "toda língua confessará e todo joelho se dobrará", e deixe-me dizer a você que foi assim. Uma rendição completa à sua grandeza e um desejo irresistível de louvá-lo e adorá-lo. Na Terra, houve momentos durante a adoração na igreja em que meus pés doíam ou meus filhos estavam agitados, e eu pensava: "*Estamos quase terminando?* Mas isso era diferente, muito diferente. Com cada fibra de minha existência, eu queria louvar e adorar a Deus, e isso era tudo o que eu queria fazer. E eu queria fazer isso para sempre. (...)

O que motivou meu louvor foi a intensidade e a imensidão do meu amor por Deus. Simplesmente não há outro amor remotamente parecido com esse. Quando estava em sua presença, eu tinha a sensação de amá-lo muito, muito mais do que jamais imaginei ser possível. (...)

E você sabe, lá na Terra, eu tinha muitas perguntas para Deus. "Se algum dia eu o encontrar", eu dizia, "vou perguntar a ele como pôde permitir que alguém me molestasse quando eu era criança. Como ele pôde tolerar a brutalidade contra crianças, o sofrimento de pessoas famintas ou a crueldade contra os fracos?" (...) Em Sua presença, compreendi perfeitamente que, em todos os aspectos, o plano de Deus é perfeito. Perfeição absoluta e absoluta. Isso significa que agora posso explicar como uma criança que está sendo assassinada se encaixa no plano de Deus? Não. Eu entendi isso no céu, mas não devemos ter esse tipo de entendimento aqui na Terra. Tudo o que posso lhe dizer é que sei que o plano de Deus é perfeito. Em seu esplendor, tudo faz perfeito, perfeito sentido.

Dessa forma, todas as perguntas que eu tinha para Deus foram respondidas sem que eu precisasse fazê-las. E, no entanto, estando em sua gloriosa presença, repleto de sua infinita sabedoria, ainda havia uma pergunta que eu me sentia compelido a fazer. (...) Mas, na verdade, não era uma pergunta para Deus. Era uma pergunta para mim mesmo. (...) "Por que não fiz mais pelo Senhor? Por que não realizei mais em seu nome? Por que não falei mais sobre o Senhor? Por que não fiz o que o Senhor me pediu para fazer?"

> Não é que eu tenha me arrependido — arrependimento é uma emoção negativa, e não há nada negativo no céu —, mas é que eu amava Deus tão imensamente que senti que Ele merecia muito mais de mim.²¹³

DEUS SOFRE

Deus sofre conosco! Essa simples declaração pode mudar profundamente a forma como você vê o sofrimento. Embora Deus tenha um plano que um dia fará todo o sentido quando "conhecermos plenamente, assim como somos plenamente conhecidos" (1 Coríntios 13:12), isso não faz com que nos sintamos melhor agora. No entanto, Deus não fica indiferente quando este mundo cruel e maligno nos apunhala com dor. Davi disse: "Registra, tu mesmo, o meu lamento; recolhe as minhas lágrimas no teu odre; acaso não estão elas anotadas no teu livro?" (Salmo 56:8). Deus mantém registros porque todas as nossas perdas e sofrimentos um dia serão restaurados no céu.

Jó passou por um sofrimento terrível, perdeu tudo, todos os seus dez filhos foram mortos. Ele tinha todos os tipos de perguntas que queria fazer a Deus, mas quando viu Deus, também não teve perguntas. Como Crystal, ver Deus de alguma forma responde a tudo. Mas Deus disse que devolveria em dobro tudo o que Jó perdeu. Como Steve Stroope apontou, Jó recebeu o dobro de ovelhas, gado e bens, mas só teve mais dez filhos. No céu, porém, ele terá vinte! Nada é perdido quando o céu é o seu destino.²¹⁴

Quando sofremos, Deus sofre conosco. "Em todo o sofrimento deles, ele também sofreu, e os resgatou pessoalmente. Em seu amor e misericórdia, ele os redimiu" (Isaías 63:9). Paulo estava perseguindo os cristãos, mas Jesus lhe perguntou: "Por que você está me perseguindo?"

Jesus sente a nossa dor. Ele nos diz que, no último dia, Deus dirá: "Pois eu tive fome, e vocês me deram de comer; tive sede, e vocês me deram de beber; fui estrangeiro, e vocês me acolheram". *Quando?* eles perguntarão. "tudo o que vocês fizeram a algum desses meus pequenos irmãos, a mim o fizeram" (Mateus 25:35, 40). Deus entra em nosso sofrimento conosco de uma forma muito pessoal e, embora permita isso por um tempo, ele o faz com um propósito.

Nunca vou me esquecer daquele guincho horrível e agudo. Eu estava sentado no sofá e vi de relance. Minha filha de cinco anos estava passando por uma porta nos ombros da minha esposa, agarrou o batente e caiu para trás, de cabeça no azulejo. Foi muito doloroso ouvi-la sentindo dor enquanto eu corria e a segurava. No hospital, tiveram de injetar contraste em suas veias para fazer uma tomografia computadorizada. Ela sofreu muito e eu sofri com ela. Mas nunca esquecerei a sensação que tive quando disseram que precisariam injetar novamente.

Os médicos temiam que ela estivesse sangrando sob o crânio e nos disseram que, se a pressão aumentasse, poderia matar a nossa menina. Minha filha lutou e gritou para que não a machucassem novamente com a agulha para injetar o corante. O médico olhou para mim e disse: "Pai, você tem que segurá-la". Enquanto eu a segurava, Ashley olhou em meus olhos, chorando e implorando: "Papai, não deixe que eles me machuquem. Não, pare com eles, papai. Por que está fazendo isso comigo, papai? Eles estão me machucando". Ela estava chorando, eu estava chorando, e me matou olhar em seus olhos suplicantes, sabendo que eu *poderia* parar os médicos, mas para sua segurança a longo prazo, ela tinha que passar por isso. Se eu não permitisse esse sofrimento temporário, isso poderia significar algo muito pior! Mas eu também sofri.

Talvez seja assim que Deus sofra conosco. Ele sabe que isso é necessário por um tempo, porque conhece perigos maiores, mas isso não significa que seja fácil para ele. A única maneira de permitir isso é que ele já sabe e, ao mesmo tempo, experimenta a alegria do dia em que a removerá para sempre.

> Ouvi uma alta voz que vinha do trono e dizia: "Eis que o tabernáculo de Deus está com os homens, com os quais ele viverá. Eles serão os seus povos; o próprio Deus estará com eles e será o Deus deles. Ele enxugará dos seus olhos toda lágrima. Não haverá mais morte, nem aflição, nem choro, nem dor, pois as coisas antigas já passaram". Aquele que estava assentado no trono disse: "Vejam, eu farei novas todas as coisas!" (Apocalipse 21:3-5).

Deus entra em nosso sofrimento para nos conduzir ao outro lado dele.

MARCAS

Ainda brincando com bonecos de ação no chão, Colton Burpo mostrou a seu pai um cavalo de plástico. Ele perguntou a seu pai se ele sabia que Jesus tinha um cavalo. Depois de responder a algumas perguntas feitas por Todd, Colton fez um comentário curioso: "Jesus tem marcas".

Todd perguntou se, com marcas, ele estava se referindo ao tipo de marcador que Colton usava para colorir. Colton disse: "Sim, como cores. Ele tinha cores nele". Quando lhe perguntaram de que cor, ele respondeu: "Vermelho, papai. Jesus tem marcas vermelhas nele".

Todd sentiu-se dominado pela emoção quando, de repente, não entendeu o que Colton estava tentando dizer. Ele perguntou a Colton onde estavam as marcas de Jesus. Colton se levantou, apontou para as duas mãos e depois para a parte superior dos pés. "É onde estão as marcas de Jesus, papai."[215]

Jesus veio como o Servo Sofredor de Deus (Isaías 53) para vencer o mal, a dor, o sofrimento e a morte, uma pessoa disposta de cada vez, e ele ainda tem as "marcas" para provar isso. Quando os discípulos de Jesus o viram após a ressurreição, Tomé não estava presente. Cheio de dúvidas, Tomé disse: "Não acreditarei se não enfiar minhas mãos nos buracos dos pregos". Na semana seguinte, Jesus apareceu e "Jesus disse a Tomé: 'Coloque o seu dedo aqui; veja as minhas mãos. Estenda a sua mão e coloque-a no meu lado. Pare de duvidar e creia'. Tomé lhe disse: 'Senhor meu e Deus meu!' Então, Jesus lhe disse: 'Porque me viu, você creu? Bem-aventurados os que não viram e creram'" (João 20:27-29). Aparentemente, as "marcas" de Jesus permanecem como um lembrete permanente de que ele nos amou o suficiente para entrar em nosso sofrimento e redimi-lo.

Quando Gary estava diante de Jesus durante sua EQM, ele notou "onde pregos haviam sido cravados em Suas mãos, não nas palmas como algumas pinturas retratam, mas nos pulsos".[216] Provavelmente onde a palma e o pulso se encontram para suportar o peso. É difícil compreender a crueldade da humanidade e ainda mais difícil imaginar como Jesus pôde dizer, enquanto cravavam os pregos em Sua carne e tendões: "Pai, perdoa-lhes, porque não sabem o que fazem" (Lucas 23:34).

Richard, um judeu que acreditava em Jesus, morreu em um acidente de carro e afirmou ter visto luz saindo dos buracos dos pregos: "[Jesus] estendeu as mãos diante de mim e vi as cicatrizes dos pregos. As feridas estavam abertas, brilhando com uma linda luz."[217]

Davi previu o que Jesus sofreria, descrevendo uma visão da crucificação do Messias mil anos antes (talvez seja antes mesmo de a crucificação ser inventada).

> Como água me derramei, e todos os meus ossos estão desconjuntados. O meu coração se tornou como cera; derreteu-se no meu íntimo. O meu vigor secou-se como um caco de barro, e a minha língua gruda no céu da boca; deixaste-me no pó, à beira da morte. Cães me rodearam! Um bando de homens maus me cercou! (...) Todos os confins da terra se lembrarão e se voltarão para o Senhor, e todas as famílias das nações se prostrarão diante dele (Salmo 22:14-16, 27, destaque do autor).

É assim que Deus abençoaria todas as nações, assim como prometeu a Abraão; ele se tornaria o Servo Sofredor que, como um mestre de judô, recebe o soco mais forte que o mal pode dar e o transforma no maior bem. Jesus usa orgulhosamente suas cicatrizes de amor no céu por uma razão — *precisamos nos lembrar!*

POR QUE SOFRER?

Mas por que sofrer? Se ele é Deus, por que não criar um mundo que não tenha luto, choro, dor e sofrimento? Passei a acreditar que este mundo e seu sofrimento *são* necessários. Para cumprir a meta de Deus para a humanidade — amar a Deus e amar uns aos outros como sua família para sempre — precisamos começar pelo conhecimento do bem *e* do *mal* (ver Gênesis 2:16-17). Por quê? Porque o amor deve ser livre. A liberdade de escolher ou rejeitar a liderança de Deus é necessária para o amor.

Imagine se um homem rico e poderoso se apaixonasse por uma bela mulher e desejasse que ela se apaixonasse por ele. Ele poderia enchê-la de bons presentes, e ela poderia decidir que quer mais dos presentes que ele pode oferecer, mas isso significaria que ela o ama pelo que ele é? Não! Talvez o prestígio e o poder dele lhe deem acesso aos melhores luxos que a façam querer estar com ele, mas isso significa que ela o ama por quem ele é? Não! E se nenhuma quantidade de bons presentes ou reputação pudesse conquistar seu coração, e ele ficasse tão desesperado que a sequestrasse e apontasse uma arma para sua cabeça, tentando forçá-la a amá-lo. O amor pode ser forçado? Não! O amor não pode ser comprado, coagido ou forçado. Ele deve ser escolhido livremente.

O amor que não é livre para escolher não é amor de forma alguma. Para criar uma família eternamente amorosa, Deus decidiu criar criaturas que podem escolher livremente rejeitá-lo e frustrar seu amor. Suas boas dádivas, seu prestígio e seu poder não podem forçar nosso amor. Precisamos ser livres para escolher. É um negócio arriscado, pois as criaturas de livre-arbítrio que se afastam de Deus e frustram seu amor ferem umas às outras. E quando somos feridos, geralmente culpamos Deus e nos afastamos daquele que pode nos curar. Então, pessoas feridas ferem outras pessoas, e o mal se propaga de pessoa para pessoa, todos nós nos sentindo justificados.

Bifurcação na estrada

Eu tinha dezesseis anos e estava no chão do meu quarto em terrível agonia. Se Deus realmente existia e me amava, por que havia deixado meu pai morrer? No andar de baixo, eu podia ouvir a reunião pós--funeral, mas não podia estar com eles. Eu tinha acabado de perder meu pai, minha rocha, meu melhor amigo — eu precisava pensar. Parecia que eu tinha chegado a uma bifurcação na estrada e essa escolha parecia pesada. Parte de mim queria amaldiçoar Deus e viver a vida como quisesse — afinal, se ele não se importava comigo, por que eu deveria me importar com ele? Mas, em seguida, outro pensamento me fez superar a dor: "Se Deus não existe, não há esperança de que algo de bom possa resultar dessa dor — a vida é uma droga, então você morre! Se eu confiar no que as Escrituras dizem, que Deus me ama, talvez um dia ele conserte tudo".

Minha escolha naquele dia foi fundamental em minha vida. Deus nunca tirou a dor, mas enquanto eu clamava a ele com confiança do chão do meu quarto, senti uma paz e tive um novo pensamento: *Muito bem, agora você terá de ser meu pai.* Anos depois, li: "Pai para os órfãos (...) é Deus na sua santa morada" (Salmo 68:5). Agora sei quem colocou esse pensamento em minha cabeça.

Jesus disse aos seus seguidores na noite anterior à sua crucificação: "Eu lhes disse essas coisas para que em mim vocês tenham paz. Neste mundo vocês *terão problemas*. Mas tenham coragem! Eu venci o mundo" (João 16:33, destaque do autor). Deus nunca nos promete uma vida sem dor e sem problemas. Vivemos em um mundo em que a maioria de nós busca "nossa vontade e nossos caminhos" mais do que "a vontade e os caminhos de Deus". Quando escolhemos seguir nosso próprio caminho, criamos ondas de dor, mágoa e sofrimento que reverberam por toda a humanidade e ao longo das gerações. Grande parte do sofrimento humano é causado pelas próprias escolhas da humanidade. Mas podemos vencer o mal por meio dele, e ele promete que algo bom virá de nossos sofrimentos no final. Durante sua EQM, o Dr. Alexander sentiu que entendia a razão pela qual o sofrimento e o mal existem:

> O mal era necessário porque, sem ele, o livre-arbítrio era impossível e, sem o livre-arbítrio, não poderia haver crescimento — nenhum movimento para frente, nenhuma chance de nos tornarmos o que Deus desejava que sejamos. (...) O fato de que o mal poderia ocasionalmente levar a melhor era conhecido e permitido pelo Criador como uma consequência necessária de conceder o dom do livre-arbítrio a seres como nós. (...) Mas o livre-arbítrio tem o custo de uma perda ou afastamento de [seu] amor e aceitação.[218]

DORES DO PARTO

Deus promete vencer o mal um coração disposto de cada vez. E quando nos voltarmos para ele, ele até mesmo fará algo bom com todo o nosso sofrimento:

> Considero, pois, que os sofrimentos do tempo presente não podem ser comparados com a glória que em nós será revelada. A criação aguarda, com grande expectativa, que os filhos de Deus sejam revelados. Pois a criação foi submetida à inutilidade, não pela sua própria escolha, mas por causa da vontade daquele que a sujeitou, na esperança de que a própria criação será liberta da escravidão que conduz à decadência, para receber a mesma gloriosa liberdade dos filhos de Deus. Pois sabemos que toda a criação geme em conjunto como se sofresse dores de parto até agora. (...) Sabemos que todas as coisas contribuem juntamente para o bem de todos aqueles que amam a Deus, dos que foram chamados de acordo com o seu propósito. (Romanos 8:18-22, 28)

Toda a vida é um canal de nascimento para a vida eterna. Um dia, toda a criação ganhará vida com a vida de Deus — é o que as EQMs percebem. Mas, por enquanto, a Terra está misturada com o conhecimento do bem — as boas dádivas de Deus que nos atraem a Ele — e com a dor, a morte e a decadência do conhecimento do mal, que nos alertam constantemente de que algo está errado. Deus não quer que pensemos que estamos bem sem ele e percamos todo o propósito de nossa existência — que é escolher Deus para vivermos com ele para sempre. E quando fazemos essa escolha, ele quer que cresçamos em fidelidade para que possa nos confiar recompensas e responsabilidades eternas.

O professor Howard Storm se lembra que durante sua EQM,

> Em minha conversa com Jesus e os anjos, eles me disseram (...) [que] Deus sabe tudo o que vai acontecer e, mais importante, Deus sabe tudo o que poderia acontecer. De um momento para o outro, Deus está ciente de todas as variáveis possíveis de cada evento e de cada resultado. Deus não controla nem dita o resultado de cada evento, o que seria uma violação da criação de Deus. (...) Toda criatura viva tem sua própria vontade que deve ser expressa. (...) O resultado sempre servirá ao propósito final de Deus, não importa quanto tempo passe ou quanto pareça impossível para nós.[219]

É por isso que Jesus nos ensinou a orar: "Seja feita a tua vontade [Pai], assim na terra como no céu" (Mateus 6:10). A vontade *individual* de Deus para nós *nem sempre é* feita na Terra, ou Ele não nos faria orar por ela. Mas a vontade *final* de Deus pode ser realizada, quer escolhamos sua vontade individual ou não.

Mas por que Deus permanece tão oculto? Parece que se pudéssemos ver Deus, então poderíamos escolher melhor Deus. Mas mesmo ver Deus não elimina nossa necessidade de caminhar com fé.

O Capitão Black reflete como foi confuso perceber isso: "Eu tinha visto claramente o céu e tinha mudado tanto com a experiência, por que eu falhava repetidamente em ser o homem que eu realmente queria ser? Por que muitas vezes eu não conseguia ser um reflexo do que tinha visto, ouvido e aprendido? Acho que ver o céu não mudou o fato de eu ser humano."[220]

A vida tem tudo a ver com aprender a amar a Deus e confiar nele enquanto não podemos vê-lo, porque assim escolheremos para sempre amá-lo e segui-lo por toda a eternidade quando pudermos vê-lo. É por isso que não o vemos face a face agora. Mas por que não criar criaturas de livre-arbítrio que o vejam?

Ele fez isso! Entender a história deles ajuda a entender a nossa.

Capítulo 15

Anjos

Jennifer, de 11 anos, sofreu um grave acidente de carro e deixou seu corpo. Ela viu seu "corpo mole e sem vida" lá embaixo. A voz de um ser espiritual lhe disse que ela precisava ajudar o motorista inconsciente. "O nariz dele foi arrancado do rosto; você precisará voltar e ajudá-lo; ele está sangrando até a morte."

Jennifer disse: "Não, deixe que outra pessoa faça isso. Ele ficará bem sem minha ajuda. Não quero voltar lá embaixo. Não!"

A voz disse: "Eu vou lhe dizer o que fazer. Tire a camisa dele depois de tirar o nariz dele do assoalho do carro. Ele estará próximo aos seus pés e ao pé direito dele. Coloque o nariz dele sobre o rosto dele, pressionando para estancar o sangramento. É apenas sangue, portanto, não tenha medo. Então, Jennifer, você começará a levá-lo para o lado direito da estrada e um carro chegará. Diga ao homem para levá-lo ao hospital mais próximo".

Quando Jennifer voltou ao seu corpo, tudo aconteceu como a voz disse. Um carro parou. Jennifer conseguiu acalmar tanto o motorista ansioso quanto o homem que perdeu o nariz enquanto dirigiam para o hospital. E houve um final feliz: um enxerto de pele foi usado para recolocar o nariz sem deixar quase nenhum arranhão para ser notado. O atônito médico do pronto-socorro disse: "Não consigo explicar o tipo de milagre que acabei de testemunhar neste pronto-socorro hoje."[221]

Sabemos quando o mal, a dor ou o sofrimento nos machucam, mas não sabemos com que frequência Deus orquestra seus anjos para cuidar de nós. Os anjos são servos de Deus enviados para ajudar as pessoas. Eles são seres reais ou apenas mitológicos? Bem, imagine a criatividade ilimitada de Deus. Parece não ter fim — bilhões de estrelas agrupadas em bilhões de galáxias e, em apenas um planeta orbitando uma estrela, ele criou mais de sete milhões de espécies de criaturas (segundo a melhor estimativa dos cientistas — nós catalogamos apenas 1,2 milhão). Deus também criou criaturas espirituais que não vivem confinadas ao tempo e ao espaço como nós — uma espécie que chamamos de anjos. *Anjo* significa literalmente "mensageiro". Os anjos são mencionados 196 vezes nas Escrituras. Os seres humanos não se tornam anjos — o que significa que não passamos por uma mudança de espécie — mas podemos ser mensageiros.

Como você já deve ter notado, as pessoas que passam por EQMs frequentemente relatam ter visto anjos. Marv Besteman observou:

> Meus anjos pareciam caras normais, só que caras normais geralmente não usam vestes brancas. Ambos aparentavam ter quarenta e poucos anos e tinham entre 1,70m e 1,80m. Um deles tinha cabelos castanhos compridos e o outro tinha cabelos mais curtos (...) nenhum deles tinha asas [embora mais tarde ele tenha visto criaturas com asas].[222]

Eles podem se parecer muito com seres humanos ou podem brilhar com uma luz radiante, menos brilhante do que o brilho de Deus, mas ainda assim bastante impressionante. A maioria não tem asas, embora algumas criaturas tenham (Ezequiel 1).

Dale Black relatou que os anjos vinham em pares. "Eu me movia sem esforço pela estrada, escoltado por meus dois guias angelicais."[223] Marv e outros EQMs notaram o mesmo: "Ao meu lado estavam dois anjos que sempre me acompanhavam."[224] Depois de notar essa tendência, lembrei-me da declaração de Jesus: "Vede que não desprezeis um destes pequeninos. Pois eu lhes digo que os anjos deles nos céus sempre veem a face de meu Pai que está nos céus" (Mateus 18:10).

O que são os anjos e o que eles fazem? Com o aumento do interesse pelos anjos, surgem muitas opiniões diferentes. Gostaria de mostrar a você o que as Escrituras dizem e como nosso mundo de sofrimento pode estar ligado à história deles no céu. "Porventura não são todos os anjos espíritos ministradores, enviados para servir aos que hão de herdar a salvação?" (Hebreus 1:14). As Escrituras ensinam que os anjos são criaturas espirituais que vivem no reino de Deus, mas podem interagir com a Terra para servir às pessoas e cumprir a vontade de Deus. Mesmo no céu, Deus realiza sua vontade por meio da cooperação do livre-arbítrio dos anjos. Alguns são anjos da guarda designados a indivíduos, alguns são designados a igrejas (Apocalipse 2), alguns são responsáveis por cidades ou nações (Daniel 12:1). E alguns foram expulsos do céu.

ANJOS CAÍDOS

Nem todo ser espiritual é benevolente. Jeffrey Burton Russell, professor emérito de história da Universidade da Califórnia, em Santa Bárbara, é um dos principais historiadores sobre o tema do mal. Ele afirma que "o problema do mal existe em todas as visões de mundo, exceto no relativismo radical".[225] Russell ressalta que, embora as pessoas modernas tendam a acreditar cada vez menos em uma força maligna sobrenatural, a experiência prática do mal não diminuiu, mas talvez até tenha aumentado em nossa sociedade.

Os profetas hebreus do Antigo Testamento ensinaram que há seres espirituais invisíveis atuando no mundo. A palavra hebraica que é traduzida como Satanás significa "adversário, acusador". Diabo, *diabolos*, significa "aquele que divide". No Novo Testamento, Jesus confrontou as forças demoníacas, e Russell observa como a maioria das culturas atestou a existência de forças espirituais demoníacas em ação ao longo da história.

É aqui que as pessoas evocam todos os tipos de imagens tolas de demônios em trajes vermelhos com caudas e forcados. O que as Escrituras ensinam não é nada parecido com as caracterizações que temos visto, mas o mal adoraria que ríssemos disso. Afinal de contas, o melhor terrorista é aquele que você não conhece. Russell, como historiador, diz: "A sugestão de que a crença de Jesus no diabo era meramente parte de uma visão de mundo primitiva apresenta sérias dificuldades. A noção de que o primeiro século foi uma era inculta [não tão iluminada quanto nós] (...) é mero cronocentrismo — etnocentrismo deslocado para o tempo."[226]

Howard Storm, ex-ateu e professor universitário, experimentou mensageiros malignos e anjos benevolentes em primeira mão. Isso o transformou. Ele diz,

> Os anjos podem se mover no tempo e no espaço tão facilmente quanto o pensamento. As leis da natureza física não prendem os anjos. Os anjos estão cientes e nos protegem de forças que não conhecemos ou que não somos capazes de imaginar. Nossos anjos estão sempre vigilantes para nos proteger do mal que se origina de outras dimensões de universos desconhecidos.

Não precisamos nos preocupar com isso. Devemos apenas ficar felizes por eles estarem nos mantendo seguros. Existem seres sobrenaturais que buscam o caos. Eles não têm poder sobre nós, exceto o poder que damos a eles. Eles são conhecidos como demônios, o diabo ou espíritos malignos.[227]

Os anjos foram criados para amar e servir a Deus. E eles foram criados com livre arbítrio — antes dos humanos. Alguns dos anjos seguiram o mais belo e poderoso anjo criado, Lúcifer — que significa "portador da luz". Lúcifer foi criado bom. Ele não é o oposto igual de Deus, nem a única fonte do mal. Criado por Deus com livre arbítrio, a queda de Lúcifer foi seu orgulho. Deus diz por meio do profeta Ezequiel: "Você foi ungido como querubim da guarda, pois assim eu o ordenei. Você estava no monte santo de Deus. (...) Você era irrepreensível em seus caminhos, desde o dia em que foi criado até que se achou maldade em você. (...) O teu coração se ensoberbeceu por causa da tua formosura, e corrompeste a tua sabedoria por causa do teu esplendor. Por isso, eu o lancei na terra" (Ezequiel 28:14-17). Quando Lúcifer caiu, ele persuadiu um terço dos anjos do céu a segui-lo (Apocalipse 12:3-7). Ele queria ser Deus e, como indica Ezequiel 28, a mentira mais poderosa de seus anjos malignos é nos persuadir a brincar de deus em nosso pequeno universo (seja feita a minha vontade) em vez de permitir que Deus seja Deus (seja feita a vontade de Deus).

Mentirosos enganadores

Jesus nos diz: "Se vocês se apegarem aos meus ensinamentos, serão realmente meus [seguidores]. Então conhecerão a verdade, e a verdade os libertará" (João 8:31-32). Mas alguns dos líderes religiosos que mais tarde crucificariam Jesus disseram: "Nós já somos livres. Somos filhos de Deus". Jesus respondeu: "Vocês são filhos do seu pai, o diabo, e gostam de fazer as coisas más que ele faz. Ele foi um assassino desde o princípio. Ele sempre odiou a verdade, (...) não há verdade nele. (...) Pois ele é mentiroso e pai da mentira" (João 8:44).

Os anjos caídos são mentirosos e enganadores. Afastados da luz, do amor e da verdade de Deus por sua própria escolha, eles procuram nos enganar para que os sigamos. Moisés explicou que quando as pessoas buscam orientação de seres espirituais em vez de buscar a Deus, algo mais enganoso está acontecendo: "Eles despertaram o ciúme [de Deus] adorando deuses estrangeiros. (...) Ofereceram sacrifícios a demônios, que não são Deus" (Deuteronômio 32:16-17). As Escrituras advertem que, quando as pessoas seguem ídolos, guias espirituais ou os mortos, anjos demoníacos enganadores estão, na verdade, desviando-as do caminho.

> Quando disserem a vocês: "Procurem um médium ou alguém que consulte os espíritos e murmure encantamentos, pois todos recorrem a seus deuses e aos mortos em favor dos vivos", respondam: "À lei e ao testemunho!". Se eles não falarem conforme esta palavra, vocês jamais verão a luz da manhã! (Isaías 8:19-20).

Por isso, Deus diz: "Eu me oporei a todo aquele que se voltar para os médiuns e espíritas para se prostituir, seguindo-os" (Levítico 20:6). As escrituras ensinam que Deus quer que busquemos sua orientação para não sermos enganados.

Paulo diz: "O próprio Satanás se disfarça em anjo de luz. Não é de surpreender, portanto, que seus servos também se disfarcem de servos da justiça" (2 Coríntios 11:14). O que nos leva a uma pergunta preocupante: O ser de luz que as pessoas pensam ser Deus ou Jesus poderia ser, na verdade, um anjo caído enganador? Sim. Isso é possível. Não acho que isso seja verdade na maioria dos casos. Como tentei demonstrar, esse ser de luz que as pessoas encontram reflete a descrição que as Escrituras fazem do Deus revelado pelos profetas e por Jesus. Isso não significa que as pessoas não possam interpretar mal ou encaixar sua experiência em sua própria visão de mundo. Acho que isso acontece. Além disso, se as EQMs afirmam que Jesus lhes disse coisas que contradizem as Escrituras, o verdadeiro Jesus nunca faria isso (veja Mateus 5:17, 20; Gálatas 1:8).

Mas alguns cristãos afirmam categoricamente que todas as EQMs são enganos satânicos. Se assim for, parece que Satanás está fazendo um trabalho ruim ao representar mal a Deus. Além disso, Deus está permitindo que as criancinhas e os seguidores de Cristo (inclusive seus pastores) sejam enganados. É claro que todos nós *podemos ser* enganados, portanto, é aconselhável verificar todas as afirmações com base nas Escrituras e, como Jesus disse, observar o fruto que elas produzem em uma vida (Mateus 7:16). Embora alguns pesquisadores de EQM anteriores tenham afirmado que a experiência de EQM afastou as pessoas de uma visão bíblica de Deus e da igreja e as levou a visões mais orientais, o Dr. Sabom contesta essa conclusão. Sabom defende com veemência que muitos desses primeiros pesquisadores da IANDS[228] estudaram o mesmo grupo de EQMs que já tinham essa visão de mundo.[229]

O Dr. Bruce Greyson, diretor de pesquisa da IANDS, chegou a admitir que o grupo de pesquisa da IANDS, que tem sido muito usado pelos pesquisadores de EQM, "não é comparável à população em geral".[230] Em seu estudo, Sabom descobriu que os portadores de

EQM se tornaram mais comprometidos com suas congregações locais, e não menos.[231] No estudo do Dr. Sartori, "todos os pacientes relataram uma tendência maior a orar, ir à igreja e ler a Bíblia".[232]

Embora algumas pessoas interpretem a unidade que experimentam dentro de uma estrutura mais oriental, o estudo de Sabom descobriu que "a crença na reencarnação e na religião oriental universalista não é um efeito colateral direto da experiência de quase-morte".[233] O Dr. Moody relatou originalmente o mesmo. Em última análise, foi-nos dito: "Não creiais em todo espírito, mas provai os espíritos para ver se procedem de Deus" (1 João 4:1).

Como? Certificando-se de que o espírito esteja alinhado com o que Deus já revelou por meio dos profetas e de Jesus. No Apêndice A e nos capítulos anteriores, apresentei apenas algumas das cerca de sessenta declarações proféticas cumpridas por Deus na história real e verificável — mostrando que Deus inspirou as Escrituras. Os Manuscritos do Mar Morto provam que as profecias que Jesus cumpriu foram escritas antes de Jesus viver. É por isso que Paulo diz: "Mesmo que nós ou um anjo do céu pregássemos um evangelho diferente daquele que pregamos a vocês, que eles estivessem sob a maldição de Deus!" (Gálatas 1:8). Jesus disse: "Se não derem ouvidos a Moisés e aos profetas, não serão convencidos, mesmo que alguém ressuscite dos mortos" (Lucas 16:31). Por essas razões, acredito que é essencial estudar as Escrituras mais do que as EQMs. Espero que seja isso que este livro o motive a fazer.

A VERDADE LIBERTA VOCÊ

Os anjos caídos mentem e enganam. O único poder que eles têm sobre nós é quando acreditamos neles e seguimos suas mentiras. Então, achamos que estamos fazendo o que queremos, mas acabamos prejudicando a nós mesmos e aos outros. Deus quer nos curar das feridas e substituir as mentiras que continuam nos roubando a vida. No céu, Deus ajudou Crystal a substituir as mentiras e as feridas infligidas pelo mal por sua verdade. Ele lhe mostrou uma linda menina de três anos brincando com uma cesta de Páscoa.

> Toda vez que ela ria, meu espírito se enchia de amor e orgulho por ela. Eu queria ver essa garotinha brincar pelo resto da eternidade. Queria correr até ela, tomá-la em meus braços e dizer o quanto eu a amava. O amor não parava de crescer, ondas infinitas e radiantes de amor tão profundas, tão intensas e tão ininterruptas que eu realmente acreditava que minha alma fosse explodir. (...)
>
> E então Deus tirou esse sentimento de mim. Era quase como se eu estivesse usando algum tipo de óculos mágicos que, de repente, Ele tirou de mim. E eu sabia que foi Deus quem tirou esse sentimento, porque assim que ele foi retirado, olhei de volta para a criança e imediatamente entendi quem era a criança.
>
> A menina com a cesta dourada era eu! (...)
>
> Eu sabia que Deus estava permitindo que eu me visse como Ele me via. E, aos seus olhos, eu era uma criação absolutamente perfeita, e sempre seria. Todas as coisas que aconteceram comigo na Terra, todas as decisões ruins que fizeram com que eu me odiasse — nada disso importava. Eu acreditava que Deus não poderia me amar, não depois do que me foi feito, não depois do que eu fiz. Mas essa crença era uma mentira, e Deus destruiu a mentira ao me mostrar a intensidade de Seu amor por mim. (...)
>
> Naquele momento, as correntes que me prenderam durante toda a minha vida caíram. (...) caíram na presença da verdade. (...) Eu tinha três anos de idade quando o abuso começou. (...) Então, Deus me levou de volta à época em que eu tinha três

anos de idade e me libertou daquela mentira. (...) Os fardos que eu carregava há décadas foram retirados. Ver a mim mesmo pelos olhos de Deus me tornou completo e me libertou.[234]

Não precisamos esperar pelo céu para sermos libertados. A maneira como combatemos o mal é com a verdade — levando os pensamentos cativos, resistindo às mentiras e confiando na verdade de Deus. Você se vê como a obra-prima de Deus? Escrevi um livro chamado *Unshockable love (Amor inabalável)* para ajudá-lo a entender que Deus o vê como a obra-prima que deseja restaurar e quer que você veja o mesmo nos outros.

Escolha a vida

As Escrituras ensinam que há muitos anjos caídos — seres espirituais demoníacos que seguiram Lúcifer. Eles não têm o amor de Deus; são consumidos por seus próprios desejos. Eles mentem para nós sobre Deus e o caminho para a vida. Sua decisão de se afastar de Deus foi eterna — portanto, não há segunda chance para eles. A escolha deles foi eterna. A nossa é temporal.

Isso responde à pergunta de por que a Terra, com sua dor e sofrimento, é necessária. Lúcifer e os anjos caídos fizeram a escolha de rejeitar Deus em sua presença. Como eles são seres eternos, sua escolha foi eterna. Eles queriam governar em vez de Deus, mas não tinham ideia do que essa escolha significava. Deus honrou a escolha do livre-arbítrio deles. Ele criou um lugar onde Deus não governaria — um lugar eterno sem Deus — um lugar chamado inferno. Jesus disse que o inferno foi "preparado para o diabo e seus anjos" (Mateus 25:41).

Ele lhes deu o que queriam — um reino livre sem o amor, a luz ou a vida de Deus.

Deus criou nosso mundo espaço-temporal (temporário) a fim de criar criaturas eternamente livres que sempre escolherão amar e seguir a Deus. Por quê? Porque começamos com o conhecimento do *bem e* do *mal* (ver Gênesis 2:17). Vivemos em um mundo onde experimentamos o céu — o amor e a bondade de Deus — e também experimentamos o inferno — a ausência de Deus e de seus caminhos. É por isso que Deus permanece oculto.

Sentimos um gostinho tanto do céu quanto do inferno muito reduzido. As pessoas que passaram pela EQM nos dizem que nossos sentidos espirituais são cerca de cem vezes mais intensos do que os cinco sentidos que experimentamos atualmente. Deus nos coloca em uma cápsula do tempo, um canal de nascimento chamado Terra e, embora todos nós pequemos e nos afastemos de Deus, ele nos dá tempo — uma segunda, terceira, centésima chance de nos afastarmos de nossos caminhos obstinados e voltarmos para ele.

No céu, ainda teremos livre-arbítrio. Precisamos amar ou não poderíamos amar a Deus. Teoricamente, ainda poderíamos pecar no céu,[235] mas, ao contrário dos anjos, escolheremos Deus para sempre, lembrando como era viver sem a vontade e os caminhos de Deus na Terra. Deus está ensinando os anjos enquanto eles nos servem — o propósito de Deus em tudo isso era usar a igreja para mostrar sua sabedoria em sua rica variedade a todos "os poderes e autoridades invisíveis nos lugares celestiais" (Efésios 3:10) — então todos nós nos lembraremos da dor e do sofrimento de nos afastarmos de Deus e do que custou a Ele nos reconquistar. Por meio dos sofrimentos da Terra, Deus está gerando filhos eternamente livres que sempre escolherão amá-Lo. É por isso que Jesus ainda tem as marcas. Anjos e humanos precisam se lembrar para sempre porque o sofrimento foi necessário.

Dean trabalhou como psicólogo, aconselhando pessoas traumatizadas. Ele disse durante sua EQM,

> Você pode ver as perfurações dos pregos que foram feitas em Suas mãos. Mas, novamente, foi o amor que saía delas para mim que expressou Seu amor por mim. (...) Eu havia trabalhado com crianças e adolescentes nos últimos 33 anos. Durante esse tempo, a única questão que surgiu muito entre as crianças com as quais trabalhei foi o abuso sexual por parte de adultos. Essa única questão, para mim, parece causar mais danos do que todas as outras questões que enfrentei como conselheiro. (...)
>
> Perguntei a Jesus: "E quanto aos abusadores de crianças?"
>
> Jesus me respondeu: "Quando você coloca uma pessoa na cadeia, ela sai. Ou ela sai quando sua pena acaba ou quando morre, mas ela sai. Mas quando colocamos uma pessoa no inferno, ela fica lá por toda a eternidade." Então, seus olhos olharam para mim com uma chama vermelha ardente que dizia: "QUEM É VOCÊ PARA ANULAR O QUE EU FIZ!" Isso me pareceu muito severo. Também vi seus braços estendidos como se estivesse na cruz e pagasse o preço por todos os que pecaram ou pecarão, o que implica que não temos o direito de condenar ninguém, pois ele não condena. Eu sabia com absoluta certeza — ele quer todas as pessoas lá com ele. Ele realmente nos quer lá. Todas as pessoas![236]

Honestamente, só há uma explicação que faz sentido para o fato de um Deus amoroso permitir tanta dor e sofrimento: ele sabe que há algo muito, muito melhor ou muito, muito pior pela frente. Ele quer salvar todos nós — o abusado, o abusador e todos os que estão no meio (veja Lucas 7). Somos criaturas eternas, experimentando o céu e o inferno para escolhermos Deus. Como disse certa vez C. S. Lewis: "Deus sussurra para nós em nossos prazeres, fala em nossa consciência, mas grita em nossas dores: é o seu megafone para despertar um mundo surdo."[237] Jesus disse: "o Pai de vocês, que está nos céus, não deseja que nenhum destes pequeninos se perca" (Mateus 18:14). Isso nos leva à próxima pergunta: O que achamos das EQMs infernais?

Capítulo 16

E quanto ao inferno?

Howard Storm, professor de arte da Northern Kentucky University, estava levando os alunos em um passeio pelos museus de Paris quando uma úlcera estomacal perfurou seu duodeno. Ele não sabia que, a partir do momento da perfuração, a expectativa de vida normalmente durava cinco horas. O hospital tinha apenas um cirurgião de plantão naquele fim de semana, então ele e sua esposa, Beverly, tiveram que esperar. Dez horas depois, uma enfermeira os informou que o médico tinha ido para casa e que eles teriam de esperar até de manhã. Howard havia lutado para permanecer vivo, mas agora não lhe restava mais nada.

> Eu sabia que estava morrendo. (...) Lutando contra uma enxurrada de lágrimas, eu disse a Beverly que a amava muito. Disse-lhe que tudo havia terminado. Fizemos nossas despedidas. (...) Eu sabia com certeza que não existia vida após a morte. Somente pessoas superficiais acreditavam nesse tipo de coisa. Eu não acreditava em Deus, nem no céu, nem no inferno, nem em nenhum outro conto de fadas.

Howard fechou os olhos e morreu. Ele esperava o esquecimento, mas em vez disso, ele se viu de pé ao lado da cama. Ele abriu os olhos.

> "Será que isso é um sonho?" Fiquei pensando. "Isso tem que ser um sonho." Mas eu sabia que não era. Eu estava ciente de

que me sentia mais alerta, mais consciente e mais vivo do que jamais havia me sentido em toda a minha vida. Todos os meus sentidos estavam extremamente vívidos. (...) Quando me inclinei para olhar o rosto do corpo na cama, fiquei horrorizado ao ver a semelhança que ele tinha com meu próprio rosto. Era impossível que aquela coisa pudesse ser eu, pois eu estava de pé sobre ela e olhando para ela. (...) Eu nunca havia me sentido tão alerta e consciente. Eu queria desesperadamente falar com Beverly e comecei a gritar para que ela dissesse alguma coisa, mas ela permaneceu congelada na cadeira ao lado da cama. Eu gritava e me enfurecia com ela, mas ela simplesmente me ignorava. (...)

Ao longe, do lado de fora do quarto, no corredor, ouvi vozes me chamando. "Howard, Howard", estavam me chamando. Eram vozes agradáveis, de homens e mulheres, jovens e idosos, que me chamavam em inglês. Nenhum dos funcionários do hospital falava inglês com tanta clareza. (...)

"Venha até aqui", disseram eles. "Vamos lá, rápido. Estamos esperando por você há muito tempo."

"Não posso", eu disse. "Estou doente. (...) Preciso de uma operação. Estou muito doente!"

"Podemos dar um jeito em você", disseram. "Se você se apressar. Você não quer melhorar? Não quer ajuda?"

Eu estava em um hospital desconhecido em um país estrangeiro, em uma situação extremamente bizarra, e tinha medo das pessoas que me chamavam. Elas ficaram irritadas com minhas perguntas, que eram apenas tentativas de descobrir quem eram. (...) "Não podemos ajudá-lo se você não vier até aqui." (...)

Saí para o corredor, cheio de ansiedade. A área parecia ser clara, mas muito nebulosa (...) como se eu estivesse em um avião passando por nuvens espessas. As pessoas estavam distantes e eu não conseguia vê-las com muita clareza. Mas pude perceber que eram homens e mulheres, altos e baixos, velhos e jovens adultos. (...) Enquanto eu tentava me aproximar delas para identificá-las, elas rapidamente se afastavam mais para dentro da neblina. Assim, tive de segui-los cada vez mais longe na atmosfera espessa. Nunca consegui me aproximar deles mais do que três metros. Eu tinha muitas perguntas. (...)

Toda vez que eu hesitava, eles exigiam que eu continuasse. Continuaram a repetir a promessa de que, se eu os seguisse, meus problemas acabariam. Caminhamos sem parar, e minhas repetidas perguntas foram rejeitadas. (...) Eu sabia que estávamos viajando por quilômetros, mas tinha a estranha capacidade de ocasionalmente olhar para trás e ver através da porta do quarto do hospital. (...) Beverly estava sentada ali, tão congelada quanto estava quando essa experiência surreal começou. Parecia estar a muitos quilômetros de distância, mas eu ainda podia vê-la ao longe. (...)

Eu também não conseguia perceber quanto tempo estava passando. Havia uma profunda sensação de atemporalidade. Eu ficava perguntando quando chegaríamos lá. "Estou doente", eu disse. "Não posso fazer isso." Eles ficaram cada vez mais irritados e sarcásticos. "Se você parasse de se lamentar e gemer, chegaríamos lá", disseram. "Mexa-se, vamos lá, rápido!" Quanto mais questionador e desconfiado eu ficava, mais antagônicos e autoritários eles se tornavam. Eles sussurravam sobre meu traseiro nu, que não estava coberto pela minha bata de hospital, e sobre como eu era patético. Eu sabia que estavam falando de mim, mas quando eu tentava ouvir exatamente o que diziam, eles diziam uns aos outros: "Shhh, ele pode ouvir você, ele pode ouvir você (...)." O que ficava cada vez mais claro para mim era que eles estavam me enganando. Quanto mais tempo eu ficasse com eles, mais longe estaria a fuga. (...) Eles começaram a gritar e a me insultar, exigindo que eu me apressasse. Quanto mais infeliz eu ficava, mais eles se divertiam com minha angústia.

Uma terrível sensação de pavor estava crescendo dentro de mim. Essa experiência era real demais. De certa forma, eu estava mais consciente e sensível do que nunca. Quando olhei ao redor, fiquei horrorizado ao descobrir que estávamos na escuridão total.

A falta de esperança da minha situação me dominou. Eu lhes disse que não iria mais longe, que me deixassem em paz. (...) Então eles começaram a me empurrar. Comecei a revidar. Seguiu-se um frenesi selvagem de provocações, gritos e golpes. Lutei como um homem selvagem. Enquanto eu os golpeava e chutava, eles me mordiam e rasgavam. Durante todo o tempo, era óbvio que eles estavam se divertindo muito. Embora eu não conseguisse ver nada na escuridão, estava ciente de que havia dezenas ou centenas deles ao meu redor e sobre mim. Minhas tentativas de revidar só provocavam mais alegria. (...) Cada novo ataque provocava uivos de risadas cacofônicas. Eles começaram a arrancar pedaços de minha carne. Para meu horror, percebi que estava sendo desmembrado e comido vivo, metódica e lentamente, para que a diversão deles durasse o máximo possível. (...)

Essas criaturas já foram seres humanos. A melhor maneira de descrevê-las é pensar na pior pessoa imaginável, despojada de todo impulso de compaixão. (...) Eles eram uma multidão de seres totalmente movidos por uma crueldade desenfreada. Naquela escuridão, tive um contato físico intenso com eles quando se aglomeraram sobre mim. Seus corpos pareciam exatamente como corpos humanos. (...)

Por fim, fiquei muito abalado e quebrado para resistir. A maioria deles desistiu de me atormentar porque eu não era mais divertido. (...) Não descrevi tudo o que aconteceu. Há coisas que não me interessa lembrar. De fato, muito do que aconteceu foi simplesmente horrível e perturbador demais para ser lembrado. Passei anos tentando suprimir muitas coisas.

Após a experiência, sempre que me lembrava desses detalhes, ficava traumatizado. (...)

Enquanto eu estava deitado no chão, com meus algozes me cercando, uma voz emergiu de meu peito. Parecia a minha voz, mas não era um pensamento meu. (...) "Ore a Deus." Lembro-me de ter pensado: "Por quê? Que ideia estúpida. Isso não funciona. Que desculpa. Deitado aqui nesta escuridão, cercado por criaturas horrendas, não acredito em Deus. Isso é totalmente desesperador, e estou além de qualquer ajuda possível, quer eu acredite em Deus ou não. Eu não oro, ponto final".

Em uma segunda vez, a voz me disse: "Ore a Deus". Reconheci minha voz, mas eu não havia falado. Orar como? Ore o quê? Eu não havia orado em nenhum momento de toda a minha vida adulta. Eu não sabia como orar. (...) Aquela voz disse novamente: "Ore a Deus!"

Howard se esforçava para se lembrar de qualquer oração da infância, qualquer coisa que tivesse o nome de Deus nela, então ele simplesmente juntou tudo o que conseguia lembrar em uma oração de desespero.

"Ainda que eu ande pelo vale da sombra da morte, não temerei mal algum, porque tu estás comigo. Pela majestade púrpura das montanhas, os meus olhos viram a glória da vinda do Senhor. Livrai-nos do mal. Uma nação sob Deus. Deus abençoe a América".

Para meu espanto, os seres cruéis e impiedosos que me arrancavam a vida foram incitados à fúria por minha oração esfarrapada. Era como se eu estivesse jogando óleo fervente sobre eles. Eles gritaram para mim: "Deus não existe! Com quem você acha que está falando? Ninguém pode ouvi-lo! Agora vamos realmente machucá-lo". Eles falavam na linguagem mais obscena, pior do que qualquer blasfêmia dita na Terra. Mas, ao mesmo tempo, eles estavam se afastando. Eu ainda podia ouvir suas vozes na escuridão total, mas elas estavam ficando cada vez mais distantes. Percebi que dizer coisas sobre Deus estava, na verdade, afastando-os. Tornei-me um pouco mais enérgico com o que estava dizendo. (...)

Eu sabia que eles estavam longe, mas que poderiam voltar. Eu estava sozinho, destruído e, ainda assim, dolorosamente vivo nesse lugar revoltantemente horrível. Eu não tinha ideia de onde estava. (...) Fiquei sozinho naquela escuridão por um tempo indeterminado. Pensei no que havia feito. Durante toda a minha vida, pensei que o que contava era o trabalho árduo. Minha vida foi dedicada à construção de um monumento ao meu ego. Minha família, minhas esculturas, minhas pinturas, minha casa, meus jardins, minha pequena fama, minhas ilusões de poder, tudo isso era uma extensão do meu ego. Todas essas coisas haviam desaparecido, e o que elas importavam? (...)

Durante toda a minha vida, lutei contra um constante tom de ansiedade, medo, pavor e angústia. Se eu conseguisse ficar famoso, poderia sentir a impotência e vencer a morte. (...) Eu não pertencia a nenhum clube ou organização. Apesar da aparência narcisista, eu não gostava de mim mesmo e também não gostava das outras pessoas.

Como foi irônico acabar no esgoto do universo com pessoas que se alimentavam da dor dos outros! Eu tinha pouca compaixão genuína pelos outros. Percebi que eu não era muito diferente dessas criaturas miseráveis que me atormentavam. (...) Restava pouca força para resistir a me tornar uma criatura rangendo os dentes na escuridão exterior. Eu não estava longe de me tornar um de meus próprios atormentadores por toda a eternidade.

Enquanto Howard estava deitado sozinho no escuro, sentindo-se cair no desespero, uma música que ele não ouvia desde a infância veio à sua cabeça: "Jesus me ama, da, da, da, da". Ele só conseguia se lembrar de três palavras, mas elas tocaram fundo em um anseio e acenderam uma pequena centelha de esperança.

> Eu queria que fosse verdade que Jesus me amava. Eu não sabia como expressar o que queria e precisava, mas com todas as minhas forças, gritei na escuridão: "Jesus, salve-me". (...) Nunca quis dizer algo com mais força em minha vida.
> Bem longe, na escuridão, vi um ponto de luz como a mais tênue estrela do céu. (...) A estrela estava ficando cada vez mais brilhante rapidamente. A luz era mais intensa e mais bonita do que qualquer coisa que eu já havia visto. Era mais brilhante do que o sol, mais brilhante do que um relâmpago. Logo a luz estava sobre mim. Eu sabia que, embora fosse indescritivelmente brilhante, não era apenas luz. Era um ser vivo, um ser luminoso (...) cercado por um brilho. A intensidade brilhante da luz penetrou em meu corpo. O êxtase varreu a agonia. Mãos e braços tangíveis me abraçaram gentilmente e me levantaram. Levantei-me lentamente na presença da luz e os pedaços rasgados de meu corpo foram milagrosamente curados diante de meus olhos. (...)
> Esse ser amoroso e luminoso que me abraçou me conhecia intimamente. Ele me conhecia melhor do que eu mesma. Ele era conhecimento e sabedoria. Eu sabia que ele sabia tudo sobre mim. Eu era incondicionalmente amado e aceito. Ele era o Rei dos Reis, o Senhor dos Senhores, Cristo Jesus, o Salvador. *Jesus realmente me ama*, pensei. (...) Eu havia clamado a Jesus e ele veio me resgatar. Chorei e chorei de alegria, e as lágrimas continuaram a cair. Alegria e mais alegria se espalharam por mim. Ele me abraçou e me acariciou como uma mãe com seu

bebê, como um pai com seu filho pródigo há muito perdido. Chorei todas as lágrimas de uma vida inteira de desesperança e lágrimas de vergonha por minha descrença. Chorei todas as lágrimas de alegria e salvação. Chorei como um bebê e não conseguia parar de chorar.

Ele me abraçou e acariciou minhas costas. Subimos, a princípio gradualmente, e depois como um foguete, saímos daquele inferno escuro e detestável. Percorremos uma distância enorme, anos-luz, embora tenha se passado muito pouco tempo. (...)

Ao longe, muito longe, vi uma vasta área de iluminação que parecia uma galáxia. No centro, havia uma concentração de luz extremamente brilhante. Fora do centro, incontáveis milhões de esferas de luz estavam voando, entrando e saindo daquela grande concentração de luz no centro. (...) Enquanto me movia em direção à presença da grande luz, centro de todo o ser, O Único, eu estava além do pensamento. Não é possível articular o que aconteceu. Simplesmente, eu sabia que Deus me amava, que Deus amava a criação, que Deus é amor.[238]

EQMS INFERNAIS

Ao olhar para o outro lado do espaço, para essa grande Cidade da Luz, Howard disse que teve uma revisão de vida na presença de Jesus e de vários anjos, o que exploraremos no próximo capítulo. Howard reviveu, milagrosamente, e vários anos depois deixou sua carreira como professor universitário e presidente do departamento de arte para se tornar pastor. O que motivaria um professor declaradamente ateu a desistir do cargo e do trabalho de sua vida para inventar uma história de visita ao inferno? Poderíamos descartar o fato se essa fosse a única história de EQM como essa, mas há muitas.

Na década de 1970, quando os relatos de EQMs estavam aumentando, pouquíssimas ou nenhuma pessoa que vivenciou EQMs infernais se manifestou. Na verdade, Moody declarou corajosamente: "Ninguém descreveu o céu do cartunista com portões de pérolas, ruas douradas (...) nem um inferno de chamas e demônios com forcados. Portanto, na maioria dos casos, o modelo de recompensa e punição da vida após a morte é abandonado e rejeitado".[239] Mas a declaração de Moody foi exagerada e prematura.

O pesquisador holandês Dr. Pim van Lommel resume as EQMs infernais:

> Para seu horror, às vezes eles se veem puxados ainda mais para a escuridão profunda. A EQM termina nessa atmosfera assustadora. (...) Uma EQM tão aterrorizante geralmente produz um trauma emocional duradouro. Não é de surpreender que também seja conhecida como uma "experiência infernal". O número exato de pessoas que vivenciam uma EQM tão assustadora é desconhecido, pois muitas vezes elas se calam por vergonha e culpa.[240]

Sartori observa: "[A pesquisa] serviu para destacar que as EQMs negativas são tão reais quanto as agradáveis e podem ocorrer na ausência de anestésicos."[241] Alguns estudos não produziram EQMs angustiantes, mas isso pode ser resultado da forma como o estudo foi conduzido. Estudos que pedem para as pessoas se manifestarem caso tenham tido uma EQM produzirão pessoas entusiasmadas para contar aos outros sobre uma boa experiência. Como Howard Storm descobriu:

> Ao longo dos anos, muitas pessoas compartilharam comigo suas experiências de quase-morte, muitas das quais foram

experiências negativas. Muitas dessas pessoas me disseram que realmente não compartilharam suas experiências com ninguém por causa da vergonha e do ridículo que sentiram. (...) Essas experiências não são incomuns, [mas] é altamente improvável que alguém fique sabendo delas.[242]

Frequência de EQMs infernais

Apesar disso, *o The Handbook of Near-Death Experiences* (*Manual de experiências de quase-morte*, em tradução livre) relata que doze estudos diferentes envolvendo 1.369 indivíduos descobriram que 23% "relataram EQMs que variaram de perturbadoras a aterrorizantes ou desesperadoras".[243] O Dr. Rawlings, o cardiologista do capítulo 3, reviveu um paciente que teve várias experiências infernais das quais o paciente não conseguiu se lembrar depois. Rawlings postula que essas experiências produzem um trauma tão grande que são suprimidas na mente subconsciente e, a menos que o paciente seja entrevistado imediatamente após a ressuscitação, não devemos esperar que surjam tantos relatos.[244] Rawlings cita outros médicos que relatam uma resposta semelhante de memória bloqueada.

Uma garota de quatorze anos ficou desanimada com sua vida e decidiu acabar com ela. Ela engoliu um frasco de aspirina. No hospital, o médico relatou que a ressuscitou de uma parada cardíaca, durante a qual ela não parava de dizer: "Mamãe, me ajude! Faça com que eles me soltem! Eles estão tentando me machucar!" Os médicos tentaram se desculpar por tê-la machucado, mas ela disse que não eram os médicos, mas "eles, aqueles demônios do inferno (...), eles não me soltavam, (...) foi simplesmente horrível!" O médico relata:

Ela dormiu por mais um dia, e sua mãe a abraçou a maior parte do tempo. Depois que os vários tubos foram removidos, pedi a ela que se lembrasse do que havia acontecido. Ela se lembrava de ter tomado a aspirina, mas absolutamente nada mais! Em algum lugar de sua mente, os eventos ainda podem ter sido suprimidos. (...) Posteriormente, ela se tornou missionária vários anos depois.[245]

Da mesma forma, em outras culturas, nem todas as EQMs são agradáveis. Na Índia, os Yamadutas são considerados "mensageiros", como os anjos.

Supõe-se que os Yamadutas apareçam ao lado do leito dos moribundos para levá-los ao seu Senhor, Yamaraja [o deus da morte]. O aparecimento do Yamaduta depende do carma do paciente. Se ele acumulou boas ações, um Yamaduta agradável aparece, mas se ele não se comportou bem em sua vida, um Yamaduta temível pode aparecer.[246]

Um funcionário hindu disse: "Alguém está parado ali! Ele tem um carrinho com ele, então deve ser um Yamaduta! Ele deve estar levando alguém com ele. Ele está me provocando dizendo que vai *me* levar! (...) Por favor, segure-me; eu não vou."[247] Sua dor aumentou e ele morreu.

Osis e Haraldsson relatam: "Um em cada três indianos (34%) que tiveram a alucinação de remoção se recusou a consentir [tinha medo de que os Yamadutas viessem levá-los embora]."[248] Foram documentados relatos "infernais" suficientes para que os pesquisadores os categorizassem em três categorias que estou chamando de "o vazio", "o inferno na terra" e "o poço".

O VAZIO

Alguns EQMs se vêem saindo de seus corpos, mas entrando em um vazio como se estivessem em algum lugar do espaço sideral ou experimentando uma sensação de queda na escuridão sideral. Gary era um jovem artista que perdeu o controle de seu carro em uma noite de inverno com neve. Ele descreveu ter deixado seu corpo e observado a água gelada encher o carro.

> Vi a ambulância chegando e vi as pessoas tentando me ajudar, tirar-me do carro e levar-me para o hospital. Naquele momento, eu não estava mais em meu corpo. Eu havia deixado meu corpo. Eu estava provavelmente a uns 100 ou 200 metros de altura e ao sul do acidente, e senti o calor e a bondade das pessoas que tentavam me ajudar. (...) Também senti a fonte de todo aquele tipo de bondade ou o que quer que fosse, e ela era muito, muito poderosa, e eu tinha medo dela, por isso não a aceitei. Eu simplesmente disse "não". Eu estava muito incerto sobre isso, e não me senti confortável, e então rejeitei. E foi nesse momento que deixei o planeta. Eu podia me sentir e me ver subindo muito, muito alto no ar, depois além do sistema solar, além da galáxia e além de qualquer coisa física. (...) Tornou-se insuportável, horrível, com o passar do tempo, quando você não tem nenhum sentimento, nenhuma sensação, nenhum senso de luz. Comecei a entrar em pânico, a lutar, a rezar e a fazer tudo o que podia pensar para voltar.[249]

Alguns rejeitam o amor ou a luz de Deus ou, como A. J. Ayer, sentem a luz como algo doloroso ou querem resistir a ela. Outros simplesmente se encontram em um vazio que se torna aterrorizante; outros experimentam uma escuridão externa, muitas vezes acompanhada de uma sensação de queda. Meu amigo Paul Ojeda morreu de overdose de cocaína e se viu repentinamente sóbrio, mas em uma situação que nunca esperou. Ele me explicou o que aconteceu:

> Quando morri, não vi uma luz, vi um túnel negro como se alguém tivesse me jogado em uma escuridão externa e eu estivesse em queda livre. Percebi que não estava mais nas alturas. Eu estava em um lugar diferente e tinha uma noção diferente de tempo, mas estava me aprofundando rapidamente nisso e pensei: "Sou uma boa pessoa, não deveria estar indo para esse lugar". Mas nada fazia com que parasse, e percebi que estava indo para o inferno e não conseguiria sair daqui. Foi então que clamei: "Por favor, Senhor, não quero ir para este lugar, por favor, me salve". Não vi um rosto ou uma figura, apenas senti a presença do Senhor ao meu lado, e Ele perguntou em meu espírito: "Paul, o que você fez com a vida que lhe dei?"

Paul viu toda a sua vida se desenrolar diante dele, desde o nascimento até os trinta anos (sua idade na época), e Deus revelou todos os segredos obscuros escondidos em seu coração que ninguém conhecia, exceto ele. Ele disse a Deus: "Percebo que não fiz nada em minha vida. Sei que mereço o inferno, mas sei que não se trata de mim agora. Se o Senhor me der a chance, voltarei e direi aos outros que isso é real".

Ele acordou no hospital e a primeira coisa que disse foi: "Eu vi o inferno e não vou voltar. Quero encontrar o Deus que me tirou do inferno". Vários anos depois, Paul acabou deixando um negócio lucrativo que fundou para iniciar uma igreja para servir a comunidade hispânica em Austin. Será que Paul e outros experimentaram os "abismos tenebrosos" (2 Pedro 2:4) ou o "poço do abismo" (Apocalipse 9:1) alertados nas Escrituras?

Inferno na Terra

Assim como Howard Storm, George Ritchie, do capítulo 1, observou o que parecia ser um nível de inferno na Terra. George afirmou que Jesus o levou em um tour pelo que pareciam ser "níveis" do inferno. Ele mostrou a ele pessoas da Terra trabalhando em uma fábrica na cidade, com um homem em pé sobre outro e ainda gritando ordens a ele. Um grupo de mulheres da Terra estava fumando, e uma delas estava pedindo um cigarro. Quando uma das mulheres pegou um cigarro e o acendeu, a mulher que estava pedindo o pegou com vontade, mas sua mão o atravessou. Em seguida, ele observou um homem caminhando pela rua, com sua mãe falecida ao seu lado, que perguntava por que ele se casou com Marjorie e dizia que ele precisava cuidar melhor de si mesmo. Pessoas permanentemente invisíveis para os vivos, mas permanentemente envolvidas em seus assuntos. Ritchie pensou: "Não acumulem para vocês tesouros na terra! Pois onde estiver o seu tesouro, aí estará também o seu coração!" Ele se lembra:

> Eu nunca fui bom em memorizar as Escrituras, mas aquelas palavras de Jesus do Sermão da Montanha surgiram em minha mente como um choque elétrico. Talvez essas pessoas insubstanciais — o empresário, a mulher que pedia cigarros, essa mãe —, embora não pudessem mais entrar em contato com a Terra, ainda tivessem seus corações lá. Será que eu tinha? (...) Ficar isolado por toda a eternidade daquilo que eles nunca poderiam deixar de desejar (...), certamente isso seria uma forma de inferno. (...)
>
> Mas se isso era o inferno, se não havia esperança, então por que [Jesus] estava aqui ao meu lado? Por que meu coração saltava de alegria cada vez que eu me voltava para ele? (...) Para onde quer que eu olhasse, ele continuava sendo o verdadeiro

foco de minha atenção. Qualquer outra coisa que eu visse, nada se comparava a ele.

E essa era outra das coisas que me deixavam perplexo. Se eu podia vê-lo, por que todo mundo não podia? (...) Como eles não conseguiam deixar de ver o amor e a compaixão ardentes em seu meio? Como poderiam deixar de ver alguém mais próximo, mais brilhante do que o sol do meio-dia?

A menos que (...)

Pela primeira vez, ocorreu-me pensar se algo infinitamente mais importante do que eu acreditava poderia ter acontecido naquele dia em que, aos 11 anos de idade, caminhei até o altar de uma igreja. Seria possível que eu, de alguma forma real, tivesse de fato "nascido de novo", como disse o pregador — recebido novos olhos —, quer eu entendesse alguma coisa ou não? (...) "Onde estiver seu coração (...)". Enquanto meu coração esteve voltado para chegar a Richmond em uma determinada data, eu também não consegui ver Jesus. Talvez sempre que nosso centro de atenção estivesse em qualquer outra coisa, pudéssemos bloquear até mesmo Ele.

George parecia estar se movendo novamente, ainda em algum lugar na superfície da Terra, mas distante de qualquer cidade ou pessoa viva. Hordas de pessoas desencarnadas estavam amontoadas nas planícies.

"Senhor Jesus!" Eu gritei. "Onde estamos?"

A princípio, pensei que estávamos vendo um grande campo de batalha: em todos os lugares, as pessoas estavam envolvidas em lutas que pareciam ser até a morte, contorcendo-se, socando, despedaçando (...). Elas não podiam matar, embora claramente quisessem, porque suas vítimas já estavam mortas. (...) Essas criaturas pareciam estar presas a hábitos mentais e emocionais, ao ódio, à luxúria e a padrões de pensamento destrutivos.

> Ainda mais hediondos do que as mordidas e os chutes que trocavam eram os abusos sexuais que muitos estavam praticando em uma pantomima febril. (...) E os pensamentos mais frequentemente comunicados tinham a ver com o conhecimento superior, as habilidades ou o histórico do pensador. "Eu lhe disse!" "Eu sempre soube!" "Eu não avisei você?", gritavam no ar ecoando repetidamente. (...) Nesses gritos de inveja e autoimportância ferida, eu me ouvia muito bem.
>
> Mais uma vez, porém, não houve condenação por parte da Presença ao meu lado, apenas uma compaixão por essas criaturas infelizes que estava partindo seu coração. Claramente, não era vontade dela [da Presença] que qualquer uma delas estivesse naquele lugar.[250]

George se perguntava por que eles simplesmente não se afastavam uns dos outros —ninguém os obrigava a ficar e a suportar tais abusos, mas então ele teve um pensamento doentio. E se eles realmente procurassem outras pessoas como eles, com uma espécie de consolo doentio de encontrar pessoas com a mesma opinião, mas tudo o que conseguissem fazer era lançar insultos uns contra os outros? Ele pensou: "Talvez não tenha sido Jesus quem os abandonou, mas eles que fugiram da Luz."[251] Jesus advertiu sobre as "trevas exteriores, onde haverá choro e ranger de dentes" (Mateus 25:30). Foi isso que Howard Storm e George Ritchie vivenciaram?

O POÇO

O último tipo de EQM infernal geralmente envolve a sensação de estar trancado ou preso em um poço escuro, caverna ou debaixo da terra, muitas vezes acompanhado de um cheiro pútrido como fezes, enxofre ou morte. Criaturas demoníacas ou malignas estão frequentemente envolvidas e, em alguns casos, frio extremo, em outros, calor extremo e até mesmo fogo (ver Mateus 13:40-42; Marcos 9:43-44). Todas as pessoas que tiveram EQM relatam os mesmos sentidos aguçados que tornam as experiências celestiais tão vivas, mas aqui eles tornam as experiências horríveis muito piores do que os males da Terra. Nancy Bush estudou EQMs angustiantes e relata que essa última categoria é a menos relatada e provavelmente a mais ignorada, mas essas experiências geralmente resultam em um trauma emocional extremo.

Uma EQM que Bush entrevistou disse:

> O inferno é um poço e há escuridão, mas também há fogo. Eu estava em um lugar ao qual a Bíblia se refere como "trevas exteriores" e não é bonito (...). Depois de minha experiência, eu não conseguia falar sobre isso. Não queria que as pessoas soubessem que eu tinha ido para o inferno. (...) Algumas pessoas talvez queiram rir dessa história de inferno, mas por mais real que seja essa carta, esse lugar também é.[252]

Fran morreu de overdose de drogas aos 26 anos, mas foi reanimada. Ela relembra:

> Senti meu corpo escorregar para baixo, não em linha reta, mas em um ângulo, como se estivesse em um escorregador. Era frio, escuro e aguado. Quando cheguei ao fundo, parecia a entrada de uma caverna. (...) Ouvi gritos, lamentos, gemidos e ranger de dentes. Vi esses seres que se assemelhavam a humanos, com a forma de uma cabeça e um corpo. Mas eles eram feios e grotescos. (...) Eram assustadores e pareciam estar atormentados, em agonia. Ninguém falou comigo.[253]

O surfista neozelandês picado pela água-viva ficou completamente desorientado.

> Estava tão escuro que eu não conseguia ver minha mão na frente do meu rosto e estava muito frio. (...) Foi uma experiência aterrorizante. Naquele momento, percebi que era eu mesmo, Ian McCormack, que estava ali, mas sem um corpo físico. Eu tinha a sensação e o sentimento de que tinha um corpo, mas não podia tocá-lo. (...) Um mal aterrorizante e invasor parecia permear o ar ao meu redor.
>
> Aos poucos, fui percebendo que havia outras pessoas se movimentando ao meu redor, na mesma situação que eu. Sem que eu dissesse uma palavra em voz alta, elas começaram a responder aos meus pensamentos. Na escuridão, ouvi uma voz gritando comigo: "Cale a boca!" Quando me afastei dessa voz, outra gritou para mim: "Você merece estar aqui!" Meus braços se levantaram para me proteger e pensei: "Onde estou?" e uma terceira voz gritou: "Você está no inferno. Agora cale a boca". Eu estava apavorado, com medo de me mover, respirar ou falar. Percebi que talvez eu merecesse esse lugar. (...)
>
> Eu havia orado [na ambulância] pouco antes de morrer e pedi a Deus que perdoasse meus pecados. Eu já estava chorando e clamei a Deus: "Por que estou aqui, eu lhe pedi perdão, por que estou aqui? Voltei meu coração para o senhor, por que estou aqui?"
>
> Então, uma luz brilhou sobre mim e literalmente me tirou da escuridão.[254]

Ian se viu resgatado pela luz de Jesus, assim como Howard Storm.

O QUE SIGNIFICAM?

Essas pessoas estão realmente no inferno? Não totalmente, porque, assim como as experiências no céu, todas elas voltaram à vida. Elas não morreram; elas experimentaram a morte. Elas veem o que parecem ser níveis de uma vida infernal após a morte. Lembre-se de que muitas EQMs encontraram uma barreira ou limite que sabiam que não poderiam cruzar ou que não poderiam voltar à vida. Talvez seja por isso que eles ainda tinham a capacidade de escolher — sua escolha não seria "eternizada" até que eles cruzassem esse limite. Portanto, o que as pessoas vivenciam é um aviso da realidade do inferno.

Jesus advertiu sobre o inferno tanto quanto ensinou sobre o céu. Ele ensinou que Deus vai atrás das pessoas que se desviam como um pastor que deixa noventa e nove ovelhas para encontrar a única ovelha perdida: "Da mesma forma, o Pai de vocês, que está nos céus, não deseja que nenhum destes pequeninos se perca" (Mateus 18:14). É por isso que Jesus deu sua vida. "Nosso Salvador (...) deseja que todos os homens sejam salvos e cheguem ao conhecimento da verdade. Pois há um só Deus e um só mediador entre Deus e os homens, o homem Cristo Jesus, o qual entregou a si mesmo como resgate por todos. Esse foi o testemunho dado no seu devido tempo" (1 Timóteo 2:4-6), de modo que "todo aquele que invocar o nome do Senhor será salvo" (Atos 2:21).

Então, por que alguém iria parar no inferno? Jesus disse: "As pessoas amaram as trevas em vez da luz, porque as suas obras eram más" (João 3:19). O acadêmico de Oxford, C. S. Lewis, um ateu que se tornou crente, debate-se com a ideia do inferno em seu livro *O Problema da Dor* e conclui que Deus não *envia* ninguém para o inferno: "Acredito de bom grado que os condenados são, em um sentido, bem-sucedidos, rebeldes até o fim; que as portas do inferno estão trancadas por *dentro* [para] desfrutar para sempre da horrível liberdade [de Deus] que eles exigiram."[255]

Comitê de Boas-vindas do Inferno

Howard Storm descobriu que nem todo "comitê de boas-vindas" é benevolente, embora possa parecer gentil a princípio:

> Há tantos pontos de entrada no céu quanto indivíduos. (…) Deus e os anjos, para o conforto específico e a edificação inicial daquela pessoa, criam individualmente cada ambiente. (…)
>
> Uma pessoa desprovida do amor de Deus não pode ser recebida na jornada para o céu. Ela é deixada por conta própria. Ela não está sozinha na vida após a morte. Elas têm espíritos afins, pessoas como elas, que estão esperando por elas. Esses espíritos afins são seu comitê de boas-vindas, que os leva a uma jornada para longe do amor e da luz de Deus. Para cada indivíduo, há uma jornada única para o abismo. Não há limite para sua complexidade e profundidade de angústia. Nessa jornada, a pessoa embarca em uma jornada interminável sem Deus. O inferno é a separação de Deus. (…) A forma como ele é vivenciado é proporcional à vida do indivíduo. Deus não intervirá, e os anjos não podem intervir porque essa foi a escolha do indivíduo. Deus respeita nossa liberdade de escolha.[256]

Ao pensar nisso, algumas EQMs positivas, se não tivessem voltado, poderiam estar experimentando os primeiros passos para longe da luz e do amor de Deus. Jesus ensinou que há diferentes "níveis" ou graus de inferno, dependendo do tipo de vida que a pessoa teve (Lucas 20:47). Não acho que o fato de alguém ter uma espiada no céu ou um vislumbre do inferno seja determinante para o seu destino. Algumas pessoas parecem ter feito uma visita intencional a ambos, presumivelmente com o propósito de inspirar e alertar os outros. Alguns cristãos, como o Dr. Eby, afirmam que Jesus lhes mostrou um tour por ambos com esse propósito.

O neurocirurgião de Harvard, Eben Alexander, também percebeu que estava tendo "uma espécie de grande visão geral do lado invisível e espiritual da existência. E, como todas as boas visitas, incluía todos os andares e todos os níveis".[257] Ele começou em um lugar que chamou de "a visão da minhoca", que soa mais sofisticado do que "inferno", mas o que ele descreveu é muito semelhante ao que outros chamaram de "o poço":

> Escuridão, mas uma escuridão visível — como estar submerso na lama, mas também ser capaz de ver através dela. Ou talvez gelatina suja descreva melhor. Transparente, mas de uma forma turva, embaçada, claustrofóbica e sufocante. (...) [Ouvi] o som de metal contra metal, como se um ferreiro subterrâneo gigante estivesse batendo em uma bigorna em algum lugar distante: batendo com tanta força que o som vibra na terra, na lama ou onde quer que você esteja. (...)
>
> Quanto mais tempo eu ficava neste lugar, menos confortável eu ficava. (...) Aos poucos, essa sensação de imersão profunda, atemporal e sem limites deu lugar a outra coisa: a sensação de que eu não fazia parte desse mundo subterrâneo, mas estava preso nele. Rostos grotescos de animais saíam da lama, gemiam ou gritavam e depois desapareciam novamente. De vez em quando, eu ouvia um rugido monótono. Às vezes, esses rugidos se transformavam em cantos fracos e rítmicos, cantos que eram ao mesmo tempo aterrorizantes e estranhamente familiares. (...) Meu tempo nesse reino se estendeu por muito, muito tempo. Meses? Anos? Eternidade? Independentemente da resposta, acabei chegando a um ponto em que a sensação

assustadora e rastejante superava totalmente a sensação caseira e familiar. Quanto mais eu começava a me sentir como um "eu" — como algo separado do frio, da umidade e da escuridão ao meu redor —, mais os rostos que surgiam da escuridão se tornavam feios e ameaçadores. As batidas rítmicas ao longe também se intensificaram e se tornaram o ritmo de trabalho de algum exército de trabalhadores subterrâneos semelhantes a *trolls*, realizando alguma tarefa interminável e brutalmente monótona. O movimento ao meu redor tornou-se menos visual e mais tátil, como se criaturas reptilianas e semelhantes a vermes estivessem passando por mim, às vezes roçando em mim com suas peles lisas ou pontiagudas.

Então, percebi um cheiro: um pouco parecido com fezes, um pouco parecido com sangue e um pouco parecido com vômito. Um cheiro biológico, em outras palavras, mas de morte biológica. (...) Eu estava cada vez mais próximo do pânico. Quem quer que fosse ou o que quer que fosse, meu lugar não era ali. Eu precisava sair dali.[258]

Deus é amor?

Por que um Deus amoroso puniria as pessoas por toda a eternidade por um número limitado de ofensas terrenas? Isso é o que não faz sentido para as pessoas, mas não acredito que seja isso que está acontecendo. Quando pensamos que somos criaturas temporais sendo punidas eternamente por ofensas finitas, estamos errados. Somos, de fato, criaturas eternas como os anjos. Mas, ao contrário dos anjos, estamos recebendo muitas e muitas chances temporais e finitas na Terra para escolher a vida em vez da morte eterna (ver Deuteronômio 30:19-20).

Por que um Deus amoroso permitiria tanta maldade, dor e sofrimento nesta Terra? Porque é um aviso e uma chance de escolhê-lo!

Há algo muito, muito pior quando escolhemos seguir a nós mesmos e rejeitá-lo como Deus. O inferno é Deus dando às criaturas eternas livres o que elas querem — liberdade dele. Todos os sofrimentos e males da Terra têm o objetivo de nos alertar.

Deus não criou o inferno para os seres humanos. Ele criou o inferno para os anjos eternos que fizeram uma escolha eterna de governar a si mesmos — o inferno é onde eles governam. Atualmente, o Espírito Santo mantém nossas más inclinações sob controle na Terra por meio de nossa consciência e lei (João 16:8). Por enquanto, nossas escolhas são temporais; elas podem mudar com o tempo. Quando finalmente morrermos, nossas escolhas se tornarão eternas. Não que não tenhamos escolha na eternidade, mas todas as escolhas "eternizadas" têm ramificações eternas. E lembre-se, as pessoas não morreram durante sua EQM — eles ainda podem escolher e encontrar resgate. Mas por que Deus não pode simplesmente levar todos para o céu — apenas mudá-los de local?

O paraíso de Hitler

O que Deus faria com Hitler, ou com qualquer pessoa que realmente não quisesse se submeter ao governo de Deus? Forçá-lo? Tirar seu livre-arbítrio? Mas então ele seria um escravo, um prisioneiro no céu, não um filho amoroso. Se lhe fosse deixado o livre-arbítrio, seria apenas uma questão de tempo até que ele escolhesse eternamente sua vontade em vez da de Deus, e ele seria expulso do céu, assim como os anjos. Deus sabe de tudo isso, e esta Terra é perfeitamente adequada para nos transformar em filhos eternamente livres e amorosos. Tudo o que temos de fazer é escolher segui-lo agora. Mas na presença de Deus, será que todos não o escolheriam? Não!

Nancy Bush relata o caso de uma mulher judia a quem foi dada uma escolha tão clara quanto possível. Descrevendo sua EQM, ela disse: "Eu sei que tudo aconteceu e, no entanto, logicamente, não consigo explicar o que aconteceu — ou talvez eu não consiga aceitar totalmente a realidade disso — porque sou judia e não acredito em Jesus Cristo. Eu só acredito em Deus". Em uma noite de inverno com neve, ela estava com o marido e os filhos no carro quando houve uma forte colisão frontal e ela se viu fora do corpo, vendo o acidente de cima.

>Eu estava em um círculo de luz. Olhei para baixo, para a cena do acidente. Olhei diretamente para o carro que bateu no nosso e vi uma mulher jovem (...) e sabia que ela estava morta. Olhei para dentro do meu carro e me vi presa e inconsciente. Vi vários carros parando e uma senhora levando meus filhos para o carro dela. (...) Ouvi [meu marido] falar comigo e me vi sem me mexer e sem responder. (...)
>
>Uma mão tocou a minha, e eu me virei para ver de onde vinha aquela paz, serenidade e sentimento de felicidade, e lá estava Jesus Cristo — quero dizer, do jeito que ele aparece em todas as pinturas, com túnica e barba brancas, (...) e eu nunca quis deixar esse homem e esse lugar. Nunca mais olhei ou pensei na cena do acidente ou na Terra, até que a experiência final me estimulou a fazer isso.
>
>Fui conduzida ao redor de um poço, porque eu queria ficar com [Jesus] e segurar sua mão. Ele me conduziu de um lado de felicidade para um lado de miséria. Eu não queria olhar, mas ele me fez olhar, e fiquei enojado, horrorizado e assustado. Era tão feio. As pessoas estavam sujas, suadas, gemendo de dor e acorrentadas em seus lugares. Tive de atravessar essa área de volta para o poço. (...) Ele me levou até lá, mas me fez atravessar por ele sozinha enquanto observava (...) e eu sabia que seria uma dessas criaturas se ficasse, por causa do que vi

no poço. Eu sabia que, se optasse por ficar por causa do sentimento mais sereno e grandioso, só teria miséria porque ele não queria que eu ficasse.

Inclinei-me sobre o poço, e um jovem parecido com Jesus (talvez fosse o próprio Deus, ou talvez os cristãos não sejam tão peculiares quanto penso) colocou a mão em minhas costas enquanto eu olhava para dentro. Havia três crianças gritando: "Mamãe, mamãe, mamãe, precisamos de você. Por favor, volte para nós". Eram dois meninos e uma menina. Os dois meninos eram muito mais velhos do que meus dois filhos pequenos, e eu não tinha uma menina. (...) E então, de repente, eu estava no círculo novamente (sua mão ainda em meu ombro) e vi a cena do acidente novamente, e chorei dizendo que não queria deixá-lo [Jesus] — e então ouvi meus bebês chorarem e vi a senhora levando-os para o carro — e eu sabia que tinha de ir embora e voltar.[259]

Ela sabia que tinha de voltar e criar seus filhos. Vários anos depois, ela teve uma menina — a menina que ela viu no poço. O que é peculiar é que nem mesmo ver Jesus foi suficiente. Depois de ter visto, ela ainda diz: "Sou judia e não acredito em Jesus Cristo."[260] Presumivelmente, Jesus não queria que ela ficasse porque ela o havia rejeitado. Talvez ela estivesse tendo outra chance.

Jesus disse: "Em verdade lhes digo que quem ouve a minha palavra e crê naquele que me enviou tem a vida eterna e não será condenado, mas já passou da morte para a vida. Em verdade lhes digo que está chegando a hora, e já chegou, em que os mortos ouvirão a voz do Filho de Deus, e aqueles que a ouvirem viverão" (João 5:24-25). "E quem me rejeita também rejeita quem me enviou" (Lucas 10:16).

Deus não quer que tenhamos medo da morte ou da condenação. Ele tornou a entrada no céu tão simples que qualquer pessoa, em qualquer lugar, pode invocar seu nome e ser salva — ficando em paz com Deus (Romanos 10:13). A única coisa que pode nos impedir de entrar no céu é o nosso orgulho. E quanto àqueles que nunca ouviram seu nome? Em última análise, não sabemos. Mas sabemos que Deus olha para o coração, é justo, e as Escrituras nos dizem que é pela fé, e não por nossas obras, que uma pessoa é salva (Efésios 2:8-10).

A salvação não é encontrada em ninguém mais além de Jesus (Atos 4:12), mas muitas pessoas que nunca souberam o nome de Jesus estarão no céu (Abraão, Moisés e Raabe, de acordo com Hebreus 11). Os "fiéis" do Antigo Testamento estarão lá por causa do pagamento de Jesus — no entanto, eles viveram antes de seu nome ser conhecido (Mateus 8:10-12). De alguma forma, Deus aplicou o pagamento de Jesus (ainda por vir) com base na fé deles na luz e no conhecimento que tinham.

Talvez ele faça o mesmo por aqueles que nunca ouviram seu nome. "Os olhos do Senhor percorrem toda a terra para fortalecer aqueles cujo coração está totalmente comprometido com ele" (2 Crônicas 16:9). E Deus promete: "Se vocês me procurarem de todo o coração, vocês me encontrarão" (Jeremias 29:13). Ele quer que todos ouçam para que não temam a morte ou o julgamento, mas saibam que têm vida com Deus agora e para sempre (1 João 5:13). Mas se a fé nos torna justos com Deus, então o que dizer de nossas boas ou más ações? Elas são importantes? Sem dúvida! É hora de explorar a revisão de vida e as recompensas por uma vida bem vivida.

Capítulo 17

Revisão da vida

Howard Storm havia sido resgatado dos horrores das trevas exteriores e agora se encontrava com Jesus, parado no espaço, olhando para o que ele sabia ser a Cidade de Deus. Jesus chamou em um tom melódico, e sete luzes atravessaram a vasta distância da Cidade da Luz para se juntar a eles. Howard os reconheceu como anjos ou santos, mais brilhantes e belos do que Howard poderia imaginar, superados apenas pelo próprio Jesus.

> Eles me perguntaram se eu gostaria de ver minha vida. Sem saber o que esperar, concordei. O registro da minha vida era o registro deles, não a memória da minha vida. Assistimos e vivenciamos episódios que eram do ponto de vista de terceiros. As cenas que eles me mostraram eram muitas vezes de incidentes que eu havia esquecido. Eles mostraram seus efeitos na vida das pessoas, dos quais eu não tinha conhecimento prévio. Relataram os pensamentos e sentimentos de pessoas com as quais eu havia interagido, dos quais eu não tinha conhecimento na época. Eles me mostraram cenas de minha vida que eu não teria escolhido e eliminaram cenas de minha vida que eu queria que eles vissem. Foi uma surpresa total ver como a história da minha vida estava sendo apresentada.

Enquanto Howard assistia a seus primeiros anos revividos em 3D, ele viu como a raiva de seu pai lentamente se tornou sua própria raiva, direcionando sua vida.

Sete anjos e eu mesmo, segurados por Jesus, estavam dispostos em um círculo enquanto as cenas eram projetadas no meio do círculo. (...) Vi como estava sendo treinado para reprimir as emoções e ser obediente a fim de obter a aprovação de meus pais. Também estava aprendendo que meu pai dominava completamente todos nós com a ameaça de sua raiva. Embora não tivéssemos permissão para demonstrar raiva, eu estava aprendendo como a raiva pode ser um meio poderoso de controlar as pessoas. (...)

Os anjos me mostraram como a compulsão do meu pai por ser bem-sucedido o estava levando a uma impaciência e raiva cada vez maiores com a família. Vi como minha mãe, minhas irmãs e eu desenvolvemos diferentes maneiras de lidar com suas imprevisíveis mudanças de humor. (...) Fiquei retraído e vivi em um mundo particular de raiva e violência. (...) Os anjos e Jesus compartilhavam comigo seus sentimentos de alegria quando o amor era expresso e compartilhavam sua decepção e tristeza quando machucávamos uns aos outros. Deus havia colocado minha mãe, meu pai, minhas irmãs e eu juntos para nos amarmos e apoiarmos uns aos outros na jornada de nossa vida para crescermos em amor e espírito. Estávamos adaptando nosso desejo de amar de maneira doentia. (...)

Eu não entendia — nem minha geração — que amor e relações sexuais não são a mesma coisa. Víamos os membros do sexo oposto como objetos a serem explorados para a gratificação sexual. (...) Esse período de minha vida foi vergonhoso de assistir em companhia divina porque eu havia direcionado mal meu desejo de amar e ser amado. (...) A revolução sexual em que cresci se opunha ao amor, promovendo o amor sexual falsificado como amor verdadeiro. Essa onda cultural de hedonismo foi banhada pelo álcool e pelas drogas, que são um afastamento ainda maior do amor e da vontade de Deus. (...) Deus uniu minha esposa e eu para aprendermos o amor.

Vi isso em minha revisão de vida. Deus nos dá um ao outro para aprendermos a amar. Esse é o nosso trabalho. (...)

Em minha revisão de vida, tive de me afastar inúmeras vezes quando me vi tratando meus filhos de forma pouco amorosa. A coisa mais desamorosa que fiz foi, às vezes, ficar tão obcecada com minhas preocupações que me tornava indiferente às necessidades deles. Sinto muito pelas ocasiões em que fui impaciente ou cruel com minha filha e meu filho. Os comportamentos mais perturbadores que testemunhei em minha revisão de vida foram os momentos em que me preocupei mais com minha carreira como artista e professora universitária do que com a necessidade deles de serem amados. O abandono emocional de meus filhos foi devastador para mim.

Foi horrível ver como eu havia me tornado tão parecido com meu pai. (...) Implorei que parassem com isso porque estava muito envergonhado por não ter vivido com amor e pela dor que causei a Deus, a Jesus e aos seres celestiais. A única razão pela qual consegui prosseguir com a revisão de vida foi o amor deles por mim. Não importava o que me vissem fazer na vida, eles comunicavam seu amor por mim, mesmo quando expressavam sua desaprovação pelas coisas que eu fazia. (...) Usar palavras vulgares é apenas mau gosto. Usar o nome de Deus de forma grosseira ou vazia é um insulto ao nosso Criador. Fiquei horrorizado com a forma como magoei minha companhia celestial quando me vimos blasfemar contra Deus e Cristo Jesus. (...) À medida que minha vida adulta se desenrolava diante de nós, minha natureza egocêntrica predominava, e isso desagradava muito minha companhia divina. Eu fazia muito pouco que não fosse em meu próprio interesse. As necessidades de outras pessoas eram menos importantes do que meus próprios desejos. Isso se opõe à vontade de Deus e é o oposto do amor. (...)

Os anjos me mostraram que não conquistamos o amor de Deus pelas coisas que fazemos. O amor de Deus é dado sem custo ou compromisso. Vivemos com amor porque Deus nos ama muito. Graças a Deus, há uma maneira de mudarmos nossa vida e sermos perdoados por nossos erros. (...) Somente uma pessoa que ama a Deus pode aceitar que Deus sofra e morra por nós para que possamos ser ressuscitados para a vida com Deus. Deus derrotou o poder da morte por meio do grande amor de Deus por nós. Jesus é o ato redentor de Deus para um mundo decaído. (...) Se uma pessoa não é governada pelo amor de Deus, ela é governada pelo ódio a Deus. O maior ódio a Deus é ser indiferente a Deus.[261]

O EFEITO BORBOLETA

A revisão da vida na presença de Deus geralmente tem o impacto mais dramático na vida de uma pessoa, de acordo com os pesquisadores de EQM. Ela esclarece o que realmente importa para Deus, pois ele mostra que cada pequena ação tem reverberação relacional, de pessoa para pessoa, e através das gerações. Algumas pessoas têm a experiência de ver sua vida passar diante de si enquanto estão morrendo, como Ian McCormack. Gary teve essa experiência logo quando seu carro bateu:

Deslizei para fora do meu corpo. Foi como sair de minhas roupas. Agora eu estava acima do carro; era como se a capota do carro tivesse sido removida. Eu podia ver meu corpo; podia ouvir Sue chorando. Minha vida passou diante de meus olhos (...) como uma reprise. Tudo, em apenas um instante, passou diante de mim. Eu não tinha medo, e não havia tristeza ou confusão.[262]

A maioria das pessoas passa pela revisão de vida na presença de Deus, enquanto Ele as orienta gentilmente para que vejam o que importa. A maioria das revisões de vida começa com uma pergunta desse ser de luz. Eles podem formulá-la de maneiras diferentes, mas todos ouvem basicamente a mesma coisa: "O que você fez com a vida que lhe dei?" Isso não é dito com julgamento, mas com amor, para estimular a reflexão e o aprendizado.

Imagine quando sua vida terrena terminar e você reviver toda a sua vida — cada momento. Imagine o dia em que Deus lhe mostrará como seus atos de serviço fiéis e amorosos produziram um efeito cascata de bem na economia de Deus. A Dra. Mary Neal sentiu o abraço de Jesus ao reviver toda a sua vida enquanto estava presa debaixo d'água em seu caiaque.

> Foram mostrados eventos em minha vida, não isoladamente, mas no contexto de seus efeitos invisíveis em cascata. É fácil para todos nós ver o impacto que nossas palavras ou ações podem ter em nosso entorno imediato, mas ver o impacto de eventos ou palavras dezenas de vezes mais distantes foi profundo. Por meio dessa experiência, pude ver claramente que cada ação, cada decisão e cada interação humana tem um impacto no mundo maior de maneiras muito mais significativas do que jamais seríamos capazes de perceber. Como se pode imaginar, essa foi uma parte profunda de minha experiência.[263]

Deus registra cada pensamento, cada ato e cada motivo. Ele promete recompensar aqueles que o amam e lhe são fiéis. Jesus nos lembra para que devemos viver: "Pois que adianta ao homem ganhar o mundo inteiro e perder a sua vida? Ou o que pode dar o homem em troca da sua vida? Pois o Filho do homem virá na glória do seu Pai, com os seus anjos, e então retribuirá a cada um de acordo com as suas ações" (Mateus 16:26-27). A revisão de vida que os EQMs experimentam parece ser uma prévia. Não é o julgamento, mas é uma oportunidade de viver para o que realmente dura. Não espere pela revisão de sua vida para viver pelo que importa!

O MELHOR SENTIMENTO

Fiz o funeral de Ben Breedlove, de 18 anos, cujo vídeo no YouTube contando sobre sua EQM na semana anterior à sua morte se tornou viral. Kid Cudi e Kim Kardashian tuitaram sobre isso, a revista *People* fez uma reportagem sobre o assunto, e a mensagem de Ben impactou milhões de pessoas em todo o mundo. Ben e sua família faziam parte de nossa igreja e eram amigos pessoais. Ben viveu à beira de uma insuficiência cardíaca durante toda a sua vida. Quando ele vinha passar a noite em nossa casa, tínhamos que nos certificar de que os meninos não ficassem muito loucos ou seu coração poderia falhar. O coração físico de Ben era fraco, mas seu coração espiritual era forte. Ben amava a Deus, amava seus amigos e amava a vida, e nunca me esquecerei de ouvir sobre sua revisão de vida após sua EQM.

Ben disse à sua irmã, Ally, que todos os momentos que ele já havia vivido se passaram diante dele em um instante, e "foi a *melhor* sensação!" Em *When Will the Heaven Begin*, Ally disse: "Ben sabia que estava pronto para algo mais importante."[264] Para aqueles que são fiéis, Deus um dia dirá: "Muito bem, servo bom e fiel! Você foi fiel no pouco; eu o porei sobre o muito. Venha e participe da alegria do seu senhor!" (Mateus 25:21).

Imagine um dia em que você veja os efeitos positivos e os efeitos negativos. A revisão de vida deixa bem claro que Jesus estava falando a verdade quando disse: "Não há nada oculto que não venha a ser revelado, ou escondido que não venha a ser conhecido" (Mateus 10:26). Pim van Lommel observa:

> A revisão de vida geralmente é vivenciada na presença da luz ou de um ser de luz. Durante uma revisão de vida panorâmica, as pessoas vivenciam não apenas cada ação ou palavra, mas também cada pensamento de sua vida passada, e elas (...) vivenciam os efeitos de seus pensamentos, palavras e ações sobre outras pessoas. (...) As pessoas podem falar por horas ou até dias sobre sua revisão de vida, mesmo que a parada cardíaca tenha durado apenas alguns minutos.[265]

Mark era passageiro de um Jeep que dirigia em estradas de montanhas nevadas em Lake Tahoe. Quando o carro perdeu o controle e bateu, Mark foi esmagado entre o Jeep e um poste telefônico. Ele saiu de seu corpo e passou por uma revisão de vida:

> Eu descreveria isso como uma longa série de sentimentos baseados em várias ações em minha vida. A diferença é que não apenas experimentei os sentimentos novamente, mas também tive algum tipo de empatia com os sentimentos das pessoas ao meu redor que foram afetadas por minhas ações. (...) Fui adotado ainda bebê. Eu era um tanto problemático. Às vezes, machucava outras crianças quando era menor e abusava de drogas e álcool, roubava, dirigia loucamente, tirava notas ruins, praticava vandalismo, era cruel com minha irmã, cruel com os animais — a lista é interminável. Todas essas ações foram revividas em poucas palavras, com os sentimentos associados,

tanto meus quanto das partes envolvidas. Mas o mais profundo foi uma sensação estranha vinda de minha mãe. Pude sentir como ela se sentiu ao saber da minha morte. Ela estava com o coração partido e com muita dor. (...) Tive a sensação de que foi uma tragédia ter tido o fim de sua vida tão cedo, sem nunca ter feito nada de bom. Esse sentimento me deixou com a sensação de ter um trabalho inacabado na vida.[266]

Segredos revelados

Independentemente da formação cultural ou religiosa, a revisão de vida parece consistente em todo o mundo. Steve Miller estudou EQMs não ocidentais e não cristãs: "Em minha amostra não ocidental, não vi nenhuma diferença significativa nas revisões de vida em comparação com as revisões de vida ocidentais."[267] Diferentes pessoas descreveram a experiência de forma diferente, uma como um "filme de mim mesmo e de toda a minha vida", outra como uma "revisão panorâmica de minha vida", outra como uma apresentação "como um PowerPoint".

Todas elas ficaram chocadas ao experimentar não apenas uma observação viva e tridimensional de toda a sua vida, mas até mesmo de seus pensamentos e motivos secretos. Essa experiência se alinha com o que as Escrituras predizem que acontecerá: "Portanto, não julguem nada antes do tempo; esperem até que o Senhor venha. Ele trará à luz o que está oculto nas trevas e manifestará as intenções de cada coração. Então, cada um receberá de Deus a sua recompensa" (1 Coríntios 4:5).

Rene teve um hidroplano nas ruas de Sydney, Austrália, bateu em uma pilastra e "morreu".

> Cheguei em uma explosão de luz gloriosa a uma sala com paredes insubstanciais, diante de um homem com cerca de 30 anos de idade, com cabelos castanhos avermelhados na altura dos ombros e uma barba e bigode incrivelmente bem-feitos e curtos. Ele usava uma túnica branca simples, parecia emanar luz dele e senti que tinha muita idade e sabedoria. Ele me recebeu com muito amor, tranquilidade, paz (indescritível), sem palavras. Senti que "posso me sentar a seus pés para sempre e ficar contente", o que me pareceu uma coisa estranha de se pensar/dizer/sentir. Fiquei fascinada com o tecido de seu manto, tentando descobrir como a luz poderia ser tecida!
>
> Ele ficou ao meu lado e me orientou a olhar para a minha esquerda, onde eu estava revivendo os momentos menos agradáveis da minha vida; revivi esses momentos e senti não apenas o que havia feito, mas também a dor que havia causado. Algumas das coisas que eu jamais imaginaria que poderiam ter causado dor. Fiquei surpreso com o fato de que algumas coisas com as quais eu poderia ter me preocupado, como roubar um chocolate quando era criança, não estavam presentes, enquanto comentários casuais que causaram mágoas desconhecidas para mim na época foram contados. Quando fiquei sobrecarregado de culpa, fui direcionado a outros eventos que deram alegria a outras pessoas. Embora eu me sentisse indigno, parecia que a balança estava a meu favor. Recebi muito amor.[268]

Jesus prometeu que não são as coisas que as pessoas veem que mais importam, mas as coisas invisíveis feitas para agradar a Deus que serão recompensadas no final.

> Tenham o cuidado de não praticar as suas obras de justiça diante dos outros para serem vistos por eles. Se fizerem isso, não terão nenhuma recompensa do seu Pai, que está nos céus.

> (...) Quando você cuidar dos necessitados, que a sua mão esquerda não saiba o que está fazendo a mão direita, de forma que você preste ajuda em secreto. E o seu Pai, que vê o que é feito em secreto, o recompensará. Quando vocês orarem, não sejam como os hipócritas. Eles gostam de ficar orando em pé nas sinagogas e nas esquinas, a fim de serem vistos pelos outros. Em verdade lhes digo que eles já receberam a sua plena recompensa" (Mateus 6:1, 3-6).

Nem todo mundo pode ter sucesso aos olhos do mundo. A maioria não será rica, famosa ou poderosa, e a glória do mundo passará com a morte; no entanto, cada pessoa pode ser bem-sucedida naquilo que Deus a colocou aqui para fazer. Ele olha mais para o coração e para os motivos. "E sem fé é impossível agradar a Deus, porque é necessário que aquele que se aproxima dele creia que ele existe e que recompensa os que o buscam sinceramente" (Hebreus 11:6). George Ritchie, o soldado do capítulo 1, ficou na presença de Jesus enquanto cada cena de sua vida era revivida diante dele, inclusive seus pensamentos e motivos secretos:

> O que emanava dessa Presença era amor incondicional. Um amor surpreendente. Um amor que estava além de minha imaginação. Esse amor conhecia cada coisa inamável em mim — as brigas com minha madrasta, meu temperamento explosivo, os pensamentos sexuais que eu nunca conseguia controlar, cada pensamento e ação mesquinhos e egoístas desde o dia em que nasci — e me aceitava e me amava da mesma forma. (...) Eu me vi virando as costas quando minha madrasta se inclinou para me dar um beijo de boa noite, vi o próprio pensamento: *Não vou amar essa mulher. Minha mãe morreu. A Srta. Williams foi embora. Se eu a amar, ela também me deixará.*

Observei-me aos dez anos de idade, diante da mesma janela da sala de jantar, enquanto papai ia ao hospital para trazer para casa mamãe e nosso novo irmão Henry, e me vi decidindo, antes mesmo de vê-lo, que não iria gostar dessa recém-chegada. (...) Cada detalhe de vinte anos de vida estava lá para ser visto. O bom, o ruim, os pontos altos e os mais comuns. E com essa visão abrangente veio uma pergunta. Ela estava implícita em cada cena e, como as próprias cenas, parecia vir da Luz viva ao meu lado.

O que você fez com sua vida?[269]

Moody observa que essa pergunta reflexiva abrangente é comum entre as EQMs:

O ser quase que imediatamente dirige um determinado pensamento à pessoa; (...) entre as traduções que ouvi estão: "Você está preparado para morrer?", "Você está pronto para morrer?", "O que você fez com sua vida para me mostrar?", e "O que você fez com sua vida que é suficiente?" (...) O objetivo da pergunta parece ser fazê-los pensar sobre suas vidas.[270]

Jesus nos disse: "Não há nada escondido que não venha a ser revelado nem oculto que não venha a ser conhecido. O que vocês disseram no escuro será ouvido à luz do dia; o que sussurraram nos ouvidos dentro de casa será proclamado dos telhados" (Lucas 12:2-3). A mensagem é clara: viva agora para o que realmente importa.

Questões relacionais

O mundo nos diz que o dinheiro é importante, que o poder é importante, que o prestígio é importante — e ficamos loucos tentando provar uns aos outros que somos bem-sucedidos o suficiente, importantes o suficiente, poderosos o suficiente; no entanto, no final, o que realmente importa é o relacionamento. Como é irônico que, ao tentar provar que somos dignos de amor por meio de realizações, podemos deixar de aceitar o amor de Deus e compartilhá-lo com as pessoas ao nosso redor — e, no final, isso é o que mais importa para o verdadeiro sucesso!

Todo mundo quer mudar o mundo; ninguém quer amar o próximo! No entanto, tudo o que Deus precisa que façamos para mudar o mundo é amar a Deus para que possamos amar nosso próximo tanto quanto a nós mesmos. Podemos realizar grandes coisas aos olhos do mundo, construir grandes corporações, liderar mudanças políticas radicais ou até mesmo liderar grandes organizações sem fins lucrativos ou igrejas em nome de Deus — e tudo isso pode ser bom. Mas se deixarmos de amar nossas famílias, nossos vizinhos, nossos colegas de trabalho e os necessitados que Deus coloca em nosso caminho, teremos falhado na tarefa principal que Deus nos deu.

Jesus nos disse que, no último dia, Deus dirá: "Quando vocês não amaram, não serviram, não vestiram, não alimentaram, não cuidaram do menor, do esquecido, do sem importância... não fizeram isso comigo. Quando você *amou*, *serviu*, vestiu, alimentou, cuidou dos menos importantes, você fez isso para mim — agora venha e receba sua recompensa" (Mateus 25, paráfrase minha). Jeffrey Long observa que as pessoas que passaram por EQMs descobriram que "muitas coisas que pareciam insignificantes na época — uma pequena gentileza, por exemplo — acabaram se tornando significativas em sua própria vida ou na de outra pessoa. As pessoas percebem que ficaram com raiva de coisas que não eram importantes ou que deram muito significado a coisas sem importância."[271]

Jesus disse que são as pequenas coisas invisíveis que importam: "Quando, porém, der um banquete, convide os pobres, os aleijados, os mancos e os cegos. Bem-aventurado será você, porque estes não têm como retribuir. A sua recompensa virá na ressurreição dos justos" (Lucas 14:13-14). Como pastor de uma grande igreja, voltei a me concentrar depois de ler a análise da vida de Steve Sjogren. Podemos fazer muitas coisas boas, mas "sem amor, nada somos" (1 Coríntios 13:1-3, paráfrase minha). Steve estava liderando uma grande igreja, fazendo muitas coisas boas, mas durante sua EQM Deus o redirecionou:

> Enquanto o tempo passava, ouvi Deus falar. Ele me falou sobre minha vida e tudo o que queria mudar nela. Foi como se tivéssemos ido ao depósito de madeira, no sentido mais positivo da expressão. Deus me deu uma série de mensagens inesquecíveis que mudaram minha vida e que levarei para o túmulo. Algumas eu posso compartilhar, outras são mais pessoais. (...) Não nos comunicamos apenas com palavras, mas também com lembranças e imagens. Deus me fez saber o quanto Ele me valorizava. É quase impossível descrever a perfeita sensação de aceitação que me envolveu, mas, mesmo em meio a esse abraço tão pessoal, parte de mim sabia que nem tudo em minha vida correspondia ao que Deus pretendia para mim. Eu havia caído tantas vezes que os anjos provavelmente tinham dores de cabeça. Apesar da minha lista de fiascos, Deus estendeu Sua total aceitação e amor absoluto a mim — e me mostrou como Ele me daria outra chance. Tive a sensação de que Deus me daria uma oportunidade de deixar de lado as coisas que se tornaram ídolos em minha vida e me permitiria começar a abraçar as pessoas. Eu deveria me tornar o marido e pai que deveria ser. Ali mesmo, na enfermaria da UTI, percebi

que não sabia o nome de nenhum dos amigos dos meus filhos! Eu deveria me tornar o empregador, o vizinho e o amigo que eu deveria ser.[272]

"Quem não ama a seu irmão ou irmã, a quem viu, não pode amar a Deus, a quem não viu" (1 João 4:20). Jesus deixa claro: não é o quanto nos tornamos grandes aos olhos do mundo ou o que realizamos que mais importa — é como fazemos essas coisas e por que as fazemos. Somos motivados pelo amor a Deus e pelo serviço ao próximo? Jesus nos disse: "Quem quiser tornar-se importante entre vocês deverá ser servo, e quem quiser ser o primeiro deverá ser servo de todos. Pois nem mesmo o Filho do homem veio para ser servido, mas para servir e dar a sua vida em resgate por muitos" (Marcos 10:43-45).

Responsabilidade

Uma coisa que as EQMs reconhecem é que não se pode fingir ou esconder, encobrir ou mascarar nada. À luz dos olhos de Deus, a verdade sobre nós mesmos é totalmente conhecida, e não há ninguém para culpar, nenhum lugar para se esconder, nenhuma desculpa para dar. Perceberemos plenamente a verdade, mesmo que tenhamos passado a vida inteira nos enganando. A única coisa que resta a fazer é assumir a responsabilidade por isso. E Deus quer que façamos isso agora, para que possamos nos livrar de todas as pretensões. Então, com a ajuda de Deus, poderemos nos tornar as pessoas que Ele deseja. Uma EQM notou:

> Eu me detive nos incidentes em que tive dificuldade de reconhecer minha responsabilidade até estar pronto para aceitá-la. Para todas as pessoas que magoei, intencionalmente ou não, eu queria explicar o motivo e expressar minhas mais sinceras

desculpas. Ninguém me condenou, e em todos os momentos senti um apoio caloroso. Como esse apoio poderia me amar? Será que ele não conseguia ver como eu tinha sido ingênuo na vida? E que eu havia sido motivado por ambição, egoísmo, medo e, sim, até mesmo por alegria ou euforia? Felizmente, também vi e senti todos os momentos maravilhosos, felizes, gratificantes e alegres que meus pensamentos, palavras e ações proporcionaram aos outros (e a mim mesmo). Tudo foi mostrado simultaneamente — minha vida inteira![273]

Jeffrey Long observa: "As pessoas que tiveram experiências de quase-morte geralmente notaram que eram elas que julgavam a si mesmas."[274] Talvez seja por isso que Jesus disse: "O homem bom tira boas coisas da bondade que entesoura no coração, mas o homem mau da sua maldade tira coisas más. Mas eu digo que, no dia do juízo, os homens darão conta de toda palavra inútil que tiverem falado. Pois, *por suas palavras*, vocês serão absolvidos e, *por elas*, serão condenados" (Mateus 12:35-37, destaque do autor).

Um homem disse: "Vi como eu era egoísta e como eu daria tudo para voltar atrás e mudar". Outro recorda:

> Em seguida, ele me mostrou a revisão de minha vida. Cada segundo, desde o nascimento até a morte, você verá e sentirá, e [você] experimentará suas emoções e as de outras pessoas que você feriu, e sentirá a dor e as emoções delas. Isso serve para que você possa ver que tipo de pessoa você foi e como tratou os outros de outro ponto de vista, e você será mais duro consigo mesmo do que com qualquer pessoa que o julgue.[275]

Julgamento

Lindi, uma mulher que frequenta nossa igreja, me disse:

> Eu sempre tive medo do julgamento. Sei que não há condenação para aqueles que estão em Cristo, mas por causa de todos os meus pecados passados, eu sabia que seria responsabilizada. Então, honestamente, eu não estava muito animado com o céu. Mas quando estive lá, não foi assim — eu estava *muito* animado com a revisão de minha vida.

Lindi ouviu uma Voz [que ela supôs ser de Jesus] fazendo uma revisão da vida de outra pessoa, dizendo: "Vamos ver todas as coisas que você fez para Me servir, para amar bem as outras pessoas; vamos ver os relacionamentos em sua vida e como você os amou bem e, portanto, Me serviu por meio deles". Lindi relembra: "O interessante é que tudo girava em torno de relacionamentos. Não havia nada sobre realizações, nada sobre nossos 'sucessos' — tudo era sobre como você amou outras pessoas."

Depois veio a parte que ela temia, mas a Voz disse: "Vamos analisar as oportunidades perdidas de Me amar melhor. Vamos ver como você poderia ter amado melhor as outras pessoas, os relacionamentos perdidos e como você poderia tê-los amado melhor e, portanto, Me servido melhor". Então a Voz disse: "Bem-vinda ao lar, obrigada por me amar tão bem durante toda a sua vida". Ela percebeu que realmente não há condenação, e isso a motivou a não perder oportunidades. Desde então, ela começou a trabalhar para libertar mulheres do tráfico sexual.

O que aqueles que passam pela revisão de vida também percebem é que o amor e a compaixão de Deus por nós não se baseiam em nossas boas ou más ações: são incondicionais — existem para serem recebidos como um presente gratuito. "Pois pela graça vocês são salvos, por meio da fé, e isto não vem de vocês, é dom de Deus; não por obras, para que ninguém se glorie" (Efésios 2:8-9).

Como veremos no próximo capítulo, há dois julgamentos. Um determina se aceitamos ou rejeitamos o dom gratuito de Deus de amor, perdão, adoção e salvação; o outro julgamento é para nos recompensar. O capítulo 2 de Efésios continua: "Porque fomos feitos por Deus, criados em Cristo Jesus, para boas obras, as quais Deus preparou previamente para que andássemos nelas" (Efésios 2:10). Deus quer que tenhamos confiança de que nunca seremos expulsos de sua presença — estamos seguros e protegidos em Cristo. Mas isso não significa que nossas boas ou más ações não importam; elas afetam nossa experiência na eternidade!

A revisão de vida não é nenhum desses julgamentos. É simplesmente um lembrete esclarecedor de que Deus sabe tudo sobre nós, e todos nós um dia prestaremos contas. Quando os pesquisadores de quase-morte proclamam que não há julgamento por causa da revisão de vida, eles não entendem o que as Escrituras revelam. Mas também, quando os cristãos dizem que as EQMs não podem ser de Deus porque as EQMs não enfrentam julgamento, e citam: "como o homem está destinado a morrer uma só vez e depois disso enfrentar o juízo" (Hebreus 9:27), eles também não entendem as Escrituras. Não há julgamento *algum* até que a história da Terra esteja completa e a história humana, como a conhecemos, termine (veja Apocalipse 11:15-18).

Não é de surpreender que as pessoas não se sintam julgadas por esse ser de luz, se ele for Jesus. Jesus nos disse: "Deus enviou seu Filho ao mundo não para julgar o mundo, mas para salvar o mundo por meio dele. Não há julgamento contra aquele que nele crê. Mas quem não crê nele já foi julgado" (João 3:17-18). Todo ser humano já se sente julgado — é por isso que julgamos os outros, nos comparamos e nos justificamos para nós mesmos —, mas tudo isso é contraproducente.

Deus quer nos libertar de provarmos a nós mesmos, de nos julgarmos ou de nos compararmos uns com os outros para que possamos ser livres para realizar as coisas maravilhosas que Ele nos criou para fazer. No final dos tempos, haverá dois julgamentos e, como descobriremos no próximo capítulo, o julgamento do tribunal de Cristo que está por vir não será como uma sentença — será como a maior cerimônia de premiação cósmica já imaginada.

Capítulo 18

Recompensas e julgamentos

A irmã de Gary estava dirigindo enquanto os irmãos cantavam "Silent Night" a caminho de casa durante as férias de Natal, quando, de repente, Gary ouviu um grito e uma explosão. Uma dor lancinante atravessou seu rosto e, na mesma hora, a dor desapareceu. Sua vida passou diante de seus olhos e ele se viu transportado por um túnel brilhante que o levava a um mundo inimaginável.

"Então comecei a caminhar sobre um tapete de grama verde e exuberante que cobria a encosta. Olhando para baixo, notei que a grama passava pelos meus pés e que não havia marcas onde eu havia acabado de andar. Da colina, vi a parte externa de uma cidade magnífica". Depois de se maravilhar com a beleza do paraíso, Gary foi até o portão da cidade.

> Um anjo passou pelo portão e estava verificando as páginas de um livro que carregava. Ele então acenou para o anjo gigante, confirmando que eu poderia entrar na cidade. De repente, na minha frente estava meu melhor amigo, John [que havia sido decapitado, mas agora estava inteiro]. Seus olhos brilhavam de vida enquanto nos abraçávamos. (...)
>
> John me disse que tinha muitas coisas maravilhosas para me mostrar. John me levou a um prédio muito grande que parecia uma biblioteca. As paredes eram de ouro maciço e

brilhavam com uma deslumbrante exibição de luz que se elevava até um teto de cristal em forma de cúpula. Vi centenas e centenas de livros. (...) Muitos anjos estavam lá lendo o conteúdo dos livros. John explicou-me que esses livros contêm um registro da vida de cada pessoa que já nasceu, ao longo de toda a história. Tudo o que fazemos aqui na Terra está registrado nesses livros — bom ou ruim — tudo.[276]

O GRANDE TRONO BRANCO

Quando os pesquisadores de quase-morte proclamam que a revisão de vida mostra que não há julgamento, eles ignoram ingenuamente o que as Escrituras ensinam. Os profetas do Antigo Testamento e Jesus falam sobre dois julgamentos distintos. O julgamento do grande trono branco é um julgamento de fé e determina quem pertence a Deus. O julgamento do tribunal de Cristo (*bema seat*[277]) é, na verdade, uma cerimônia de recompensa para todos os que pertencem a Deus. Como as Escrituras deixam claro, nenhum dos dois julgamentos ocorre até o fim da história humana como a conhecemos: "O reino do mundo se tornou do nosso Senhor e do seu Cristo, e ele reinará pelos séculos dos séculos. (...) Chegou o tempo de julgares os mortos e de recompensares os teus servos, os profetas, os teus santos e os que temem o teu nome, tanto pequenos como grandes, e de destruir os que destroem a terra" (Apocalipse 11:15, 18).

Uma das observações mais fascinantes das EQMs está relacionada ao ensino das Escrituras sobre os livros no céu que registram todos os nossos atos. Marv Besteman se lembra de tê-los visto durante sua EQM: "Empilhados em cima dessa prateleira ou mesa feita de pedras, havia livros e mais livros e mais livros, empilhados com três ou quatro livros de altura, ao longo de toda a superfície, tanto à esquerda quanto à direita."[278]

Moisés fez alusão ao Livro da Vida, que indica quem pertence a Deus (Êxodo 32:32-33). Um anjo disse ao profeta Daniel durante sua visão do céu:

> Todo aquele cujo nome está escrito no livro, será liberto. Multidões que dormem no pó da terra acordarão: uns para a vida eterna; outros, porém, para a vergonha e a repugnância eternas. Aqueles que são sábios reluzirão como o fulgor do firmamento, e aqueles que conduzem muitos à justiça serão como as estrelas para todo o sempre (Daniel 12:1-3).

As EQMs confirmam o que dizem as Escrituras — há livros no céu que registram todos os nossos atos e o Livro da Vida, que registra os nomes daqueles que deram suas vidas a Deus. Ambos entram em ação após o fim dos tempos, no grande trono branco: "Depois, vi um grande trono branco e aquele que nele estava assentado. (...) Vi também os mortos, grandes e pequenos, em pé diante do trono, e livros foram abertos. Outro livro foi aberto, o livro da vida. Os mortos foram julgados de acordo com o que tinham feito, segundo o que estava escrito nos livros" (Apocalipse 20:11-12).

As pessoas descartam a ideia de julgamento; não é uma ideia popular hoje em dia. Mas tem sido uma ideia comum em quase todas as culturas, desde sempre. O que é surpreendente é a quantidade de pessoas que tiveram uma EQM que se referem aos livros do céu. O site de Jeffrey Long contém a história de uma menina de treze anos que morreu em um acidente na piscina e se viu nos portões da cidade, onde viu livros e um "velho" amigo:

> No início, eu estava esperando na fila, atrás de todas aquelas pessoas. E então chegou a minha vez. E eu estava diante de um cara GRANDE, que eu acho que era um anjo. Ele estava segurando um livro GRANDE. (...) O anjo me perguntou meu nome, e eu disse a ele. Quando ele o procurou, disse: "Sinto muito, mas não é a sua hora". Então eu lhe disse: "Por que não é minha hora?!?! Estou pronta para morrer! Minha vida é uma merda!!! Meu melhor amigo morreu há [cinco] anos!!! Por que não é minha hora?!?!" E então ele se virou como se alguém estivesse falando com ele e voltou para mim novamente e disse: "Alguém quer falar com você". Em seguida, apontou para o portão com a cidade atrás dele. (...) Era o Jake. Sabe, Jake, meu melhor amigo, morreu em um acidente de carro há cinco anos. Nós dois tínhamos sete anos de idade e, quando o vi lá, corri para o portão o mais rápido que pude! Nós dois nos aproximamos, seguramos as mãos um do outro e choramos. Ele parecia ter a minha idade, mas eu sabia que era ele. E me sinto idiota em dizer isso, mas ele ficou mais bonito desde a última vez que o vi! ha ha ha! Depois conversamos um pouco, sobre coisas que aconteceram, um sobre o outro, e então o anjo disse: "Está na hora de você voltar."[279]

Outro adolescente que se afogou explica no mesmo site que também viu livros:

> [Meus anjos] não gostaram de minha resposta: "Não quero voltar lá embaixo; é doloroso". "Você precisa! Sua missão ainda não está completa!" Nós nos comunicamos telepaticamente; sem movimentos dos lábios ou da boca; só pensamentos. Momento a momento, você descobre a rapidez com que está adquirindo conhecimento e como é fácil aceitá-lo. Meus três anjos pediram permissão do alto para me mostrar algo. (...) O que parecia ser um livro ENORME, com um metro e meio de

espessura, sobre a VIDA. MINHA vida. Assim como minha vida havia passado diante dos meus olhos quando eu estava sendo afogado, agora estava sendo mostrada a minha vida futura.[280]

O salmista diz: "Os teus olhos viram o meu corpo ainda não formado; todos os dias ordenados para mim foram escritos *no teu livro*, antes que um deles existisse" (Salmo 139:16, destaque do autor).

Escrito no livro

No início, parecia estranho para mim porque Deus precisaria ter livros no céu. Mas talvez eles estejam lá para nós — como um registro e um lembrete. Assim como temos filmes e livros históricos, o céu parece ter tanto um replay visual panorâmico quanto livros de registro. Em todo o mundo, as EQMs confirmam a existência de livros no céu. Conforme relatado por Osis e Haraldsson, os indianos hindus nunca experimentaram

> reencarnação e dissolução em Brahma, o aspecto sem forma de Deus que é o objetivo do esforço espiritual indiano. Mas o conceito de carma — acúmulo de méritos e deméritos — pode ter sido vagamente sugerido por relatos de um "homem de túnica branca com um livro de contabilidade".[281]

Eles não fazem nenhuma conexão com a Bíblia, mas relatam que vários indianos mencionaram esse homem de branco que alguns chamam de "Deus" e de "livros de contabilidade".

Um médico indiano disse: "O paciente [indiano] parecia estar morrendo. Depois de algum tempo, ele recuperou a consciência. Ele então nos disse que foi levado por mensageiros com roupas brancas e levado a um lugar bonito. Lá ele viu um homem de branco com um livro de contabilidade."[282] Outro indiano "viu uma bela cena, com lindas flores. Lá ele viu um homem vestido de branco sentado com um livro aberto."[283]

No grande trono branco, cada pessoa verá claramente sua necessidade de receber de Jesus o pagamento de sua dívida. Como Jesus disse, Deus aceitará, perdoará e aceitará de volta qualquer pessoa que queira a liderança de Deus. Deus não expulsa ninguém de sua presença; ele lhes dá o que querem. Se eles não quiseram o perdão e a liderança de Deus, serão julgados por suas próprias palavras. Como Jesus disse: "Mas eu digo que, no dia do juízo, os homens darão conta de toda palavra inútil que tiverem falado. Pois, por suas palavras, vocês serão absolvidos e, por elas, serão condenados" (Mateus 12:36-37).

Lembre-se, porém, de que o que as EQMs vivenciam não é o julgamento, porque as EQMs não "morreram" — não completamente! Long diz que 31% das pessoas que passam por EQMs relatam alguma fronteira ou limite: "Eu cheguei a um ponto em que senti que tinha de escolher entre voltar à vida ou seguir para a morte. Minha melhor amiga estava lá (que havia morrido de câncer dois anos antes) e me disse que aquilo era o máximo que eu poderia ir ou não conseguiria voltar atrás."[284]

O CÉU E O INFERNO MUDARÃO

Após o grande trono branco, o céu e o inferno mudarão. "Então, a morte e o Hades foram lançados no lago de fogo. O lago de fogo é a segunda morte. Aqueles cujos nomes não foram encontrados escritos no livro da vida foram lançados no lago de fogo" (Apocalipse 20:14-15). A morte e o Hades (ou inferno, o lugar de detenção dos mortos) e todos os que fizeram o mal e rejeitaram a Deus passarão pela segunda morte. Alguns acham que esse é um tipo de aniquilação; outros argumentam que as criaturas eternas não podem ser aniquiladas. Seja qual for o caso, o mal, o pecado, a dor e o sofrimento jamais voltarão a assolar a humanidade.

Deus não pode permitir que aqueles que não estão dispostos a se submeter ao seu governo entrem em seu reino eterno ou eles o corromperiam como fizemos com a Terra e a humanidade. "Nela jamais entrará algo impuro, nem aqueles que praticam abominação e mentira, mas unicamente aqueles cujos nomes estão escritos no livro da vida do Cordeiro" (Apocalipse 21:27).

Se você não tem certeza de qual seria o seu veredito no grande trono branco, pode ter certeza agora mesmo. Como Jesus disse: "Em verdade lhes digo que quem ouve a minha palavra e crê naquele que me enviou tem a vida eterna e não será condenado, mas já passou da morte para a vida" (João 5:24).

O TRIBUNAL DE CRISTO

Em algum momento após a conclusão da história da Terra, outro julgamento acontece, chamado de *tribunal de Cristo* (*bema*). É um julgamento para os filhos de Deus. Sim, há um julgamento dos crentes: "Pois todos nós devemos comparecer diante do tribunal de Cristo, para que cada um receba de acordo com as obras praticadas por meio do corpo, quer boas, quer más" (2 Coríntios 5:10). A palavra traduzida como "tribunal" é a palavra grega *bema*, que se refere ao assento do juiz nos jogos antigos — como a tribuna do juiz olímpico. Esse era o lugar onde os juízes entregavam as medalhas de ouro ou prata (coroas na época) por uma corrida bem-feita. É um julgamento de recompensas.

Deus gosta de recompensar cada ato, ação e até mesmo motivo fiel, e é isso que acontecerá no julgamento do tribunal do bema. Não ganhamos o amor de Deus ou a aceitação no céu; esse é um presente que recebemos ou rejeitamos. Mas todas as nossas ações determinam nossa *experiência* no céu — o que levamos conosco desta vida. Paulo usa uma analogia com a construção de uma casa:

> O que planta e o que rega têm um só propósito, e cada um será recompensado de acordo com o seu próprio trabalho. (...) Porque ninguém pode pôr outro alicerce além do que já está posto, que é Jesus Cristo. Se alguém constrói sobre esse alicerce usando ouro, prata, pedras preciosas, madeira, feno ou palha, a sua obra será mostrada, porque o dia a trará à luz. Ela será revelada pelo fogo, e o fogo provará a qualidade da obra de cada um. Se o que alguém construiu permanecer, este receberá uma recompensa. Se a obra que alguém construiu for consumida, este sofrerá prejuízo; contudo, será salvo como alguém que escapa através do fogo (1 Coríntios 3:8, 11-15).

Paulo retrata algumas pessoas que vieram à fé e viveram suas vidas investindo em coisas de valor eterno, e o que elas construíram com suas vidas permanecerá e trará grande recompensa eterna. Outros receberam o dom de Deus, mas viveram principalmente para si mesmos. Imagine uma pessoa que sai correndo de uma casa em chamas — ela está a salvo, mas tudo pelo que trabalhou virou fumaça. O que você faz com sua vida realmente importa — cada momento desta vida importa mais do que você jamais imaginou.

O tribunal de Cristo é onde Jesus nos recompensa — é como uma grande celebração do Oscar para todos os filhos de Deus em toda a história da humanidade! Se você achava que o tapete vermelho era grande coisa, você ainda não viu nada! Deus promete reconhecer e recompensar cada pessoa, pessoalmente.

Vai ser a coisa mais gratificante que você já imaginou. Isaías esperava por isso, dizendo: "Veja! O seu Salvador vem! Veja! Ele traz a sua recompensa" (Isaías 62:11). Jesus disse: "Pois o Filho do homem virá na glória do seu Pai, com os seus anjos, e então retribuirá a cada um de acordo com as suas ações" (Mateus 16:27). Portanto, vamos imaginar esse dia e viver para as coisas que Deus recompensa.

O QUE É RECOMPENSADO ETERNAMENTE?

Quando você pensa sobre a vida, ela realmente não é nada justa. Metade da humanidade vive com menos de US$ 2 por dia, os poderosos oprimem os impotentes, o sofrimento e a injustiça fazem parte do território da maioria. No entanto, Deus promete que um dia aqueles que perseveraram por amor a Deus serão recompensados. Todas as vezes em que você se perguntou: "Será que vale a pena? Vale a pena resistir à tentação? Será que vale a pena ser ridicularizado, evitado, excluído entre seus pares? Será que vale a pena amar a Deus quando estou sofrendo tanto? Vale a pena amar as pessoas quando elas são tão más e perversas? Será que vale a pena?" Um dia você verá — a resposta é um retumbante sim!

A PERSEVERANÇA É IMPORTANTE

"Bem-aventurado o homem que persevera na provação, porque, depois de aprovado, receberá a coroa da vida que o Senhor prometeu aos que o amam" (Tiago 1:12). Deus promete pessoalmente recompensar nossa perseverança. Quando ninguém mais podia ver como era difícil para nós, mas nos apegamos a ele e perseveramos — ele sabe, ele vê e está acompanhando tudo: "Conheço as suas tribulações e a sua pobreza, mas você é rico! (...) Não tenha medo do que você está prestes a sofrer. (...) Seja fiel até a morte, e eu darei a você a coroa da vida" (Apocalipse 2:9-10).

Ken Ring entrevistou Carla, uma EQM cega que finalmente viu a verdade durante sua revisão de vida. Carla morreu clinicamente durante uma cirurgia, deixou seu corpo e descreveu com precisão a sala de cirurgia: "A mesa de operação estava no centro da sala. E a telemetria estava no teto, sabe, a tela da telemetria estava no teto." Durante a revisão de sua vida, ela viu a verdade sobre o bullying que sofreu:

> Entrevistador: Você conseguiu ver detalhes de pessoas que nunca havia conseguido ver?
>
> Carla: Ah, sim. Mas eu vi, sabe, a mim mesma [e] como eu estava lidando com as pessoas e as coisas exatas que eu havia dito, sabe, a essas pessoas em cada experiência. (...) Eu cresci muito rápido para a minha idade e, por isso, as crianças com visão parcial costumavam me chamar de "celeiro grande". E acho que, com isso, ao me ver no parquinho, nadando ou fazendo o que quer que eu estivesse fazendo, percebi que eu não era como eles me retratavam. Que, na verdade, algumas das crianças que zombavam de mim eram maiores e mais gordas do que eu, e eu podia ver isso. (...) Não parece ser grande coisa, mas realmente era para mim. (...) Eu achava que eu parecia uma pessoa muito graciosa. Como "uma dama".[285]

Penso em minha amiga Kate, que nasceu com paralisia cerebral. Por dentro, ela é como você e eu, mas por fora está presa a uma cadeira de rodas e fala principalmente por meio de um computador. Kate me disse que, em um determinado momento, teve pensamentos suicidas devido à rejeição e à mágoa que lhe eram infligidas por pessoas que funcionavam bem. Foi quando ela encontrou a fé em Jesus e começou a viver para ele. Isso mudou sua perspectiva, e ela agora procura maneiras de amar e servir aos outros e está escrevendo um livro para incentivar outras pessoas com deficiência. Imagine a recompensa de Kate! Sempre que estiver lutando, sofrendo ou passando por provações, lembre-se: seja fiel a Deus, persevere, e ele o recompensará!

Buscar a Deus importa

Enfrentando a execução em uma cela da prisão romana, Paulo declarou: "Agora, está reservada para mim a coroa da justiça, que o Senhor, justo juiz, me dará naquele dia; não somente a mim, mas também a todos os que amam a sua vinda" (2 Timóteo 4:8). Deus promete recompensar aqueles que o buscam diligentemente, que andam pela fé com ele e que anseiam por ele. "Sem fé é impossível agradar a Deus, pois quem se aproxima dele precisa crer que ele existe e que *recompensa* aqueles que o buscam com afinco" (Hebreus 11:6, destaque do autor).

Fé é outra palavra para confiança. Não é possível ter um relacionamento sem confiança. É por isso que a fé é tão importante para Deus. Demonstramos nosso amor por ele buscando-o, procurando sua vontade e seus caminhos e confiando no que ele diz nas Escrituras. Ninguém mais pode ver todas essas decisões tomadas pela fé todos os dias, mas Deus registra cada uma delas. Um dia, Ele recompensará todas elas.

Jesus prometeu: "Em verdade lhes digo que, até que os céus e a terra desapareçam, de forma alguma desaparecerá da lei a menor letra ou o menor traço, até que tudo se cumpra. Portanto, todo aquele que desobedecer a um desses mandamentos, ainda que dos menores, e ensinar os outros a fazerem o mesmo, será chamado menor no reino dos céus, mas todo aquele que praticar e ensinar esses mandamentos será chamado grande no reino dos céus" (Mateus 5:18-19). Como é maravilhoso saber que talvez você nunca seja rico, poderoso ou esteja na capa de uma revista, mas se buscar fielmente a Deus, conhecer as Escrituras e obedecer com amor à vontade Dele — um dia você será um dos grandes para a eternidade!

Desenvolvimento de pessoas é importante

Não deveria nos surpreender o fato de que desenvolver e edificar espiritualmente pessoas é importante para Deus — não podemos amar a Deus a menos que também amemos Seus filhos (1 João 4:7-21). No entanto, esquecemos tão rapidamente. O mundo nos diz para construirmos a nós mesmos. Quando obedecemos a isso, negligenciamos a edificação dos outros. Howard Storm percebeu isso durante a revisão de sua vida: "Os anjos e Jesus não tinham interesse nas competições de atletismo que eu ganhava ou perdia. Eles estavam interessados nos relacionamentos e em como incentivávamos ou prejudicávamos uns aos outros."[286]

Todos nós queríamos que as pessoas nos vissem, acreditassem em nós e nos ajudassem a nos tornar as pessoas que Deus planejou que fôssemos; no entanto, a maioria de nós não recebeu isso e, portanto, não oferece isso aos outros. Quando dedicamos tempo para desenvolver nossos filhos, Deus o recompensará — esse é nosso primeiro dever! Mas é muito fácil se preocupar com o desenvolvimento de *nossos* filhos. Quando dedicamos tempo para também ajudar outras pessoas a encontrar a fé ou desenvolver os outros "filhos" de Deus, ele nos recompensará!

Jesus usou uma metáfora agrícola para ensinar isso: "Mas olhem e vejam bem os campos: o que foi plantado já está maduro e pronto para a colheita. Quem colhe recebe o seu salário, e o resultado do seu trabalho *é a vida eterna para as pessoas*. E assim tanto o que semeia como o que colhe se alegrarão juntos." (João 4:35-36, NTLH, itálico meu). Ajudar as pessoas a encontrar a fé e a crescer espiritualmente pode fazer com que você seja ridicularizado ou perseguido no curto prazo, mas um dia isso lhe trará muita, muita alegria! Você não precisa estar muito adiantado para simplesmente estender a mão e ajudar alguém que está dois passos atrás de você. Ian McCormack recebeu essa mensagem depois que Jesus o resgatou das trevas exteriores:

> Diretamente atrás de Jesus havia uma abertura em formato circular, como o túnel pelo qual eu tinha acabado de passar. Olhando por ela, pude ver um mundo totalmente novo se abrindo diante de mim. Senti-me como se estivesse à beira do paraíso. (...)
> No centro dos prados, eu podia ver um riacho cristalino serpenteando pela paisagem com árvores em ambas as margens. À minha direita, havia montanhas ao longe e o céu acima era azul e claro. (...)
> Jesus me fez esta pergunta: "Ian, agora que você viu, você quer voltar?" Eu pensei: "Voltar, claro que não. Por que eu iria querer voltar? Por que eu iria querer voltar para a miséria e o ódio? Não, não tenho nada para voltar. Não tenho esposa nem filhos, ninguém que realmente me ame. Você é a primeira pessoa que me amou de verdade (...)"
> Mas ele não se mexeu, então olhei para trás uma última vez para dizer: "Adeus, mundo cruel, estou fora daqui!" Quando o fiz, em uma visão clara, bem na frente do túnel, estava minha mãe. Quando a vi, percebi meu erro; havia uma pessoa que me

amava — minha querida mãe. (...) Eu havia zombado de suas crenças. Mas ela estava certa, afinal, havia um Deus, um céu e um inferno.

Comecei a pensar em como seria egoísta ir para o paraíso e deixar minha mãe acreditando que eu tinha ido para o inferno. (...) Então eu disse: "Deus, só quero voltar para uma pessoa, que é a minha mãe". (...)

Então, quando olhei para trás novamente, vi atrás dela meu pai, meu irmão e minha irmã, meus amigos e uma multidão de outras pessoas. Deus estava me mostrando que havia muitas outras pessoas que também não sabiam e nunca saberiam, a menos que eu pudesse compartilhar com elas. Eu respondi: "Eu não amo essas pessoas", mas ele respondeu: "Eu as amo e desejo que todas elas venham a me conhecer". Então o Senhor disse: "Se você voltar, terá de ver as coisas sob uma nova luz".[287]

Quando você desenvolve outras pessoas espiritualmente, talvez ninguém perceba ou se importe, mas Deus se importa! Paulo escreve o seguinte para as pessoas que ele desenvolveu no espírito em Tessalônica: "Pois quem é a nossa esperança, alegria ou coroa em que nos gloriamos diante do Senhor Jesus na sua vinda? Não são vocês?" (1 Tessalonicenses 2:19, NTLH). Pedro diz a todos os que pastoreiam espiritualmente e desenvolvem outros: "Aconselho que cuidem bem do rebanho que Deus lhes deu e façam isso de boa vontade, como Deus quer, e não de má vontade. Não façam o seu trabalho para ganhar dinheiro, mas com o verdadeiro desejo de servir. Não procurem dominar os que foram entregues aos cuidados de vocês, mas sejam um exemplo para o rebanho. E, quando o Grande Pastor aparecer, vocês receberão a coroa gloriosa, que nunca perde o seu brilho" (1 Pedro 5:2-4). Quando você investe espiritualmente nas pessoas,

Deus vê e recompensará isso. Um dia você verá como uma vida mudou outra vida e como seu maior impacto na humanidade veio do desenvolvimento de indivíduos.

Servir os menos importantes

As pessoas são importantes para Deus. Ele se preocupa com aqueles que são negligenciados, excluídos, marginalizados, não vistos pela maioria porque não podem fazer nada por nós. Mas Deus vê, e quando agimos de forma altruísta para servir àqueles que não podem fazer nada por nós, isso será recompensado no céu.

Depois de sua revisão de vida, um EQM disse: "Vi como eu era egoísta e como eu daria tudo para voltar atrás e mudar". Jeffrey Long observa que muitas EQMs dizem que "a revisão de vida, de todos os elementos da EQM, foi de longe o maior catalisador para a mudança". A revisão de vida permite que os EQMs revivam suas próprias vidas, com erros e tudo mais. (...) Coisas que pareciam insignificantes na época — uma pequena gentileza, por exemplo — acabam se tornando significativas em sua própria vida ou na de outra pessoa."[288] É por isso que Jesus nos disse que quando servimos a pessoa menos "importante" em termos terrenos, nós o servimos — e isso será recompensado (ver Mateus 25:31-46).

Questões de trabalho

Muitas pessoas odeiam seus empregos. É uma pena, pois todo o nosso trabalho é importante para Deus quando o fazemos para agradá-Lo. Imagine como isso poderia transformar seu propósito de trabalhar com excelência se você soubesse que realmente fará uma diferença na eternidade. "O que vocês fizerem façam de todo o coração, como se estivessem servindo o Senhor e não as pessoas. Lembrem que *o Senhor lhes dará como recompensa* aquilo que ele tem guardado para o seu povo, pois o verdadeiro Senhor que vocês servem é Cristo. E quem faz o mal, seja quem for, pagará pelo mal que faz. Pois, quando Deus julga, ele não faz diferença entre pessoas" (Colossenses 3:23-25, NTLH, destaque do autor). Tudo o que fizermos com o motivo de fazer bem-feito para agradar a Deus será recompensado! Não é animador perceber isso? Você pode ter sucesso em qualquer lugar, fazendo qualquer coisa. Mas se formos funcionários preguiçosos, desonestos e negligentes, Deus também verá isso — e perderemos uma recompensa em potencial que Ele quer nos dar.

AS FINANÇAS SÃO IMPORTANTES

"A quem muito foi dado, muito será exigido; a quem muito foi confiado, muito mais será pedido" (Lucas 12:48). Eu costumava odiar essas palavras de Jesus — elas me assombravam. Vivo nos Estados Unidos, onde a maioria de nós estará entre os 2% dos seres humanos mais ricos da história (se você ganha US$ 25.000/ano ou mais, você está lá — mais de US$ 1 milhão passará por suas mãos durante sua vida!) Tenho formação universitária, o que me coloca entre os 1% mais instruídos da humanidade. Tenho mais opções, mais aparelhos, mais entretenimento e mais tempo livre do que a maioria dos seres humanos jamais teve.

Então, o que farei com tudo o que Deus me confiou? Isso é importante para Deus. Jesus nos disse claramente que todo o nosso dinheiro é como o dinheiro de jogos de tabuleiro, e todas as nossas posses — não podemos ficar com nenhuma. No final do jogo, tudo volta para a caixa. O que dura é como você jogou o jogo para honrar a Deus.

Por isso eu digo a vocês: usem as riquezas deste mundo para conseguir amigos a fim de que, quando as riquezas faltarem, eles recebam vocês no lar eterno. Quem é fiel nas coisas pequenas também será nas grandes; e quem é desonesto nas coisas pequenas também será nas grandes. Pois, se vocês não forem honestos com as riquezas deste mundo, quem vai pôr vocês para tomar conta das riquezas verdadeiras? E, se não forem honestos com o que é dos outros, quem lhes dará o que é de vocês? Um escravo não pode servir a dois donos ao mesmo tempo, pois vai rejeitar um e preferir o outro; ou será fiel a um e desprezará o outro. Vocês não podem servir a Deus e também servir ao dinheiro (Lucas 16:9-13, NTLH).

Ele adora recompensar

Quando investimos nossos recursos na construção do reino de Deus, fortalecendo suas igrejas, alimentando os pobres, corrigindo injustiças, abençoando os outros como um ato de amor para com ele — ele diz que isso será recompensado com verdadeiras riquezas, verdadeiras posses, coisas que nunca poderão ser tiradas de nós. Imagine o que essas coisas podem ser, porque você nunca vai perdoar a Deus. Ele adora recompensar!

Mas parte da razão pela qual as pessoas não investem tempo, dinheiro ou serviço para as recompensas que virão é porque elas simplesmente não conseguem imaginá-las. Algumas pessoas ainda temem que o céu seja mais ou menos satisfatório. Quando temos uma visão clara do custo/benefício de possivelmente sacrificar algumas recompensas terrenas para viver pelas recompensas eternas, não há dúvida. As recompensas que virão são — desculpe o trocadilho — de outro mundo!

Capítulo 19

Emocionante — não entediante

Aqueles que têm dificuldade em imaginar o céu temem que ele seja entediante. Apenas imagine o futuro estimulante que o aguarda como recompensa de Deus por uma vida bem vivida. O neurocirurgião Eben Alexander, formado em Harvard, afirma que foi transportado do poço escuro para um mundo repleto da indescritível realidade celestial:

> Então, ouvi um novo som: um som vivo, como a mais rica, complexa e bela peça musical que você já ouviu. O volume aumentava à medida que uma luz branca pura descia. (...) Comecei a me mover para cima. Rapidamente. Houve um som de "vuuush" e, em um instante, atravessei a abertura e me vi em um mundo completamente novo. O mundo mais estranho e mais bonito que eu já tinha visto.
>
> Brilhante, vibrante, extasiante, impressionante. (...) Eu poderia usar um adjetivo após o outro para descrever a aparência e a sensação desse mundo, mas todos eles seriam insuficientes. Senti que estava nascendo. Não renascido ou nascido de novo. Apenas... nascido.
>
> Abaixo de mim, havia um campo. Era verde, exuberante e semelhante à terra. Era terra, mas ao mesmo tempo não era. Era como quando seus pais o levam de volta a um lugar onde você passou alguns anos quando era criança. Você não conhece o lugar. Ou, pelo menos, acha que não conhece. Mas

ao olhar em volta, algo o atrai, e está se regozijando por estar lá novamente.

Eu estava voando, passando por cima de árvores e campos, riachos e cachoeiras, e aqui e ali, pessoas. Havia crianças também, rindo e brincando. As pessoas cantavam e dançavam em círculos e, às vezes, eu via um cachorro correndo e pulando no meio delas, tão cheio de alegria quanto as pessoas. Elas usavam roupas simples, porém bonitas, e me pareceu que as cores dessas roupas tinham o mesmo tipo de calor vivo que as árvores e as flores que floresciam e desabrochavam no campo ao redor delas.

Um mundo de sonhos lindo e incrível. (...)

Só que não era um sonho. (...) Eu tinha certeza de uma coisa: esse lugar em que eu me encontrava de repente era completamente real. A palavra real expressa algo abstrato e é frustrantemente ineficaz para transmitir o que estou tentando descrever. (...)

Lembre-se de quem está falando com você neste momento. Não sou um sentimentalista de cabeça mole. Sei como é a morte. (...) Conheço minha biologia e, embora não seja um físico, também não sou um desleixado nisso. Sei a diferença entre fantasia e realidade e sei que a experiência da qual estou lutando para lhe dar a imagem mais vaga e completamente insatisfatória foi a experiência mais real da minha vida.[289]

Todas as EQMs dizem que a vida futura é a vida real — exatamente como a que vivemos agora — só que ampliada em termos de experiência: mais beleza, mais emoções, mais responsabilidade, tarefas mais importantes, mais felicidade e aventura. Ninguém quer voltar. Portanto, vamos imaginar como seria ganhar recompensas eternas, pois estou convencido de que vale a pena pensar, planejar, sacrificar e investir muito mais do que você está fazendo atualmente.

Uma coisa é certa: todos nós seremos igualmente amados e valorizados por Deus no céu, mas haverá diferenças. Como especulou Jonathan Edwards, talvez todos nós estejamos completamente cheios e transbordantes do amor, da alegria e do entusiasmo de Deus, mas, como xícaras com capacidades diferentes, experimentaremos Deus e todas as suas maravilhas de acordo com a capacidade que desenvolvemos na Terra.[290] Deus promete recompensar aqueles que o seguem e o servem fielmente, e a grande notícia é que cada um de nós pode ser extremamente bem-sucedido aos olhos de Deus e transbordar de grande capacidade no céu. Como seriam essas recompensas? Vamos imaginar...

SEU LUGAR PERFEITO

Imagine a casa dos seus sonhos — no local dos seus sonhos. Muitas pessoas se esforçam, sacrificam e economizam para ter a casa de repouso perfeita no lugar perfeito. Eu entendo isso. Quando trabalhei como engenheiro em Santa Barbara, tive a oportunidade de ser amigo de pessoas que agora possuem a casa dos meus sonhos — uma linda mansão na praia, cercada por jardins exuberantes, com vista para as montanhas também! Quase um paraíso.

Nossos amigos amam a Deus e adoram compartilhar suas bênçãos com muitas pessoas, inclusive com minha família! Você não acha que Deus adora dar bons presentes e poderia abençoar ainda mais seus filhos? Se Deus projetasse uma casa só para mim, ele poderia fazer ainda melhor do que isso! E ele o fará — para todos os seus filhos. Jesus prometeu isso: "Na casa do meu Pai há muitos aposentos; se não fosse assim, eu teria dito que vou preparar lugar para vocês?" (João 14:2). Você e eu queremos abençoar nossos filhos com lares maravilhosos, lugares especiais só para eles — imagine quanto mais seu Pai Celestial quer recompensá-lo Sua presença?

Pela imagem composta que obtenho de muitas EQMs, há casas no campo, casas nas montanhas, casas em vilarejos pitorescos e casas na Cidade de Deus formando um semicírculo em torno da característica central do universo — o trono de Deus. É tudo um grande lar, um *oikos* — a palavra grega não apenas para uma casa, mas também para a família mais ampla — com muitas moradias familiares menores! Imagine estar "em casa" em cada lugar que você habita. Esse é o quadro pintado por Jesus. Lembre-se de que, quando o capitão Dale Black sobrevoou a grande cidade escoltado por seus dois anjos, ele descreveu a arquitetura requintada das casas da cidade entre o trono de Deus e a grande muralha.

> Entre a parte central da cidade e os muros da cidade havia grupos de casas de cores vivas e perfeitas em cidades pequenas e pitorescas. (...) As residências nessas cidades não estavam dispostas de maneira uniforme ou simétrica, mas pareciam perfeitamente equilibradas de alguma forma. Cada casa era personalizada e única em relação às outras, mas combinava harmoniosamente. Algumas tinham três ou quatro andares, outras eram ainda mais altas. Não havia duas iguais. Se a música pudesse se transformar em casas, seria como essas, lindamente construídas e perfeitamente equilibradas.[291]

Em uma EQM fascinante escrita em 1898, Rebecca Springer relatou o que outros cristãos relatariam cem anos depois, inclusive lares. Rebecca teve uma doença grave e não comeu nem ingeriu muito líquido por três semanas. Certa noite, sentindo a morte próxima, ela orou para que Jesus a confortasse. Ela se viu de pé ao lado da cama.

Olhou e Frank, seu cunhado favorito que havia falecido, estava bem ao seu lado. Depois de cumprimentá-lo com alegria, ele disse: "Vamos embora?" Ela olhou para trás e viu "na cama (...) um corpo branco e imóvel, com a sombra de um sorriso em [seu] rosto pobre e cansado. Meu irmão me puxou gentilmente, e eu cedi, passando com ele pela janela, para a varanda, e dali, de uma forma inexplicável, para a rua".

Ela viajou com Frank para um lugar descrito por EQMs modernas e pelas Escrituras, onde ela explica que se viu na:

> mais macia e bela grama, repleta de flores perfumadas, muitas delas as flores que eu conhecia e amava na Terra, (...) outras de natureza semelhante, totalmente desconhecidas para mim. (...) Longe, muito longe — muito além do limite de minha visão, eu bem sabia [com visão telescópica] — estendia-se esse maravilhoso gramado de grama e flores perfeitas; e dele cresciam árvores igualmente maravilhosas. (...) Vi, meio escondidas pelas árvores, casas elegantes e bonitas, de arquitetura estranhamente atraente, que senti serem os lares dos felizes habitantes desse lugar encantado. Vislumbrei fontes cintilantes em várias direções e, perto de meu retiro, corria um rio claro como cristal (...) e, em vez da luz do sol, havia uma glória dourada e rosada por toda parte.[292]

Como não há escassez no céu, talvez tenhamos várias casas para desfrutar. Assim como as melhores propriedades têm as melhores localizações, imagine ter uma vista do lugar mais lindo e emocionante do universo — o trono de Deus! Essa poderia ser uma de suas recompensas dadas por Deus.

Sua própria propriedade

É engraçado como vivemos para ter coisas — carros, barcos, todos os tipos de objetos de luxo — e nos esquecemos de viver para Deus, que promete nos recompensar com *bens duradouros*. Por um lado, parece superficial e materialista pensar que vamos querer ou precisar de coisas no céu, mas, por outro lado, talvez não sejamos tentados a idolatrá-las como fazemos agora — apenas as desfrutaremos como um presente, o que dará a Deus prazer conosco.

Jesus nos disse que se formos administradores fiéis dos bens que não podemos manter, Deus nos dará bens que podemos manter. Jesus prometeu: "Eu afirmo a vocês que isto é verdade: quando chegar o tempo em que Deus vai renovar tudo (...) [,] todos os que, por minha causa, deixarem casas, irmãos, irmãs, pai, mãe, filhos ou terras receberão cem vezes mais e também a vida eterna. Muitos que agora são os primeiros serão os últimos, e muitos que agora são os últimos serão os primeiros." (Mateus 19:28-30, NTLH).

Fico imaginando como serão as propriedades ou posses duradouras. Como grande parte do mundo vindouro parece contínuo com este mundo — mas cem vezes mais gratificante — talvez algumas das propriedades sejam muito semelhantes (afinal, é *a vida*... eterna). Por outro lado, com o universo como nosso playground, talvez alguns de nós sejamos os orgulhosos proprietários de maravilhas celestiais ou de playgrounds cósmicos que explodiriam nossa pequena imaginação. Tudo o que sei com certeza é o seguinte: se Deus diz que há tesouros no céu, eles serão muito melhores do que as coisas que guardamos na Terra. Viva para isso!

Responsabilidades importantes

Uma coisa é certa sobre o céu — você nunca ficará entediado! De fato, as pessoas terão papéis importantes, responsabilidades, projetos para concluir, música para compor e cidades ou nações para governar. Será a vida, mas com pessoas que se submeterem totalmente à vontade e aos caminhos de Deus no comando. Jesus disse a seus doze discípulos: "Eu afirmo a vocês que isto é verdade: quando chegar o tempo em que Deus vai renovar tudo e o Filho do Homem se sentar no seu trono glorioso, vocês, os meus discípulos, também vão sentar-se em doze tronos para julgar as doze tribos do povo de Israel" (Mateus 19:28, NTLH).

Jesus contou uma parábola sobre o céu, comparando-o a um homem rico prestes a ser nomeado rei, que foi embora e confiou seu dinheiro a dez servos diferentes e pediu-lhes que o usassem para expandir seus interesses comerciais. Quando ele voltou como rei,

> O primeiro [servo] chegou e disse: "Patrão, com aquela moeda de ouro que o senhor me deu, eu ganhei dez." "Muito bem!" — respondeu ele. "Você é um bom empregado! E, porque foi fiel em coisas pequenas, você vai ser o governador de dez cidades." O segundo empregado veio e disse: "Patrão, com aquela moeda de ouro que o senhor me deu, eu ganhei cinco." "Você vai ser o governador de cinco cidades!" — disse o patrão (Lucas 19:16-19, NTLH)

O último servo não fez nada com o que lhe foi dado (porque odiava o homem e não o queria como rei). Tudo o que ele tinha foi tirado, e ele acabou nas trevas exteriores (veja 19:20-27).

Deus observa para ver o quanto somos fiéis porque está nos preparando para assumir responsabilidades muito mais importantes. Ele até permite todas as provações e testes da Terra porque está nos preparando para governar com ele. Quando passamos por sofrimentos e dificuldades, há realmente um propósito maior. Deus está nos treinando para governar na eternidade. "Se passarmos por dificuldades, reinaremos com ele" (2 Timóteo 2:12, NTLH). "Vocês não sabem que nós julgaremos [governaremos] até mesmo os anjos?" (1 Coríntios 6:3). Alguns de nós governarão anjos, outros governarão cidades — alguns governarão nações.

E não são aqueles que subiram na vida que receberão as responsabilidades mais importantes, mas aqueles que serviram humildemente e obedeceram a Deus que receberão mais responsabilidades. Jesus disse: "Àquele que vencer e fizer a minha vontade até o fim, darei a ele autoridade sobre as nações. (...) Eu lhe darei a mesma autoridade que recebi do meu Pai. Também lhe darei a estrela da manhã." (Apocalipse 2:26, 28).

TRABALHO E CRIATIVIDADE

Todd começou a aceitar a ideia de que seu filho de quatro anos, Colton, havia realmente estado no céu. Ele queria saber mais, então perguntou ao filho o que ele fazia lá.

"Dever de casa".

Essa certamente não era a resposta que Todd esperava. "O que você quer dizer com isso?"

"Jesus foi meu professor", disse Colton.

"Como a escola?"

Colton acenou com a cabeça. "Jesus me deu trabalho para fazer, e essa foi minha parte favorita do céu."[293]

Sua parte favorita do céu — o trabalho que Jesus lhe deu para fazer? Nem todos nós governaremos cidades, mas imagino que todos nós assumiremos projetos especiais, designações, trabalhos perfeitamente adaptados à forma como Deus nos criou. É o que fomos criados para fazer antes da queda, para administrar e governar a criação (veja Gênesis 1:26). Deus é um Criador, um Construtor, um Desenvolvedor — e Ele adora criar por meio de nós.

Se você gosta de criatividade, imagine ser recompensado com a tarefa de criar e apresentar uma exposição especial para o presidente dos Estados Unidos. Agora imagine algo ainda maior — o Presidente de Toda a Criação recompensando você com a tarefa de criar para ele! Imagine todo o tempo necessário para criar aquela música ou arte para a qual você nunca teve tempo na Terra. Imagine a alegria de estar na zona de ação ao pesquisar, explorar, descobrir ou construir algo encomendado pelo Grande Construtor.

Depois de mostrar a George Ritchie o reino dos seres egocêntricos, Jesus lhe mostrou um reino totalmente novo. George pensou que esses poderiam ser os ambientes externos — ainda longe do centro do céu — cheios de pessoas encantadas com seus projetos.

> Edifícios enormes ficavam em um belo parque ensolarado e havia uma relação entre as várias estruturas, um padrão na forma como estavam dispostas, que me lembrou um pouco uma universidade bem planejada. Só que... Era mais como se todas as escolas e faculdades do mundo fossem apenas reproduções fragmentadas dessa realidade.

Jesus o conduziu a um dos prédios com corredores de teto alto e pessoas andando de um lado para o outro — havia um burburinho de entusiasmo, como se todos estivessem encantados com a descoberta e à beira de um grande avanço.

    De alguma forma, senti que algum experimento vasto estava sendo realizado, talvez dezenas e dezenas de experimentos desse tipo.
    "O que eles estão fazendo, Jesus?" perguntei.
    Mas, embora o saber emanasse dele como fogo — embora, de fato, eu sentisse que cada atividade nesse poderoso "campus" tinha sua fonte em Deus — nenhuma explicação iluminou minha mente. O que foi comunicado, como antes, foi o amor: compaixão por minha ignorância, compreensão que abrangia todo o meu não entendimento.
    E algo mais. (...) Apesar de seu óbvio prazer com os seres ao nosso redor, senti que nem isso era o máximo, que ele tinha coisas muito maiores para me mostrar, se eu pudesse ver. (...) Entramos em um estúdio onde uma música de uma complexidade que eu não conseguia entender estava sendo composta. (...)
    Em seguida, caminhamos por uma biblioteca do tamanho de toda a Universidade de Richmond. (...) *Aqui*, pensei, *estão reunidos os livros mais importantes do universo*. Imediatamente percebi que isso era impossível. Como os livros poderiam ser escritos em algum lugar além da Terra? Mas o pensamento persistiu, embora minha mente o rejeitasse. *As principais obras do universo*.

Eles saíram desse prédio, atravessaram um parque entre os prédios e entraram no que ele descreveu como "uma estrutura estranha, em forma de esfera, onde uma passarela nos conduzia por um tanque com o que parecia ser água comum". A estrutura estava repleta de maquinário tecnológico e lhe pareceu o que poderia ser um observatório espacial.

> "Isso é o céu, Senhor Jesus?" aventurei-me. A calma, o brilho, certamente eram como o céu! Assim como a ausência do eu, do ego clamoroso. "Quando essas pessoas estavam na Terra, elas cresceram além dos desejos egoístas?"
> *Eles cresceram e continuam crescendo.* A resposta brilhou como a luz do sol naquela atmosfera intencional e ansiosa. Mas se o crescimento podia continuar, então isso não era tudo. Então deve haver algo que faltava até mesmo a esses seres serenos.[294]

Imagine se, no céu, continuássemos aprendendo, crescendo, descobrindo e criando porque, em última análise, tudo isso aponta para Deus — para a glória de suas infinitas maravilhas que levarão eras de eternidade para serem exploradas. Jesus nos disse que o céu será vida — por que continuamos imaginando algo menos emocionante do que a vida terrena? Talvez no céu conheçamos plenamente como somos plenamente conhecidos, em um sentido terreno. Assim, poderemos conhecer e entender todos os mistérios de nosso mundo, mas nunca terminaremos de explorar todas as profundezas das capacidades criativas de Deus. E imagino que parte da recompensa do céu engloba os tipos de projetos, funções, responsabilidades, empreendimentos criativos, exploração universal ou atribuições inimaginavelmente empolgantes que Deus dará a seus servos fiéis.

Minha maior recompensa

"Uma coisa pedi ao Senhor e a buscarei: que eu possa habitar na casa do Senhor todos os dias da minha vida, para contemplar a bondade do Senhor e buscar a sua orientação no seu templo" (Salmo 27:4). "Tu me farás conhecer o caminho da vida, há alegria plena na tua presença, eternos prazeres à tua direita" (Salmo 16:11). Talvez não entendamos isso agora como o profeta Davi, que escreveu esses salmos, mas não há recompensa maior no universo do que a intimidade com Deus. Ele é o destaque do universo e o desejo de cada pessoa. Ele é a maior recompensa de todas. Ninguém jamais quer deixar sua presença. Ouça novamente quando as EQMs descrevem o fato de estarem com ele:

> "Fui tão consumida por sua presença que me ajoelhei e olhei para ele. Ele é tão glorioso, tão belo. Completamente luz"[295] — Khalida.
>
> "Fiquei maravilhado com Sua bela presença"[296] — Gary.
>
> "Ao ver a majestade e a beleza indescritível do Senhor, fiquei sem palavras. (...) Quando eu estava em sua presença, isso era tudo o que eu queria"[297] — Samaa.
>
> "É o auge de tudo o que existe. De energia; de amor, especialmente; de calor; de beleza"[298] — EQM holandês anônimo.
>
> "A magnificência dessa Pessoa penetrou em mim como um laser. (...) Todo o poder, toda a sabedoria, todo o esplendor, todo o amor... nada importava a não ser permanecer nessa presença"[299] — Mickey.

Como Moody resumiu: "O amor e o calor que emanam desse ser para a pessoa que está morrendo são totalmente indescritíveis. (...) Ele sente uma atração magnética irresistível por essa luz. Ele é irresistivelmente atraído por ela".[300]

Imagine o ser mais majestoso, belo e inspirador, que possui tal poder que uma única palavra traz à existência universos inteiros! Imagine aquele a quem todas as outras belezas, alegrias e prazeres devem sua existência. E agora imagine sentir uma intimidade única com *essa* pessoa — uma proximidade que rivaliza com a de um pai e um filho, um melhor amigo, até mesmo um cônjuge — que é a maior recompensa imaginável. Estou convencido de que Deus nos reserva uma proximidade, uma intimidade que todas as maiores intimidades na Terra apenas sugerem — uma unidade e um êxtase que fazem o sexo parecer trivial e entediante em comparação. Por que não seria esse o caso quando o próprio Deus chama seu povo de noiva?

Diferentes capacidades

Todos no céu verão o Senhor e experimentarão a alegria e a bem-aventurança que tantas pessoas que passaram por uma EQM descreveram, mas não tenho certeza de que todos estarão igualmente próximos da mesma forma. Uma pessoa supôs que nosso amor e fidelidade a Deus na Terra determinam nossa capacidade de vivenciá-lo no céu. As pessoas que amam profundamente a Deus são profundamente tocadas em sua presença, enquanto as que o amam menos não experimentam a mesma profundidade de amor. Aqueles que rejeitam Deus acham sua presença intensamente dolorosa. Isso está de acordo com o que o ateu A.J. Ayer vivenciou durante sua EQM.

Mas também notei que alguns EQMs sabiam que ainda não podiam ir à Cidade de Deus. George Ritchie, em sua viagem, visitou o que pareciam ser níveis do inferno na Terra, depois o que pareciam ser os arredores do céu e, em seguida, afirmou que Jesus o levou por um "túnel" onde ele se viu no que parecia ser outra dimensão. Eles pararam e, com sua nova visão telescópica, George viu uma cidade.

> E então eu vi, infinitamente longe, distante demais para ser visível com qualquer tipo de visão que eu conhecesse, uma cidade. Uma cidade brilhante, aparentemente interminável, brilhante o suficiente para ser vista a uma distância inimaginável. O brilho parecia emanar das próprias paredes e ruas desse lugar, e de seres que eu não conseguia distinguir, movendo-se dentro dele. De fato, a cidade e tudo nela parecia ser feito de luz, assim como a figura ao meu lado era feita de luz.
> Naquela época, eu ainda não havia lido o livro do Apocalipse. Eu só conseguia olhar com admiração para esse espetáculo distante, imaginando o quão brilhante cada edifício, cada habitante, deveria ser para ser visto a tantos anos-luz de distância. Será que esses seres radiantes, eu me perguntava maravilhado, eram aqueles que de fato tinham mantido Jesus como o foco de suas vidas? (...) Enquanto eu fazia essa pergunta, duas das figuras brilhantes pareciam ter se separado da cidade e começado a vir em nossa direção, lançando-se pelo infinito com a velocidade da luz. Mas tão rápido quanto elas vinham em nossa direção, nós nos afastávamos ainda mais rápido. (...) Ele havia me mostrado tudo o que podia.[301]

Aparentemente, George não conseguia chegar mais perto naquele momento. É fascinante para mim o fato de que várias pessoas que passaram por EQMs dizem coisas semelhantes, vendo a Cidade de Deus, a Nova Jerusalém, de algum lugar distante no espaço ou talvez de alguma dimensão que contenha nosso espaço (exploraremos mais esse assunto no próximo capítulo). Mas assim como George não podia se aproximar, Howard Storm também não podia depois de ser resgatado do inferno.

Subimos, a princípio gradualmente, e depois, como um foguete, saímos daquele inferno escuro e detestável. Percorremos uma distância enorme, anos-luz, embora tenha se passado muito pouco tempo. (...)

Ao longe, muito longe, vi uma vasta área de iluminação que parecia uma galáxia. No centro, havia uma concentração de luz extremamente brilhante. Fora do centro, incontáveis milhões de esferas de luz estavam voando, entrando e saindo daquela grande concentração de luz no centro. (...) Enquanto me movia em direção à presença da grande luz, o centro de todo o ser. (...) Eu sabia que Deus me amava, que Deus amava a criação, que Deus é amor. Essa experiência de amor mudou totalmente minha vida de dentro para fora. Independentemente do que acontecesse, eu sempre saberia que Deus me amava.

Comecei a ter consciência de meu eu separado e fiquei muito envergonhado e com medo. Quantas vezes em minha vida eu havia negado e zombado da realidade diante de mim? Quantas milhares de vezes usei o nome de Deus como uma maldição? Que arrogância incrível usar o nome de Deus como um insulto. Que farsa contra tudo o que é sagrado. Eu estava terrivelmente envergonhado de me aproximar. A maravilhosa e incrível intensidade das emanações de bondade e amor poderia ser mais do que eu poderia suportar.

Eu me sentia como lixo, trapos imundos, na presença do Santo. Meu amigo que me carregava, Jesus, meu melhor amigo, estava ciente de meu medo, relutância e vergonha. Pensei comigo mesmo: "Sou a escória que deve voltar para o esgoto. Eles cometeram um erro terrível. Meu lugar não é aqui". (...) Ele falou diretamente à minha mente com sua voz jovem e masculina. "Nós não cometemos erros, e seu lugar é aqui." Então paramos onde estávamos, ainda a incontáveis anos-luz de distância do grande ser supremo no céu. Chorei de vergonha, e ele me consolou. (...) Então, Jesus chamou, em um tom musical, algumas das entidades luminosas que irradiavam do grande centro. Várias delas vieram e circularam ao nosso redor.[302]

Outro viajante do céu supôs que nossa recompensa por ações na Terra determina o quanto da glória de Deus compartilhamos e a intimidade que temos com Ele.

> Há diferentes glórias. E por glória diferente, quero dizer brilhar; na verdade, elas brilham mais intensamente, de modo que as pessoas nos arredores não poderiam contemplar um ser, por exemplo, do lugar santíssimo, uma pessoa que entra no lugar santíssimo, ele seria muito brilhante para aparecer para essas pessoas.[303]

Ele acredita que as pessoas podem aprender e crescer no céu e até mesmo aumentar a intimidade com Deus, "mas há alguma barreira que elas não podem ultrapassar, acredito que seja o fato de não terem recompensas porque não fizeram nenhum trabalho. (...) Mas uma pessoa com mais glória, mais brilho, passa mais tempo na presença de Deus."[304]

A BRILHANTE ESTRELA DA MANHÃ

Jesus prometeu: "Àquele que vencer e fizer a minha vontade até o fim, darei a ele autoridade sobre as nações. (...) Também lhe darei a estrela da manhã" (Apocalipse 2:26, 28). Por que desejaríamos a "estrela da manhã" como recompensa? Porque "Eu, Jesus (...) sou a brilhante estrela da manhã" (Apocalipse 22:16, NTLH). Ele quer nos dar a maior recompensa de todas: ele mesmo! Todo crente verá Deus e experimentará as maravilhas amorosas de sua presença, mas você não quer deixar esta Terra com a maior capacidade possível para a maior recompensa de todas? Tudo o que é preciso é a obediência simples, infantil e confiante que todos nós somos capazes de demonstrar.

Sam é uma boa amiga cujo filho adulto, Shane, tem autismo e deficiência mental severa. Ele não entende coisas abstratas, como o céu. Em uma manhã de sábado, Shane desceu as escadas e anunciou: "Vou ser batizado na igreja no domingo".

Isso despertou o interesse de Sam, pois ela estava preocupada que Shane não entendesse o significado do batismo. "Talvez um dia, mas não acho que você tenha que ser batizado", disse Sam. "Não, eu quero! Jesus me disse que vou ser batizado no domingo", insistiu Shane. Sam estava preocupada. "Shane, Jesus não disse isso a você!"

Shane, que nunca havia mencionado um sonho em sua vida, proclamou: "Não, eu tive um sonho ontem à noite e Jesus me levou para o céu, e mamãe estava lá [avó falecida de Shane], e Jesus estava lá, e Deus estava lá". Sam sabia que algo estranho havia acontecido; Shane não conseguia inventar ideias abstratas como sonhos ou o céu. Cautelosamente, Sam investigou. "Bem, como foi?"

Shane explicou com entusiasmo: "Jesus construiu uma casa para mim, e ela tem uma porta vermelha. Ele me mostrou minha casa e me disse que vou ser batizado amanhã". Sam não sabia nem mesmo se haveria um batismo no dia seguinte. Ainda sem saber o que pensar, ela perguntou: "Ele mostrou sua casa? Então, Shane, eu vou morar ao seu lado?". Sam sabia que Shane adorava fazer tudo com ela.

"Não!", foi a resposta surpreendente de Shane. "Bem, por que não?" Sam perguntou, bastante chocada com sua resposta. "Estou vivendo bem ao lado de Deus."

Shane foi batizado no dia seguinte no batismo de nossa igreja, exatamente como ele disse que faria.

Para mim, faria todo o sentido se os Shanes do mundo tivessem a localização mais especial na Cidade de Deus. "Bem-aventurados os puros de coração, porque eles verão a Deus", disse Jesus (Mateus 5:8). Imaginem como será a vida no paraíso e na Cidade de Deus — vamos dar uma olhada.

Capítulo 20

Paraíso encontrado

Nestes capítulos finais, vou me estender além da experiência central da maioria das EQMs, porque quero que imaginemos como o paraíso e a Cidade de Deus serão reais e surpreendentes. Estou descrevendo visões que três ou mais cristãos afirmaram ter visto. Elas se encaixam na estrutura das Escrituras, mas com detalhes que, espero, despertem sua imaginação.

Não sei se o céu atual será exatamente como essas pessoas relatam, mas o que cada uma delas disse forma um composto semelhante às descrições que você esperaria se dez pessoas fossem à cidade de Nova York e relatassem como era. Todas elas têm ângulos e detalhes diferentes, mas, com o tempo, uma imagem coesa começa a se formar. Mesmo que não seja exatamente assim, tenho certeza de que será melhor do que você ou eu podemos imaginar. Por que o Criador das maravilhas da Terra tornaria o paraíso e sua Cidade Celestial menos espetaculares? O apóstolo João não teve uma EQM, mas foi levado ao céu por um anjo. Imagine esse lugar que João e alguns EQMs modernos afirmam ter visto:

> Vi a cidade santa, a nova Jerusalém, que descia dos céus, da parte de Deus, preparada como uma noiva adornada para o seu esposo.
> Ouvi uma alta voz que vinha do trono e dizia:
> — Eis que o tabernáculo de Deus está com os homens, com os quais ele viverá. Eles serão os seus povos; o próprio Deus

estará com eles e será o Deus deles. Ele enxugará dos seus olhos toda lágrima. Não haverá mais morte, nem aflição, nem choro, nem dor, pois as coisas antigas já passaram.

Aquele que estava assentado no trono disse:

— Vejam, eu farei novas todas as coisas!

E acrescentou:

— Escreva isto, pois estas palavras são verdadeiras e dignas de confiança. (...)

Ele me levou no Espírito a um grande e alto monte e mostrou-me a cidade santa, Jerusalém, que descia dos céus, da parte de Deus. Ela resplandecia com a glória de Deus, e o seu brilho era como o de uma joia muito preciosa, como jaspe, clara como cristal.

Tinha um grande e alto muro com doze portas e doze anjos às portas. Nas portas estavam escritos os nomes das doze tribos de Israel. Havia três portas a leste, três ao norte, três ao sul e três a oeste. O muro da cidade tinha doze fundamentos, e neles estavam os nomes dos doze apóstolos do Cordeiro.

O anjo que falava comigo tinha uma vara de ouro para medir a cidade, as suas portas e os seus muros. A cidade era quadrangular; de comprimento e de largura iguais. Ele mediu a cidade com a vara: doze mil estádios de comprimento; a largura e a altura eram iguais ao comprimento. Ele mediu o muro, e deu cento e quarenta e quatro côvados de espessura, segundo a medida humana que o anjo estava usando. O muro era feito de jaspe, e a cidade era de ouro puro, semelhante ao vidro puro.

Os fundamentos dos muros da cidade eram adornados com toda sorte de pedras preciosas. O primeiro fundamento era ornamentado com jaspe; o segundo, com safira; o terceiro, com calcedônia; o quarto, com esmeralda; o quinto, com sardônio; o sexto, com sárdio; o sétimo, com crisólito; o oitavo, com berilo; o nono, com topázio; o décimo, com crisópraso; o décimo primeiro, com jacinto; e o décimo segundo, com ametista.

As doze portas eram doze pérolas, cada porta feita de uma única pérola. A rua principal da cidade era de ouro puro, como vidro transparente.

Não vi templo algum na cidade, pois o Senhor Deus, o Todo-poderoso, e o Cordeiro são o seu templo. A cidade não precisa de sol nem de lua que brilhem sobre ela, pois a glória de Deus a ilumina, e o Cordeiro é a sua lâmpada. As nações andarão na sua luz, e os reis da terra lhe trarão a sua glória. As suas portas jamais se fecharão de dia, pois ali não haverá noite.

A glória e a honra das nações lhe serão trazidas. Nela jamais entrará algo impuro, nem aqueles que praticam abominação e mentira, mas unicamente aqueles cujos nomes estão escritos no livro da vida do Cordeiro.

(Apocalipse 21:2-5, 10-27)

A Nova Jerusalém

Quando eu costumava ouvir falar da cidade celestial de Deus, chamada de Nova Jerusalém em Apocalipse, com portões de pérolas e ruas de ouro, isso me soava extravagante — como o cenário de um programa ruim de televangelistas. Devido à minha imaginação pobre, presumi que grande parte dessa descrição em Apocalipse era uma metáfora apocalíptica ou uma visão que não pretendia ser literal de forma alguma. Embora grande parte do Apocalipse seja apocalíptica e metafórica, estou começando a perceber que talvez os antigos escritores das Escrituras tenham visto algo real. Eles fizeram sua melhor tentativa de colocar em imagens terrestres um paraíso incrivelmente belo e uma cidade indescritível. As EQMs descrevem uma realidade semelhante, embora eu não ache que todas as cidades descritas por elas sejam a Nova Jerusalém (o céu tem outras cidades, como Jesus mencionou em Lucas 19:17-19).

Um dia, a Nova Jerusalém e a nova Terra estarão unidas, como na visão de João, mas a Nova Jerusalém está pronta agora no céu atual, onde as pessoas vivem, esperando por esse dia. "Porque [Abraão] esperava a cidade com fundamentos, cujo arquiteto e construtor é Deus (...). Todas essas pessoas ainda estavam vivendo pela fé (...) desejando uma terra melhor — uma terra celestial. Por isso, Deus não se envergonha de ser chamado seu Deus, porque lhes preparou uma cidade" (Hebreus 11:10, 13, 16). Deus *preparou* uma cidade para eles — tempo verbal passado. Portanto, pela fé, vamos imaginar sua primeira viagem à Cidade de Deus.

Entrando em outra dimensão

Talvez você chegue instantaneamente ao céu, ou talvez passe primeiro por um túnel. A jornada de cada pessoa parece ser única. Talvez você comece bem longe, em algum tipo de espaço profundo como os descritos no último capítulo. Talvez o céu atual esteja localizado nas dimensões ocultas de nosso espaço que os cientistas postulam, ou talvez na matéria escura do espaço profundo,[305] ou talvez nosso espaço esteja localizado dentro dele.[306]

Outra pessoa, Ed, não morreu, mas afirmou ter tido uma visão do céu. Incluo esse relato porque Ed descreve de forma eloquente muito do que as Escrituras e outras EQMs confirmam. Imagine a emoção de seu primeiro voo para casa.

> Voamos pelos céus estrelados. Em um caminho, aclive ou escada avançamos em grande velocidade. (...) Perguntei ao anjo: "Por que paramos?" "Vire-se", disse o anjo. Eu me virei e me deparei com uma visão incrível. (...) Meus olhos se deliciaram com um enorme globo esférico! Fixei meus olhos

embaçados em uma vista panorâmica espetacular da casa de Deus. Nossa herança; o paraíso perdido. Tudo era brilhante e rico. Sua beleza sagrada encheu minha alma. (...)

"A esfera é de ouro puro", afirmou o anjo. Ele sabia o que eu estava pensando, pois respondeu antes que eu pudesse perguntar. (...) Não é como o ouro de um relógio ou o ouro de uma aliança de casamento. O ouro do céu é claro, mas tem uma aparência dourado. Eu podia ver claramente através da esfera de ouro, um ouro transparente. Embora fosse feita de ouro, havia um efeito multicolorido que mudava sobre a esfera. Era um incrível show de luzes coloridas. As cores brilhavam, como relâmpagos. Elas tremeluziam ao redor da esfera dourada. (...)

Eu podia ver através da esfera dourada a mais bela terra verde primaveril. (...) Parecendo uma joia eletrizante incrustada no centro da terra circular, havia uma cidade-cubo de esplendor dourado, colorido e deslumbrante! Incríveis arco-íris de cores inexprimíveis fluíam sobre, ao redor e para dentro do cubo da cidade, (...) mais fascinante do que qualquer pôr do sol ou nascer do sol que eu já tenha visto. A esfera dourada em si não brilha. A luz se origina de uma enorme e colorida cidade em forma de cubo. (...)

O anjo me explicou: "A cidade que você vê lá dentro é a Nova Jerusalém. É o Coração do céu. O Pai e o Senhor Jesus estão lá dentro em seus tronos. A terra ao redor é chamada de paraíso". (...) A forma da cidade tinha a aparência de um cubo colorido e brilhante. Suas cores eram brilhantes. Seus matizes eram mais do que as cores de um arco-íris de primavera. As cores não eram as de um arco-íris terrestre. Outras cores deslumbravam. Cores que eu nunca tinha visto. Essas novas cores eram indescritíveis! (...)

O diâmetro da esfera é enorme. Calculei que, do centro da esfera até a [borda], caberiam vinte Novas Jerusaléns. Portanto, a distância da cidade até a borda externa da esfera seria de

48 mil quilômetros. O diâmetro da esfera seria 96 mil quilômetros... a Terra tem apenas 13 mil quilômetros de diâmetro.[307]

Além do Cosmos

Quando li pela primeira vez o relato de Ed, parecia fantasia de ficção científica (talvez seja mesmo). Mas à medida que eu lia relatos e mais relatos dizendo coisas semelhantes que se encaixavam em outros relatos, comecei a me questionar. Uma pessoa disse: "São essas cores que tornam o céu interessante. Deixe-me compará-lo a um céu. Você está acostumado a ver o céu mudar de cor, sabe? O pôr do sol, nunca dois iguais, sempre mudando. Então é isso que essas cores fazem no céu, elas tornam o céu colorido, mas em sua maior parte é dourado."[308] Se eu estivesse inventando isso, diria: "Em sua maior parte é azul". Alguns veem um céu azul-celeste, mas ele parece mudar como a nossa atmosfera, e muitos veem um céu dourado espetacular. E lembre-se de que as EQMs (como Marv Besteman) que viram o espetacular show de luzes do céu de dentro da atmosfera do céu correspondem à descrição de Ed de um show de luzes que ele viu de fora da esfera.

Depois de passar por um túnel de espaço escuro com Jesus, o Dr. George Ritchie disse:

> Eu vi, infinitamente longe, distante demais para ser visível com qualquer tipo de visão que eu conhecia, uma cidade. Uma *cidade* brilhante, *aparentemente sem fim*, brilhante o suficiente para ser vista em toda a inimaginável distância entre elas. O brilho parecia emanar das próprias paredes e ruas desse lugar.[309]

Howard Storm também se viu em um espaço profundo com Jesus. "Ao longe, muito longe, vi uma vasta área de iluminação que parecia *uma galáxia*. No centro havia uma concentração de luz extremamente brilhante."[310] Ele sabia que aquela era a morada de Deus.

Gary Wood descobriu: "Enquanto caminhava pela trilha, soube instintivamente que estava indo para o norte [o mesmo que Ed, Dale Black e outros]. Então, a massa rodopiante de uma nuvem em forma de funil se abriu e vi um *satélite dourado gigante* suspenso no céu."[311] O capitão Dale Black "viajou pelo que parecia ser o espaço profundo, quase como se um jato estivesse voando em uma tempestade de neve à noite. (...) Aproximando-se rapidamente de uma *cidade magnífica, dourada e reluzente* em meio a uma miríade de cores resplandecentes."[312]

As Escrituras não dizem nada sobre uma esfera dourada transparente contendo o paraíso e a Nova Jerusalém, o que, de certa forma, torna as visões comuns desses EQMs cristãos intrigantes, mas questionáveis. Por outro lado, Deus nos disse que não nos revelou todos os seus mistérios nas Escrituras (veja Deuteronômio 29:29), e o que motivaria médicos, professores e pilotos de avião comercial a inventar (ou copiar) a mesma visão fantástica? Parece loucura - por que eles arriscariam suas reputações?

É claro que a Cidade de Deus não é o único lugar onde Deus reside. As Escrituras nos dizem: "Ele é antes de todas as coisas, e nele todas as coisas subsistem" (Colossenses 1:17). Portanto, Deus preenche tudo, está presente em todos os lugares por meio de seu Espírito, mantém tudo unido, mas também pode se manifestar visivelmente em um lugar — uma cidade que ele criou para morar com aqueles que o amam.

PARAÍSO

Jesus disse ao ladrão que professou fé na cruz ao lado dele: "Hoje você estará comigo no Paraíso" (Lucas 23:43). Muitos mencionaram que o paraíso é o belo país semelhante à Terra que circunda a Cidade de Deus. Parece ser a porta de entrada para a maioria. Ele se parece muito com a Terra, com árvores, animais de todos os tipos, montanhas muito altas e lagos, o que torna a transição mais fácil, pois começamos no que é familiar, mas espetacularmente mais vibrante.

Ed não sabe como, mas ele se viu viajando em direção à esfera e, de repente, dentro da esfera, no paraíso.

> Eu estava em um tapete de beleza indescritível. Ao longe, havia árvores crescendo na borda de uma floresta, com seus galhos carregados de folhas coloridas e brilhantes. (...) Meus olhos se encheram de alegria ao ver as impressionantes flores em tons selvagens de todas as variedades e formas. Elas se destacavam contra a grama verde vívida. Assim como as folhas das árvores, as flores brilhavam por dentro. Vi que cada folha e pétala brilhava como se fosse iluminada por uma luz elétrica.
>
> Não senti frio, nem calor. A temperatura parecia perfeita. O ar cristalino era claro, puro e tinha um cheiro doce. Era um dia perfeito no céu. A beleza de tudo era impressionante. Em nenhum lugar vi uma folha de grama morta ou uma pétala de flor murcha. Raios infinitos de luz colorida permeavam tudo. Parecia que cada coisa colorida que eu via parecia brilhar de dentro para fora, cores que entusiasmavam meus olhos. Meus olhos dançavam procurando novas cores por toda parte, como uma criança em uma loja de doces!
>
> Respirei fundo e profundamente o ar. Era revigorante, como o ar fresco da primavera logo após uma chuva matinal. O céu inteiro estava brilhante e dourado, como se o sol tivesse

acabado de se pôr. O céu era o interior da grande esfera dourada. Como uma tempestade de relâmpagos, cores iridescentes corriam com um abandono selvagem pelo céu. No entanto, não havia trovões. Era mais bonito do que qualquer pôr do sol de que eu já havia me lembrado. (...)

Ao examinar mais de perto uma folha de grama, parecia que ela era verde translúcida. Translúcido significa que deixa passar a luz, mas você não consegue ver claramente através dela. E a grama e as flores se tornaram como sinos de vento, como se estivessem conectados para fazer *ping* e *ding*, *tinkle* e *jingle*, e *bong*. O vento dedilhava cordas musicais invisíveis. Um coro de gramíneas e flores vivas se ergueu em doce uníssono, todas em harmonia. O som de uma música alegre surgiu ao redor de meus pés![313]

Você deve estar se perguntando se foi isso que Vicki e muitos outros ouviram quando ouviram sinos de vento. Um dos EQMs de Moody disse: "Eu ouvia o que pareciam ser sinos tilintando, bem longe, como se estivessem flutuando no vento. Pareciam sinos de vento japoneses."[314]

Ed perguntou ao anjo onde eles estavam. "Você está no paraíso Celestial", respondeu o anjo. "Olhe para cima e para frente e você verá a Nova Jerusalém. A cidade é de onde toda a Luz de Deus brilha." Ed pôde ver que a luz saía de tudo, mas mais intensamente da Cidade, aparentemente refletindo no interior da esfera, criando a incrível atmosfera do céu.[315] "Porque a glória de Deus ilumina [a Cidade], e o Cordeiro é a sua lâmpada" (Apocalipse 21:23).

A CIDADE EM UMA COLINA

"Que sua alegria se eleve com a visão da Nova Jerusalém", disse o anjo. "Essa é a sua herança. Será sua para caminhar e viver com Jesus." Ed observou:

> A cidade é um imenso cubo [ver Apocalipse 21:16]. Acredito que eu estava olhando diretamente para um de seus quatro cantos. Isso dava a ilusão de que a cidade cúbica tinha um telhado do tipo pico. Seu brilho é extraordinário, mas sua intensidade não machucou meus olhos. (...) A terra se inclina para cima em direção à cidade. Essa visão impressionante não foi impedida pelas colinas ou pela linha da floresta.[316]

Imagine a vasta beleza do paraíso, os subúrbios do céu — mais de quarenta vezes o tamanho da superfície terrestre, se as estimativas de Ed estiverem corretas.[317] E no centro uma cidade magnífica, tão alta (de acordo com Apocalipse 21:16-17) que nem mesmo uma cadeia de montanhas do tamanho do Monte Everest pode bloquear a visão. A Cidade de Deus tem a forma de um cubo, assim como o Santo dos Santos no tabernáculo que Moisés fez e no templo que Salomão construiu. Talvez seja por isso que eles foram instruídos a modelá-la de acordo com o que viram — era uma sombra do céu (Hebreus 8:5; 9:24). O anjo e Ed começaram a voar lentamente em direção à cidade. O anjo apontou para Ed a casa que um dia ele teria no paraíso enquanto eles passavam por cima dela. Ed teve que voltar antes de visitar a Cidade, mas vamos continuar viajando em nossa imaginação, subindo a colina até a Nova Jerusalém.

Acho fascinante o fato de que as Escrituras nunca dizem que a Nova Jerusalém é uma cidade em uma colina, como Ed mencionou, mas muitos EQMs dizem isso. Gary relembra: "Na verdade, eu estava do lado de fora da cidade, sobre um tapete de grama verde e exuberante em uma colina. Comecei a subir *a colina* [em direção à cidade]."[318] Como descreveu um dos pacientes de EQM do Dr. Rawlings: "Toda a área estava iluminada por uma luz linda e brilhante. Nunca tinha visto nada igual antes. Eu me vi em um prado verde e ondulado que estava *um pouco acima da colina.* Vi meu irmão e ele estava vivo, mas me lembrei de quando ele havia morrido."[319]

Betty Malz se viu caminhando até a muralha da cidade:

> Eu estava *subindo uma bela colina verde.* Era íngreme, mas o movimento de minhas pernas era leve e um êxtase profundo inundou meu corpo. Olhei para baixo. Parecia que eu estava descalço, mas a forma externa completa do meu corpo era um borrão e sem cor. No entanto, eu estava andando sobre a grama, o tom de verde mais vívido que já tinha visto. Cada folha tinha talvez uma polegada de comprimento, com textura de veludo fino; cada folha estava viva e em movimento. (...) Ao meu redor, havia um magnífico céu azul profundo, sem nuvens. (...) Eu estava chegando ao lugar que sempre sonhei em estar. O muro à minha direita estava mais alto agora e era feito de pedras coloridas de várias camadas. Uma luz do outro lado da parede brilhava através de uma longa fileira de pedras preciosas de cor âmbar, vários metros acima da minha cabeça.[320]

A MURALHA E OS PORTÕES DA CIDADE

Imagine-se chegando à grande muralha e aos portões da cidade. Grande empolgação e expectativa brotam do fundo de você ao se preparar para entrar na Cidade de Deus. Brad Barrows, que era cego de nascença, descreve detalhes que ele, sem dúvida, teria inventado, já que é cego. Ouça como eles coincidem com as Escrituras e as descrições de outras pessoas. Quando Brad se aproximou do fim do túnel escuro, ele percebeu um "imenso campo" que se estendia diante dele pelo que pareciam quilômetros. Ao observar essa cena, ele diz: "Eu sabia que, de alguma forma, podia sentir e literalmente ver tudo o que estava ao meu redor". Ele notou, por exemplo, palmeiras enormes, com folhas enormes, e grama muito alta também.

> [Enquanto eu caminhava por esse campo [subindo a colina até a cidade], parecia que eu estava tão entusiasmado e tão incrivelmente renovado que não queria ir embora. Queria ficar para sempre onde estava. (...) Parecia que tudo, até mesmo a grama em que eu estava pisando, parecia absorver aquela luz. Parecia que a luz podia realmente penetrar em tudo o que estava ali, até mesmo nas folhas das árvores. Não havia sombra, não havia necessidade de sombra. A luz era de fato abrangente.
> No entanto, eu me perguntava como poderia saber disso, pois nunca tinha visto antes daquele momento. A princípio, fiquei surpreso com isso [com a visão]. (...) Senti que não entenderia se tivesse acontecido na Terra. Mas onde eu estava, pude aceitá-lo quase que imediatamente.

Quando Brad se aproximou da cidade, iluminada pela luz de Deus, como diz Apocalipse 21:23, ele ouviu música e milhares de vozes "cantando em um idioma que eu nunca havia entendido ou talvez em muitos, muitos idiomas. A música que eu tinha ouvido não se parecia com nada que eu já tivesse experimentado na Terra". Brad nunca a descreve como uma cidade, um muro ou um portão — talvez porque ele tenha começado muito perto para vê-la como um muro de uma cidade —, mas sua descrição coincide com a descrição do Apocalipse e com o que outras EQMs dizem:

> Quando estava subindo a colina, cheguei a uma grande estrutura de pedra. Pude perceber que era de pedra mesmo sem tocá-la. Percebi isso com algum tipo de visão que eu tinha na época, algum tipo de visão, eu sabia. Eram quase como pedras preciosas. Pareciam literalmente brilhar com sua própria luz particular. No entanto, a própria luz estava de fato penetrando através das pedras. Parecia que a pedra estava de fato intensificando aquela luz, a luz que já estava lá, a ponto de eu quase ter medo de tocar naquelas pedras. Achei que elas poderiam estar muito quentes. Em outro sentido, eu estava muito curioso sobre elas. A estrutura em que eu estava entrando era uma grande estrutura tubular. Eu diria que, a princípio, o tubo parecia ter pelo menos 30 metros de diâmetro, com o topo do tubo bem mais de 30 metros acima de minha cabeça [um arco de entrada?] Até o tubo, havia palmeiras e grama, e novamente esse grande campo que realmente existia até a entrada desse tubo.[321]

O que é surpreendente para mim é que Brad, ainda hoje cego, descreve vividamente a caminhada pelos prados montanhosos do paraíso, até a fundação de pedras preciosas da muralha da cidade e até o arco do portão da cidade; no entanto, ele parece nem mesmo saber o que está descrevendo ao pesquisador Ken Ring. Ele está descrevendo o seguinte: "[A cidade] resplandecia com a glória de Deus, e seu brilho era como o de uma joia muito preciosa. (...) Os fundamentos dos muros da cidade eram adornados com toda sorte de pedras preciosas. (...) As doze portas eram doze pérolas, cada porta feita de uma única pérola" (Apocalipse 21:11, 19, 21).

Várias EQMs no estudo de Jeff Long disseram coisas semelhantes: "Havia muita beleza, uma beleza indescritível. Havia também uma cidade brilhante ou algo parecido com uma cidade à distância". Outro observou a mesma parede: "Até onde os olhos podiam ver, à minha esquerda, havia uma bela paisagem de tulipas de todas as cores imagináveis. À minha direita, havia uma parede de um lindo azul que combinava com o céu."[322]

ATRAVÉS DOS PORTÕES EM ARCO

Lembram-se do piloto de avião, o capitão Dale Black, que veio voando com os anjos em direção ao lado sudeste da cidade? Ouça como ele descreve a preparação para entrar nos portões da Cidade:

> O muro da cidade não era um muro único, mas uma série de muros dispostos em camadas um ao lado do outro. O muro era composto por três camadas externas, três camadas internas e um muro mais alto no centro. (...) Em seu ponto mais alto, a parede tinha vários metros de altura. E, surpreendentemente, era tão espessa quanto alta [Apocalipse 21 diz que tinha 65 metros de espessura]. O muro era enorme e se estendia à minha esquerda e à minha direita até onde eu podia ver em ambas as direções.
>
> A parede externa era de cor esverdeada com um toque de azul e um toque de preto misturados. Ela era feita inteiramente de pedras translúcidas. Grandes pedras multicoloridas foram construídas na base da parede em fileiras em camadas [Apocalipse 21 diz que há doze pedras de fundação]. Uma luz poderosa permeava a parede, e era possível ver todas as cores do arco-íris nela. Estranhamente, sempre que eu me movia, as cores se moviam um pouco, como se estivessem sentindo meu movimento e fazendo um ajuste.

> Os dois anjos que me acompanharam até lá ainda estavam comigo, levando-me adiante. (...) Agora eu estava no nível dos olhos da base da parede e não mais pairando sobre ela, mas em frente a uma abertura impressionante. Era um arco que parecia ter aproximadamente 12 metros de altura e cerca de 10 metros de largura.
>
> Um ser angelical alto e majestoso estava do lado direito do portão. (...) A entrada, ou portal, era de cor opalescente, como se tivesse sido feita de pérolas que foram liquefeitas e depois solidificadas na parede. A entrada era completamente composta por essa substância hipnotizante que também revestia todo o interior da abertura, até onde eu podia ver. A ornamentação ao redor da entrada incluía detalhes fenomenais. Era a visão mais impressionante que eu já tinha visto. Enquanto eu me deliciava com a beleza que adornava o portal, notei grandes letras douradas estampadas acima da abertura. Elas pareciam tremer de vida. A única linha de letras formava um arco sobre a entrada. Eu não reconhecia as letras, mas sabia que as palavras eram tão importantes quanto qualquer outra palavra poderia ser. (...) Eu estava cheio de entusiasmo e expectativa de entrar naquele belo portão.
>
> Eu estava imerso em música, em luz e em amor. Uma vida vibrante permeava tudo. Tudo isso não estava apenas ao meu redor, estava dentro de mim. E era maravilhoso, mais maravilhoso do que qualquer coisa que eu já havia experimentado. Era como se eu pertencesse àquele lugar. Eu não queria ir embora. Nunca mais. Era como se esse fosse o lugar que eu havia procurado durante toda a minha vida, e agora eu o havia encontrado.[323]

Imagine uma empolgação que supera sua melhor lembrança da manhã de Natal ao se aproximar do portão da cidade. Embora pessoas diferentes estimem dimensões diferentes do portão, suas descrições se correlacionam. As Escrituras nunca explicam que a luz brilha em tudo, inclusive na parede (mas isso faz sentido se a glória/luz de Deus brilhar em tudo). Ela nunca explica como são os portões de pérolas, por isso imaginamos portões ornamentados em estilo de ferro forjado, decorados com pérolas. No entanto, as EQMs sempre nos dão a imagem de algo muito mais hipnotizante e fiel à Revelação.

Um muro de pedra deslumbrante iluminado por trás, assentado sobre doze alicerces feitos de várias pedras preciosas: "O primeiro alicerce era de jaspe, o segundo de safira, o terceiro de ágata, o quarto de esmeralda, o quinto de ônix, o sexto de rubi, o sétimo de crisólito, o oitavo de berilo, o nono de topázio, o décimo de turquesa, o décimo primeiro de jacinto e o décimo segundo de ametista... cada portão era feito de uma única pérola" (Apocalipse 21:19-20).

Portões perolizados

Betty Malz relembra os incríveis sentimentos de retorno ao lar quando ela se aproximou da cidade:

> Minha emoção foi uma combinação de sentimentos: juventude, serenidade, realização, saúde, consciência, tranquilidade. (...) Eu estava chegando ao lugar que sempre sonhei em estar.
>
> A parede à minha direita estava mais alta agora e era feita de pedras coloridas de várias camadas. Uma luz do outro lado da parede brilhava através de uma longa fileira de pedras preciosas de cor âmbar, vários metros acima da minha cabeça. "Topázio", pensei comigo mesmo. "A pedra dos nascidos em novembro." Eu me lembrava disso de quando trabalhava na Edwards Jewelry.[324]

Betty sente a mesma antecipação do lar, vê a mesma luz brilhando nas pedras e percebe o topázio — a nona pedra fundamental da Nova Jerusalém — vários metros acima de sua cabeça. Se cada camada de pedras preciosas tivesse um pé de espessura, o topázio estaria cerca de um metro acima de sua cabeça! Quando Betty se aproximou de um portão futurista e perolado, diferente de qualquer entrada que você já tenha imaginado, ela ouviu música e cantos.

> Eu não apenas ouvia e sentia o canto, mas também me juntava a ele. Sempre tive um corpo de menina, mas uma voz grave de menino. De repente, percebi que estava cantando da maneira que sempre quis (...) em tons altos, claros e doces. (...) As vozes não apenas explodiam em mais de quatro partes, mas também em idiomas diferentes. Fiquei impressionado com a riqueza e a combinação perfeita das palavras — e eu conseguia entendê-las! Não sei por que isso foi possível, exceto que eu fazia parte de uma experiência universal.
>
> Enquanto o anjo e eu caminhávamos juntos, senti que podíamos ir a qualquer lugar que desejássemos e chegar lá instantaneamente. A comunicação entre nós era feita por meio da projeção de pensamentos. (...)
>
> O anjo deu um passo à frente e colocou a palma de sua mão em um portão que eu não havia notado antes. Com cerca de doze pés de altura, o portão era uma folha sólida de pérola, sem alças e com um lindo trabalho de rolagem no topo de sua estrutura gótica. A pérola era translúcida, de modo que eu podia quase, mas não totalmente, ver seu interior. A atmosfera interna era de alguma forma filtrada. Minha sensação era de alegria extasiante e expectativa ao pensar em entrar.
>
> Quando o anjo deu um passo à frente, pressionando a palma da mão no portão, uma abertura apareceu no centro do painel de pérolas e lentamente se alargou e se aprofundou,

como se o material translúcido estivesse se dissolvendo. Em seu interior, vi o que parecia ser uma rua de cor dourada com uma sobreposição de vidro ou água. A luz amarela que apareceu era deslumbrante. Não há como descrevê-la.[325]

O anjo lhe perguntou se ela queria entrar. Embora o quisesse com todo o seu ser, ela ouviu a voz de seu pai, orando para que ela vivesse. Ela perguntou se deveria ir vê-lo, e "os portões lentamente se fundiram em uma folha de pérola novamente e começamos a descer a mesma bela colina".

Para mim, as estimativas dimensionais incompatíveis validam o testemunho deles: isso não indica conluio — eles não estão apenas copiando a mesma história. Eles parecem estar apresentando ângulos, estimativas e perspectivas diferentes, como os vários relatos da ressurreição de Jesus. Meu amigo advogado formado em Harvard me disse que pequenas discrepâncias da mesma história têm mais peso em um tribunal. Isso indica que as pessoas estão dizendo a verdade a partir de suas perspectivas ligeiramente diferentes.

A partir desses testemunhos de EQM e das Escrituras, começamos a ter uma ideia dessa enorme muralha com uma fundação revestida com doze pedras preciosas — 2.200 km de comprimento, aproximadamente 60 m de altura e 65 m de espessura — e doze portões translúcidos feitos de material perolado pelos quais você pode passar para entrar na majestosa Cidade de Deus.

Mas por que um muro no céu? E como a cidade tem 2.200 km de altura se o muro tem apenas 60 m de altura? Essas perguntas me atormentaram e só posso adivinhar as respostas. O Apocalipse nos diz que "suas portas nunca serão fechadas" (Apocalipse 21:25), portanto, o muro deve ser mais para decoração do que para proteção. E os lados de 2.200 quilômetros de altura são aparentemente feitos do mesmo ouro transparente que você pode ver, mas também pode ver através dele. "A cidade era de ouro puro, transparente como vidro" (Apocalipse 21:18). Os portões estão lá para dar as boas-vindas e não para impedir a entrada.

Don Piper explica os portões perolados da seguinte forma:

> Quando nos aproximamos do portão, a música aumentou. (...) Logo acima das cabeças do meu comitê de recepção havia um portão impressionante interrompendo um muro que desaparecia de vista em ambas as direções. Percebi que a entrada real era pequena em comparação com o enorme portão em si. [Talvez isso explique as dimensões variadas; alguns descrevem o portão inteiro, outros, a entrada?] Fiquei olhando, mas não conseguia ver o fim das paredes em nenhuma direção. Quando olhei para cima, também não consegui ver o topo.
>
> Uma coisa me surpreendeu: Na Terra, sempre que pensava no céu, eu previa que um dia veria um portão feito de pérolas, porque a Bíblia se refere aos portões de pérolas. O portão não era feito de pérolas, mas era perolado — talvez iridescente seja mais descritivo. Para mim, parecia que alguém havia espalhado cobertura de pérola em um bolo. O portão brilhava e tremeluzia. Fiz uma pausa e fiquei olhando para os gloriosos matizes e tons cintilantes. A luminescência me deslumbrou.[326]

Claramente, essa é uma entrada de outro mundo em sua experiência mais emocionante e estimulante de todos os tempos! Imagine a emoção à medida que seus novos sentidos ganham vida com vistas, cheiros, cores e sons de música e luz — todos vivos com amor — enchendo sua alma de êxtase ao passar pelo grande corredor de material perolado, atravessar a parede e entrar na gloriosa Cidade de Deus.

Capítulo 21
A Cidade de Deus (animais de estimação permitidos)

Don Piper estava prestes a entrar no portão da cidade. Imagine se você estivesse experimentando esse arrebatador crescente de alegria:

> Tudo o que eu via era brilhante — as cores mais brilhantes que meus olhos já haviam contemplado — tão poderoso que nenhum ser humano terrestre poderia absorver esse brilho. Em meio àquela cena poderosa, continuei a me aproximar do portão e presumi que entraria. Meus amigos e parentes estavam todos à minha frente, chamando-me, incentivando-me e convidando-me a seguir.
>
> Então a cena mudou. Só posso explicar dizendo que, em vez de estarem na minha frente, eles estavam ao meu lado. Senti que eles queriam caminhar ao meu lado enquanto eu atravessava o portão iridescente. (...) À medida que nos aproximávamos do portão, a música aumentava e se tornava ainda mais vívida. Era como se eu estivesse caminhando para um evento glorioso depois de ouvir os sons fracos e ver tudo à distância. Quanto mais nos aproximávamos, mais intenso, vivo e vívido tudo se tornava. Assim que cheguei ao portão, meus sentidos ficaram ainda mais aguçados e me senti delirantemente feliz.

Fiz uma pausa — não sei bem por que — do lado de fora do portão. Eu estava entusiasmado com a perspectiva e queria entrar. Eu sabia que tudo seria ainda mais emocionante do que o que eu havia experimentado até então. Naquele exato momento, eu estava prestes a realizar o desejo de todo coração humano. Eu estava no céu e pronto para entrar pelo portão perolado.[327]

Imagine passar pelo portão da Cidade de Deus. O anjo que o recebe no portão tem uma estatura avassaladora, mas você sente o calor e o amor do céu. Hoje, seu nome está no livro — o tão esperado convidado de honra do céu. Imagine-se observando a substância perolada se dissolver ao seu redor caminham com a mesma expectativa de uma manhã de Natal por um longo e majestoso corredor, enquanto um crescendo de melodias o leva para a alegria.

Uma pessoa notou que:

> dentro do portão parece um grande corredor. (...) O portão tem 65 metros de espessura e isso cria um corredor longo e agradável. E nas laterais do corredor, há arcos como um terço de um círculo (...) e nesses lugares há o que na Terra seriam escritórios e os registros são mantidos. Então, quando cumprimentamos o Anjo no portão, ele está lá para nos dar as boas-vindas.[328]

Dale Black notou a substância perolada que revestia o corredor: "A entrada era completamente composta por essa substância [perolada] hipnotizante que também cobria todo o interior da abertura até onde eu podia ver."[329]

Esse parece ser o mesmo grande corredor que Mary Neal descreveu durante sua EQM enquanto andava de caiaque: "Estávamos percorrendo um caminho que levava a um grande e brilhante salão (...) que irradiava um brilho de todas as cores e beleza. Senti minha alma sendo puxada em direção à entrada (...), o portão pelo qual cada ser humano deve passar."[330] É provável que seja o mesmo lugar que Brad Barrows tenta descrever, mas, por ser cego e nunca ter visto nada antes, ele chama o corredor semicircular de "tubo":

> Eu podia começar a ouvir claramente a música que já tinha ouvido antes. Era como se as pessoas estivessem cantando em vários idiomas diferentes. (...) Quando olhei para dentro do tubo, percebi que iria pisar em algum tipo de pedra, a mesma pedra brilhante e reluzente que eu podia ver ao redor do tubo. Era uma pedra lisa, muito, muito lisa.[331]

Lisa como uma pérola?

Imagine a emoção de passar pelo grande corredor e, pela primeira vez, experimentar as imagens e os sons da maior cidade já imaginada. Ao entrar na cidade, a primeira coisa que você vê é a Árvore da Vida. "Então, o anjo me mostrou o rio da água da vida que, claro como cristal, fluía do trono de Deus e do Cordeiro, no meio da rua principal da cidade. De cada lado do rio, estava a árvore da vida, que frutifica doze vezes por ano, uma por mês. As folhas da árvore servem para a cura das nações" (Apocalipse 22:1-2).

ÁRVORES DA VIDA

A Árvore da Vida era a árvore encontrada no Jardim do Éden. Essa foi a razão pela qual Deus escondeu o Éden da humanidade depois que pecamos contra Deus. Deus decretou que, uma vez que viéssemos a conhecer o bem e o mal, "não se deve permitir que o homem estenda a mão e tome da árvore da vida e coma, e viva para sempre" (Gênesis 3:22). Deus nos protegeu da vida eterna, separados para sempre dele pelo conhecimento do mal. Agora, com o conhecimento coletivo do mal da Terra em nosso passado, armados com o conhecimento do que custou a Deus nos restaurar, podemos viver em sua cidade com ele e escolher para sempre amar e seguir a Deus, livremente. Agora, ao entrarmos em seus portões, podemos comer da Árvore da Vida e *viver*.

Mas, como observou uma pessoa, não se trata apenas de uma árvore.

> A primeira coisa que vemos é a árvore da vida. Eu costumava pensar que esse era uma única árvore, mas é uma fileira de árvores que contém o fruto ao lado do Rio da Vida. (...) Agora esse fruto cresce, como João diz [em Apocalipse], um fruto diferente a cada mês e, quando alguém pega um pedaço do fruto, outro pedaço aparece imediatamente, porque muitas pessoas [estão] participando do fruto.[332]

Imagine que, ao caminhar para experimentar um pedaço, você perceba que não está realmente "andando" — embora possa andar — mas mais como se estivesse deslizando.

> É possível se mover na velocidade do pensamento. Você precisa ir a algum lugar e, sem mais nem menos, está lá. Mas há um modo de se mover lentamente. Você tem a sensação de estar se movendo, o que por si só já é maravilhoso. Quando você percorre uma estrada cênica [no céu], pode olhar para fora e ver a paisagem, ao passo que, viajando com o pensamento, você não veria isso, pois imediatamente estaria lá.[333]

Imagine que, à medida que você se aproxima das árvores, percebe que elas fazem parte de um belo jardim-boulevard, seguindo o fluxo de um rio que serpenteia pelas colinas no centro da cidade. O Rio da Vida é ladeado por fileiras de deliciosas árvores frutíferas, jardins e flores em cada margem, ladeado por ruas em ambos os lados do rio.

RUAS DE OURO

À medida que continuamos nosso passeio imaginário, você percebe que as ruas parecem douradas, mas não como o ouro amarelado berrante que geralmente imaginamos. Elas são feitas de uma substância diferente de todas as que já vimos. Betty Malz notou "o que parecia ser uma rua de cor dourada com uma camada de vidro ou água. A luz amarela que aparecia era deslumbrante. Não há como descrevê-la."[334] Ninguém descreve a imagem berrante da estrada de tijolos amarelos para Oz que eu tinha em minha cabeça, mas sim uma estrada de outro mundo, transparente, semelhante a um cristal, viva com tons dourados.

Gary observa: "Andamos em ruas transparentes e eu podia ver através delas. Mais tarde, um cientista da NASA me disse que há uma impureza no ouro e que, quando ela é removida, o ouro não é mais amarelo, é cristalino".[335] Os capacetes dos astronautas têm uma fina camada de ouro que reflete o sol, mas permite que eles vejam através do visor banhado a ouro. Como os antigos saberiam que o ouro poderia ser transparente?

A revelação diz isso, mas eu não conseguia imaginar antes: "A grande praça da cidade era de ouro, puro como vidro transparente" (Apocalipse 21:21). Nunca vi uma substância como essa, mas muitas pessoas em EQM afirmam que viram as ruas descritas no Apocalipse.

Imagine, então, que você atravesse a rua para provar as árvores frutíferas à beira do rio. Alguns afirmam ter provado o fruto, não da Árvore da Vida, mas das outras árvores do céu:

> Enquanto caminhava pela trilha dourada, notei o céu. Ele tinha uma cor rosada, mas também era de um azul cristalino. (...) Havia um parque com bancos onde você podia se sentar e conversar com outras pessoas. (...) [As pessoas] estavam se divertindo muito conversando com pessoas que tinham acabado de atravessar o véu. (...) O parque, muito bem cuidado, estava repleto de árvores enormes e impressionantes. Elas deviam ter pelo menos dois mil metros de altura. E havia muitas variedades diferentes. Algumas eu conhecia; outras, eu não fazia ideia de que espécie eram. (...) Fui até o que eu achava ser uma nogueira e me disseram para pegar e comer. A fruta tinha formato de pera e era cor de cobre. Quando a peguei, outra fruta cresceu instantaneamente em seu lugar. Quando toquei a fruta em meus lábios, ela evaporou e se derreteu na coisa mais deliciosa que eu já havia provado. Era como mel, suco de pêssego e suco de pera. Era doce, mas não açucarado.[336]

A criança prodígio Akiane mencionou como é bom o sabor do fruto do céu: "melhor do que qualquer coisa que você já tenha provado. A Luz me dá frutas... Deus diz que muitos precisarão comer isso. A árvore sempre estará lá na nova Terra."[337] O fruto e as folhas curam e fortalecem você. Já me perguntei antes: haverá aventura, emoção e risco no céu? Talvez ainda haja necessidade de cura, mas no céu Deus sempre cura, atende às nossas necessidades e enxuga nossas lágrimas. Não tenho certeza. Mas tenho certeza do seguinte: a vida será emocionante.

O centro cultural do Universo

Com o gosto de uma nova força, você está pronto para um passeio pelo centro cultural de toda a criação. A cidade é enorme, portanto, há muito a ser explorado. Alguns acham que a medida da Nova Jerusalém é metafórica, e talvez seja, mas João realmente diz: "o anjo mediu o muro *usando medidas humanas*" (Apocalipse 21:17, destaque do autor). A cidade é extensa de acordo com essa medida: 2.200 quilômetros de cada lado — o que a tornaria aproximadamente metade do tamanho dos Estados Unidos; portanto, há muito o que explorar. Mas isso não é difícil porque, se as EQMs estiverem corretas, você pode ver grande parte dela com uma visão telescópica, viajar instantaneamente com o pensamento ou passear lentamente por jardins, vilarejos pitorescos nas montanhas ou até o centro da cidade, aproveitando todas as atrações.

E há tantos pontos turísticos para apreciar — parques, rios, fontes, lagos, bibliotecas, galerias de arte, museus, eventos musicais, eventos esportivos. Espere um segundo, eventos esportivos? Galerias de arte? Estou especulando agora, mas por que pensaríamos que o Originador de toda a criatividade, cultura e diversão humanas tiraria isso de seus filhos quando eles finalmente estivessem em casa? Randy Alcorn escreve: "Temos todos os motivos para acreditar que as mesmas atividades, jogos, habilidades e interesses que desfrutamos aqui estarão disponíveis [lá]."[338] Deus não disse que está destruindo todas as coisas, mas sim que está renovando todas as coisas (Mateus 19:28; Apocalipse 21:5).

Se "todas as coisas" realmente significam *todas as coisas*, então a mesma cultura, criatividade, diversão e entusiasmo que você encontraria nos melhores empreendimentos terrestres serão ressuscitados para superar nossos sonhos mais loucos. Portanto, sonhe alto! Imagino que muito do que criamos na Terra motivados pelo amor a Deus também será desfrutado na eternidade.

O entusiasmo dessa cidade não terá fim. Imagine só, a cidade tem 2.200 quilômetros de altura! Eu me pergunto se há níveis ou camadas — como o terreno da Terra e sua atmosfera, sobrepostos uns aos outros. Isso poderia ser possível, já que podemos nos mover para qualquer lugar, inclusive para cima e para baixo, à vontade. Imagine só: a Nova Jerusalém poderia ter a atmosfera da Terra, com algo parecido com o céu e as nuvens que compõem nossa troposfera de 11 km de altura, e ter 200 "andares atmosféricos" de altura. Isso é o dobro da área da superfície da Terra, apenas dentro da Cidade, sem contar a área rural do paraíso (sem mencionar os universos inteiros a serem explorados). O céu será uma emoção, um prazer e uma exploração sem fim... mesmo antes de Deus renovar, recriar e unir o novo céu a uma nova Terra, de alguma forma refeita para se encaixar perfeitamente!

Gary encontrou seu melhor amigo, John, nos portões do céu. John havia sido decapitado em um terrível acidente na Terra, mas agora, totalmente vivo e totalmente restaurado, John levou Gary para um passeio pela cidade. Imagine isso, um dia.

> John me disse que tinha muitas coisas maravilhosas para me mostrar. John me levou a um prédio muito grande que parecia uma biblioteca. As paredes eram de ouro maciço e brilhavam com uma deslumbrante exibição de luz que se elevava até um teto de cristal em forma de cúpula. Vi centenas e centenas de livros. (...)
>
> Saímos da biblioteca e fui levado a um grande auditório. Todos estavam vestidos com mantos brilhantes e, quando entrei na arena, descobri que também estava vestido com um

manto. Olhando para cima, vi uma bela escada em espiral que se estendia até as alturas da atmosfera [como no templo de Salomão, 1 Reis 6:8]. Um belo e cristalino rio de água corria diretamente à minha frente. Meus olhos seguiram o rio que fluía do trono de Deus! Foi uma visão impressionante ver a nascente do rio que era o trono do Deus Todo-Poderoso! (...)

Ao longo do rio cristalino, havia pomares de árvores frutíferas. (...) As colinas e montanhas diante de nós se erguiam com uma beleza de tirar o fôlego. Notei um grupo de pessoas na encosta. Elas estavam observando as coisas que estavam acontecendo na Terra.[339]

Gary notou que a paisagem da cidade é tão variada quanto a dos Estados Unidos, já que ela tem a metade do tamanho. E ele viu pessoas do céu observando a Terra. As escrituras sugerem que os que estão no céu ainda têm conhecimento dos acontecimentos da Terra (Lucas 15:7; Apocalipse 6:10-11). À luz das alegrias do céu, todas as tristezas da Terra ganharão um novo contexto dentro do conhecimento do plano perfeito de Deus.

O MERGULHO DE SUA VIDA

Dale havia notado esse rio que "se estendia da área de reunião no meio da cidade até o muro. Ele fluía em direção ao muro e parecia terminar ali".[340] Gary ficou maravilhado com o Rio da Vida, que fluía do trono de Deus:

> John me disse para beber da água. Ao provar a água, descobri que ela era muito doce. John então me guiou até a água. Ao entrar, descobri que a água estava apenas na altura dos tornozelos, mas depois começou a subir. Ela cobriu minhas coxas e meus ombros, até que todo o meu ser ficou submerso.

> (...) A água maravilhosa estava, na verdade, me limpando de qualquer resíduo que pudesse ter se agarrado a mim em minha transição da Terra para a glória. Na água, John e eu podíamos nos comunicar um com o outro sem nos expressarmos verbalmente. (...) A água recuou e saímos do outro lado da margem.[341]

Gary saiu do rio completamente seco! Imagine mergulhar no Rio da Vida, com características diferentes de qualquer água que você já tenha experimentado. Quatro pessoas falaram sobre nadar no Rio da Vida e relataram a mesma descoberta misteriosa: "À medida que entrávamos no rio, ele ficava cada vez mais fundo até que, finalmente, a superfície do rio estava acima de nossas cabeças, ainda estávamos respirando e, então, compreendi que esse é o fluxo do Espírito de Deus; é uma manifestação do Espírito de Deus."[342]

Deus diz por meio de Jeremias, o profeta: "eles me abandonaram, a mim, a fonte de água viva" (Jeremias 2:13). É por isso que Jesus equiparou o Espírito Santo à Água Viva? "Se alguém tem sede, venha a mim e beba. Quem crer em mim, como diz a Escritura, do seu interior fluirão rios de água viva. Ele estava se referindo ao Espírito, que mais tarde receberiam os que nele cressem" (João 7:37-39). Isso é mais do que apenas uma metáfora no céu? Não sei. Mas é interessante que, quando o anjo direcionou Ed para o rio, ele descobriu as mesmas qualidades surpreendentes.

> "Eu consigo respirar!" Eu disse, surpreso. Falei com o anjo embaixo d'água, em tons claros, sem que as palavras soassem borbulhantes.
>
> "Você está no Rio da Vida. Ele é do Espírito de Deus. Ele lava as cicatrizes do pecado. (...) Você nunca terá sede com essa água. Ela flui do Espírito do Deus Vivo, alimentando as Árvores da Vida."

Quando saímos do Rio da Vida, notei que não estava encharcado!³⁴³

Rebecca Springer, que teve uma EQM em 1898, surpreendentemente escreve sobre as mesmas propriedades de limpeza quando seu cunhado falecido, Frank, a levou para a água do céu:

> Para minha surpresa e alegria, descobri que podia não apenas respirar, mas também rir e falar, ver e ouvir, tão naturalmente debaixo d'água quanto acima dela. Sentei-me no meio das pedras coloridas e enchi minhas mãos com elas, como uma criança teria feito. Meu irmão se deitou sobre elas e riu e conversou alegremente comigo.
> "Faça isso", disse ele, esfregando as mãos no rosto e passando os dedos pelos cabelos escuros. Fiz o que ele me disse, e a sensação foi deliciosa... Quando nos aproximamos da margem e minha cabeça emergiu mais uma vez da água, no momento em que o ar bateu em meu rosto e cabelo, percebi que não precisaria de toalha ou escova. Minha pele, meu cabelo e até mesmo minhas belas roupas estavam macios e secos como antes de serem tocados pela água. (...)
> Virei-me e olhei para o rio brilhante que fluía tranquilamente. "Frank, o que essa água fez por mim?" eu disse. "Estou me sentindo como se pudesse voar." Ele olhou para mim com olhos sérios e ternos, enquanto respondia gentilmente: "Ela lavou o que restava da vida terrena e o preparou para a nova vida na qual você entrou".
> "É divino!" sussurrei.
> "Sim, é divino", disse ele.³⁴⁴

Embora eu acredite que conservamos a memória das lições da Terra e que o perdão de Deus lava nossa culpa, talvez ainda ocorra alguma cura das cicatrizes do pecado, conforme indicado pelas quatro pessoas (Apocalipse 22:2 diz que as folhas das árvores alimentadas pelo Rio da Vida devem curar as nações). É interessante que a água da Terra é um líquido polar único, o que lhe confere propriedades de limpeza exclusivas, e a água sustenta toda a vida — constituindo 65% de nossos corpos e cobrindo 70% da superfície da Terra. Poderia ser uma sombra do céu? Talvez o nosso sol e a água da Terra sejam o suporte artificial da vida para a Luz do céu e a Água da Vida que dão suporte à vida eterna.

Crianças e animais de estimação permitidos

À medida que continuamos a explorar a nova cidade, notamos pessoas de todas as idades, e as tragédias de vidas jovens perdidas na Terra encontram redenção à medida que crescem e prosperam na vida vindoura. E boas notícias para as pessoas cujos animais de estimação eram como filhos para elas — parece que nesta cidade, animais de estimação são permitidos!

> John então me levou [Gary] para o que parecia ser um playground na área da escola, com fontes douradas e bancos de mármore. As flores cresciam por toda parte, produzindo uma fragrância semelhante à de um perfume doce. Fiquei maravilhado com as cores brilhantes das flores, cada uma delas era diferente das outras, e não havia duas iguais. (...) Vi uma menina minúscula com longos cabelos castanhos que pendiam em cachos pelas costas. Ela usava uma túnica branca que brilhava à luz de nosso Senhor. Tinha sandálias em seus pés pequenos. Quando ela viu Jesus, começou a correr em direção a ele com os braços estendidos. Jesus se abaixou e a

pegou quando ela pulou em seus braços. Então, de todas as direções, vieram crianças correndo para ver Jesus. Havia crianças de todas as raças e cores. Todas usavam vestes brancas e sandálias... Enquanto Jesus estava ministrando a elas, todos os tipos de animais estavam com as crianças. Foi impressionante ver um leão magnífico brincando com as crianças, como se fosse um gatinho, e ver pássaros de beleza elegante sentados nos ombros e no topo das cabeças. Vi adolescentes que haviam deixado esta terra prematuramente. Eles estavam brincando em piscinas de água cristalina, rindo e cantando.[345]

Isaías previu a restauração celestial de Deus para todas as criaturas: "Lobos e ovelhas viverão em paz, leopardos e cabritinhos descansarão juntos. Bezerros e leões comerão uns com os outros, e crianças pequenas os guiarão" (Isaías 11:6). Muitas vezes as pessoas se perguntam se verão seus animais de estimação no céu. É claro que haverá animais no céu e, se Deus usa os animais para ensinar as crianças (e até mesmo os adultos) a amar, você não acha que a renovação de todas as coisas incluiria também os animais de estimação que amamos? Imagino que sim. Van Lommel observou que nas EQM "as crianças encontram seus animais de estimação favoritos que morreram com mais frequência do que os adultos".[346]

A criança de dez anos que "morreu" no acidente de judô disse: "Meu cachorro de estimação, Skippy, estava lá. Skippy havia morrido alguns anos antes e era a única 'pessoa' com a qual eu tinha algum vínculo familiar real que estava morta.[347] Imagino que animais de estimação muito queridos serão permitidos na Cidade Santa porque todo amor é de Deus.

O céu será um lugar harmonioso onde os relacionamentos passados, todas as brincadeiras e até mesmo todo o trabalho prosperarão e cumprirão o propósito de Deus, livres da maldição da Terra de decadência e destruição. O Dr. Atwater, um pesquisador, relata o caso de uma EQM de dez anos chamada Clara, que observou pessoas ocupadas no trabalho:

> Parecia que eu estava andando, mas meus pés não tocavam o chão. De repente, ouvi o que parecia ser um playground do tamanho de uma cidade, cheio de crianças, rindo e brincando. Ouvi-las me acalmou. Outro homem veio nos encontrar. (...) Fui conduzida por uma calçada até um grande prédio com grandes portas. Entrei e vi pessoas ao redor trabalhando e fazendo coisas. (...) [Jesus] estava vestido com uma túnica branca, de mangas compridas, que chegava até o chão, com uma larga faixa dourada no meio da cintura. Ele usava sandálias. Seus cabelos castanho-escuros estavam na altura dos ombros; ele tinha um rosto comprido... e seus olhos eram como amor líquido. Ele se comunicava olhando para mim.[348]

Festas no Paraíso

O céu será um lugar próspero, alegre e festivo, onde famílias e amigos trabalharão juntos e depois se reunirão em banquetes e festas para celebrar e aproveitar a vida com o Doador da Vida. Isso dará a Deus grande alegria ao desfrutarmos dele juntos. Você verá com frequência Jesus, a Luz do céu, e ele será até mesmo um convidado de honra em sua casa. Por ser o primeiro ser humano ressuscitado e a manifestação onipresente do Pai ("Quem me vê, vê o Pai", João 14:9), ele pode estar no trono, com as crianças e com todos vocês simultaneamente.

Uma mulher que teve um ataque cardíaco relatou mais tarde ao Dr. Long: "Fui a um lugar que era maravilhosamente iluminado — como a luz do sol, mas muito mais bonita e dourada".[349] Talvez você nunca tenha pensado nas vizinhanças e celebrações do céu, mas Deus gosta que nos divirtamos com ele e uns com os outros, e os profetas esperavam ansiosamente pelas festas do céu.

> Neste monte o Senhor dos Exércitos preparará um farto banquete para todos os povos, um banquete de vinho envelhecido, com carnes suculentas e o melhor vinho. Neste monte ele destruirá o véu que envolve todos os povos, a cortina que cobre todas as nações. Ele tragará a morte para sempre. O Soberano Senhor enxugará as lágrimas de todo rosto e retirará de toda a terra a zombaria do seu povo. Foi o Senhor quem o disse. Naquele dia, dirão: "Este é o nosso Deus; nós confiamos nele, e ele nos salvou. Este é o Senhor em quem confiamos; exultemos e alegremo-nos, pois ele nos salvou (Isaías 25:6-9).

Na noite anterior à sua crucificação, na Última Ceia, "Então Jesus pegou o cálice de vinho, deu graças a Deus e disse: "Peguem isto e repartam entre vocês. Pois eu afirmo a vocês que nunca mais beberei deste vinho até que chegue o Reino de Deus". (...) Vocês vão comer e beber à minha mesa no meu Reino e sentarão em tronos" (Lucas 22:17-18, 30 NTLH). A cidade será repleta de celebrações, e o próprio Deus estará no centro delas!

Pensamento surpreendente — que todos os que vivem para servir ao Rei enquanto estão nesta Terra um dia experimentarão o Rei nos servindo. Jesus nos disse: "Bem-aventurados os servos cujo senhor, quando voltar, os encontrar vigiando. Em verdade lhes digo que ele se vestirá para servir, fará que se reclinem à mesa e virá servi-los" (Lucas 12:37).

Você finalmente verá como Deus realmente é cheio de vida e alegria ao perceber que todas as coisas boas que já desfrutamos na Terra eram apenas uma sombra das maravilhas do céu. O céu será uma celebração criativa e artística de Deus. Você já ouviu falar que a música do céu surpreende a todos. Alguns escreverão canções, outros dançarão e outros trarão dons de criatividade ou descobertas que magnificarão o Criador. Você nunca perderá a criatividade cultural, o aprendizado ou a exploração da Terra, porque isso é apenas uma amostra do céu. E ao explorar os vários centros culturais de aprendizado, criatividade, trabalho e diversão, você acabará chegando ao centro de tudo — o trono de Deus.

O TRONO DE DEUS

Imagine se reunir com pessoas de todas as nações na grande celebração que João testemunhou ao redor do trono de Deus:

> Depois disso, olhei, e eis que diante de mim havia uma grande multidão que ninguém podia contar, de todas as nações, tribos, povos e línguas, em pé, diante do trono e do Cordeiro, com vestes brancas e folhas de palmeira nas mãos. Eles clamavam em alta voz: "A salvação pertence ao nosso Deus, que está assentado no trono, e ao Cordeiro". (...)
>
> Então, ele disse: — Estes são os que vieram da grande tribulação, que lavaram as suas vestes e as alvejaram no sangue do Cordeiro. Portanto, "eles estão diante do trono de Deus e servem a ele dia e noite no seu templo; e aquele que está assentado no trono os abrigará com a sua presença. (...)
>
> Ele os guiará às fontes de água viva, e Deus enxugará dos seus olhos toda lágrima.
>
> (Apocalipse 7:9-10, 14-15, 17).

No centro da cidade está a maravilha arquitetônica do universo, incrível não apenas por sua beleza física, mas pelo mistério, maravilha e temor criados pela própria presença do Pai, do Filho e do Espírito Santo — não há lugar imaginável onde você preferiria estar. O trono é o centro das mais espetaculares demonstrações de arte, adoração, dança e criatividade humanas — todas apresentadas ao maior ser que existe — celebradas diante de toda a humanidade para glorificar a Deus.

Marv, o conservador presidente do banco, olhou através do portão. Ao longe, usando visão telescópica, ele:

> podia ver o trono, deslumbrante, branco brilhante — é difícil imaginar neste mundo escuro, mas ali meus olhos podiam ver muito mais claramente, muito mais longe. Vi enormes pilares brancos ao redor do trono e uma enorme multidão de pessoas, homens e mulheres, meninos e meninas, dançando e cantando em um coro de louvor aos dois seres sentados nele.

Vindo de uma tradição reformada holandesa, Marv admitiu que nunca seria capaz de levantar as mãos em adoração, mas disse: "No céu, você não conseguirá evitar". As imagens, maravilhas e emoções da presença de Deus tornam impossível não gritar de alegria. "Sim, vi dois seres", lembra Marv, "imagens realmente indescritíveis, mas pareciam ser duas pessoas sentadas ali. Sempre presumi que essas duas pessoas eram Deus e Seu Filho, Jesus."[350]

Os profetas do Antigo Testamento, Isaías, Ezequiel e Daniel, descrevem a visão de Deus em seu trono com uma descrição igualmente vívida:

> Acima da cabeça dos seres viventes, havia o que parecia uma abóbada, reluzente como gelo e amedrontadora. (...) Acima da abóbada, sobre a cabeça deles, havia o que parecia um trono de safira e, bem no alto, sobre o trono, uma figura semelhante a um homem. Vi que a parte de cima do que parecia a cintura dele assemelhava-se a metal reluzente, como que cheio de fogo; a parte inferior assemelhava-se ao fogo, e uma luz brilhante envolvia todo o seu ser. Como a aparência do arco-íris entre as nuvens em um dia chuvoso, assim era o resplendor ao seu redor. Esta era a aparência da figura da glória do Senhor. Quando a vi, prostrei-me com o rosto em terra e ouvi a voz de alguém que falava. (Ezequiel 1:22, 26-28).

Richard se lembra da pura energia e beleza do trono de Deus:

> Tudo no céu fluía para dentro e para fora do trono. Ele pulsava como um dínamo. (...) O edifício do trono era enorme — além da minha capacidade de compreensão... várias centenas de quilômetros de largura e pelo menos cinquenta quilômetros de altura, e tinha um teto em forma de cúpula. (...)
>
> Milhares de degraus levavam ao trono. (...) Quando começamos a subir a escada, vi centenas de milhares ou talvez milhões de pessoas entrando e saindo do trono. Elas estavam adorando e louvando a Deus....
>
> A área de entrada, ou portal, tinha colunas. (...) O trono era feito de algum material celestial. Era cristalino, mas consistia no que parecia ser ouro, marfim e prata... Era o lugar mais bonito do céu.[351]

Akiane, quando criança, percebeu a mesma coisa quando foi levada a uma "casa de Luz... tão bonita e tão grande. (...) Deus mora lá. As paredes parecem vidro, mas não são de vidro, (...) e muitas outras cores que não consigo encontrar aqui".[352]

Ao entrar nessa enorme arena, carregada com uma energia além da compreensão, você percebe uma enorme área em frente ao trono de Deus que parece um enorme mar azul cristalino, mas não é. As pessoas estão nele dançando, se apresentando e adorando — um concerto gigantesco de pessoas extasiadas com a glória, a melodia e a admiração daquele que está diante delas.

> (...) e eis que havia um trono no céu, e alguém sentado nele. Aquele que estava assentado era de aspecto similar à pedra de jaspe e ao sardônio. Um arco-íris, semelhante a uma esmeralda, circundava o trono. (...) Diante do trono havia um mar de vidro, como de cristal" (Apocalipse 4:2-3, 6).

Ouça como uma pessoa descreve esse mar de cristal:

> Em frente ao trono há uma grande área oval (...) feita de joias de safira. Encontrei isso também em Ezequiel [1:22-28], descrevendo as safiras sob o trono de Deus e é chamado de mar porque é azul e porque é brilhante. É chamado de vidro porque, na verdade, é feito de safiras que parecem vidro, por isso o termo "mar de vidro". Em outras palavras, não é água, não é o fluir do Espírito de Deus, é um lugar bastante sólido para se estar.[353]

O capitão Dale Black se lembra de ter visto pessoas reunidas nessa plataforma de "mar" de cristal no centro da cidade:

> Havia uma enorme reunião de anjos e pessoas, milhões, incontáveis milhões. Eles estavam reunidos em uma área

central que parecia ter mais de 16 quilômetros de diâmetro. A extensão de pessoas estava mais próxima de um oceano do que de uma sala de concertos. Ondas de pessoas moviam-se na luz, balançando ao som da música, adorando a Deus. (...) De alguma forma, a música no céu calibrava tudo (...) A música estava em toda parte. A adoração a Deus era o coração e o foco da música, e em todos os lugares era possível sentir a alegria da música. A parte mais profunda do meu coração ressoava com ela, fazendo com que eu quisesse fazer parte dela para sempre. Eu nunca quis que ela parasse. (...) Tive a sensação — e foi a mais gratificante das sensações — de que fui feito para a música, como se cada músculo de meu corpo fosse uma corda esticada de um instrumento finamente afinado, criado para tocar a mais bela música já composta. Eu me sentia parte da música. Um com ela. Cheio de alegria, admiração e adoração. Talvez seja assim que o amor soa quando colocado na música... Eu senti tudo isso, cada momento de êxtase. E nunca quis que acabasse.[354]

Vida sem fim!

E a boa notícia é que... isso nunca precisa acabar. Este é apenas o começo. Após sua visita à cidade do céu, você perceberá que toda a história da Terra foi apenas o prelúdio do primeiro capítulo da verdadeira história da vida que está apenas começando. E o céu atual, com todas as suas maravilhas, é apenas o primeiro capítulo da História da Vida de Deus. Coisas maiores ainda estão por vir com uma nova história do céu e da Terra renovados.

Você perceberá que toda a luta, todo o sofrimento, todos os desafios dolorosos, todos os atos de fé, serviço e sacrifício feitos nesta Terra produziram para nós "uma glória eterna que excede em muito a todas elas" (2 Coríntios 4:17). A vida que você sempre soube que deveria viver — essa vida está apenas começando. As experiências mais maravilhosas que se pode imaginar estão diante de você. Imagine o céu! Viva para isso agora!

"Escutem!" — diz Jesus. "Eu venho logo! Vou trazer comigo as minhas recompensas, para dá-las a cada um de acordo com o que tem feito.

"Eu sou o Alfa e o Ômega, o Primeiro e o Último, o Princípio e o Fim.

"Felizes as pessoas que lavam as suas roupas, pois assim terão o direito de comer a fruta da árvore da vida e de entrar na cidade pelos seus portões!

"Mas fora da cidade estão os que cometem pecados nojentos, os feiticeiros, os imorais e os assassinos, os que adoram ídolos e os que gostam de mentir por palavras e ações.

"Eu, Jesus, enviei o meu anjo para anunciar essas coisas a vocês nas igrejas.

"Eu sou o famoso descendente do rei Davi. Sou a brilhante estrela da manhã".

O Espírito e a Noiva dizem: "Venha!"

Aquele que ouve isso diga também: "Venha!"

Aquele que tem sede venha.

E quem quiser receba *de graça* da água da vida

(Apocalipse 22:12-17, destaque do autor).

Razões para acreditar

Como engenheiro cético com mentalidade científica, eu costumava me perguntar: *"Como você pode saber se Jesus é realmente o Messias/Filho de Deus?* Eu simplesmente não sabia o que não sabia! Desde então, descobri muitas razões verificáveis para apoiar a fé. Acredito que esses motivos realmente fornecem evidências externas de como as EQMs devem ser interpretadas. Embora as EQMs confirmem a vida após a morte e as afirmações cristãs, isso também vale para o outro lado. Se Deus de fato cruzou a história de maneiras verificáveis por meio da vida, morte e ressurreição de Jesus, isso dá uma base racional para que os relatos de EQM sejam esperados. Compartilharei algumas linhas de evidência que considero mais convincentes.

Muitas pessoas fazem afirmações ridículas sobre Deus, deuses ou ser um deus. Deus nos diz como podemos saber que ele é realmente o Criador: "'Exponham a sua causa', diz o Senhor. 'Apresentem os seus argumentos', diz o Rei de Jacó. (...) 'Que nos declarem as coisas vindouras, revelem-nos o futuro, para que saibamos que vocês são deuses (Isaías 41:21-23). Deus afirma que somente ele pode dizer o que o futuro reserva e, por isso, usou profetas para predizer a vinda do Messias, para que pudéssemos saber que ele é o único Deus verdadeiro. "Eu sou o primeiro e eu sou o último; além de mim não há Deus. Quem, então, é como eu? Que ele o anuncie. Que declare e exponha diante de mim (...) o que ainda está por vir; que todos eles predigam as coisas futuras. (...) Não anunciei isto e não o predisse muito tempo atrás?" (Isaías 44:6-8; ~680 a.C.). A maioria dos céticos alegará que qualquer previsão profética deve ser uma fraude — que os editores que vieram depois de Jesus fizeram o texto "parecer" que Jesus cumpriu a profecia. No entanto, a história e os Manuscritos do Mar Morto contam uma história diferente se você olhar com atenção.

Nos Manuscritos do Mar Morto, encontramos uma cópia completa do livro de Isaías anterior a Jesus em 150 a 350 anos, portanto sabemos que essas profecias foram escritas antes do fato (e não alteradas posteriormente para parecer que Jesus as cumpriu). O *Arizona Daily Star* relatou: "Novas medições de radiocarbono dos Manuscritos do Mar Morto [foram] feitas por cientistas da National Science Foundation. (...) O radiocarbono datou o famoso pergaminho do Livro de Isaías entre 335 a.C. e 122 a.C. Os paleógrafos haviam datado esse pergaminho entre 150-125 a.C."[355] Isaías prediz quando, onde e por que Deus enviará o Messias, para que saibamos quando ele chegará. A história fora da Bíblia confirma o que Isaías predisse.[356]

Em Isaías 9, Deus nos diz onde ele se revelará. Ele virá para a Galileia na forma de um filho de homem:

> No futuro, [Deus] honrará a Galileia dos gentios, o caminho do mar, além do Jordão.
> O povo que andava em trevas viu uma grande luz; sobre os que viviam na terra da sombra da morte raiou uma luz. (...)
> Porque um menino nos nasceu, um filho nos foi dado, e o governo está sobre os seus ombros. Ele será chamado Maravilhoso Conselheiro, Deus Poderoso, Pai Eterno, Príncipe da Paz. (Isaías 9:1-2, 6-7; ~680 a.C.)

Isaías diz que o Deus infinito se revelará na forma de um filho do homem, virá para a Galileia, será chamado de "Deus Poderoso" e estabelecerá a paz eterna entre Deus e todo ser humano disposto a isso. Ele escreveu isso 680 anos antes de Jesus caminhar e ensinar ao longo do Mar da Galileia — os escritores do Novo Testamento e a história extrabíblica (fora da Bíblia) afirmam que Jesus conduziu a maior parte de seu ministério na Galileia.

O SERVO SOFREDOR

Deus nos disse com mais de seiscentos anos de antecedência o que seu Braço, seu servo Messias, faria para trazer paz à humanidade:

> Quem creu na nossa mensagem e a quem foi revelado o braço do Senhor? Ele cresceu diante dele como um broto tenro e como raiz de uma terra seca. Ele não tinha nenhuma beleza ou majestade que nos atraísse, nada havia na sua aparência para que o desejássemos. Foi desprezado e rejeitado pelos homens, um homem de dores e experimentado no sofrimento. Como alguém de quem os homens escondem o rosto, foi desprezado, e não o tínhamos em estima. Certamente ele tomou sobre si as nossas enfermidades e sobre si levou as nossas doenças; contudo, nós o consideramos castigado por Deus, atingido por Deus e afligido. Ele, porém, foi traspassado por causa das nossas transgressões e esmagado por causa das nossas iniquidades; o castigo que nos trouxe a paz estava sobre ele, e pelas suas feridas fomos curados. Todos nós, como ovelhas, nos desviamos, cada um de nós se voltou para o seu próprio caminho, mas o Senhor fez cair sobre ele a iniquidade de todos nós (Isaías 53:1-6; ~680 a.C.)

Isaías continua dizendo que o Messias morreria por nossos pecados, mas "depois de haver padecido, verá a luz da vida e ficará satisfeito; pelo seu conhecimento, o meu servo justo justificará a muitos e levará sobre si as iniquidades deles" (Isaías 53:11). A vida de Jesus na Galileia, sua morte e sua ressurreição foram todas escritas séculos antes de sua vinda.

Até mesmo o momento da vinda de Jesus foi predito. Por exemplo, Daniel previu que o Messias seria morto e, em seguida, Jerusalém e o templo seriam destruídos (veja Daniel 9:24-26). Mais uma vez, os Manuscritos do Mar Morto mostram que Daniel foi escrito antes da época de Jesus. Deus demonstraria o quanto nos ama — o suficiente para pagar por todos os nossos pecados intencionais e rebeldes — para que pudesse ser justo e correto se nos perdoasse e nos aceitasse de volta. Ele o ama tanto que pagou o maior preço que você pode imaginar. Deus removeu todas as barreiras entre nós e Deus, exceto uma — nosso orgulho! Tudo o que ele exige é um coração disposto e humilde que deseje seu perdão e orientação oferecidos por meio de Cristo.

PREVISÃO DA CRUCIFICAÇÃO

As mãos e os pés de Jesus foram pregados em uma cruz romana, e ele foi pendurado entre dois ladrões. Por quê? Porque ele afirmou ser Deus revelado, o Messias, e denunciou a corrupção dos líderes religiosos que estavam interessados apenas em seu próprio poder e posição. Isaías 53 também previu isso:

> Ele foi oprimido e afligido; contudo, não abriu a boca; como cordeiro, foi levado para o matadouro; como uma ovelha fica muda diante dos seus tosquiadores, não abriu a boca. Com julgamento opressivo, ele foi levado. E quem da sua geração se importou? Pois ele foi eliminado da terra dos viventes; por causa da transgressão do meu povo, ele foi golpeado. Foi-lhe dado um túmulo com os ímpios e com os ricos na sua morte,

embora não tivesse cometido violência nem houvesse engano algum na sua boca (Isaías 53:7-9).

Em toda Páscoa, durante 1.500 anos antes de Jesus, cada família judia era obrigada a levar um cordeiro sacrificado ao templo em Jerusalém. Ele tinha de ser macho e imaculado, oferecido como pagamento substituto para perdoar os pecados do ano anterior (confiando que Deus um dia pagaria para perdoar todas as dívidas). Todos esses sacrifícios eram um drama cósmico, prenunciando o grande sacrifício de Deus.

Considere o seguinte: o Talmud, os comentários históricos dos líderes religiosos que crucificaram Jesus, diz: "Na véspera da Páscoa, eles enforcaram Yeshu, o Nazareno [Jesus] (...) porque ele praticava feitiçaria e desencaminhou Israel" (*Talmud, Sanhedrin* 43a). Os inimigos de Jesus não podiam negar que ele curava as pessoas e realizava feitos milagrosos, mas, devido ao medo de perder o poder, alegavam que o poder dele vinha da feitiçaria demoníaca e não de Deus. "[O] mudo falou; a multidão ficou admirada e disse: 'Nunca se viu nada parecido em Israel!' Os fariseus, porém, diziam: 'É pelo príncipe dos demônios que ele expulsa demônios'" (Mateus 9:33-34). Assim, eles condenaram Jesus por blasfêmia (alegando igualdade com Deus como o Messias) e fizeram com que Pôncio Pilatos o enforcasse em uma cruz — exatamente na véspera da Páscoa.

Jesus foi o último Cordeiro sacrificial da Páscoa. Todos os sacrifícios terminaram cerca de quarenta anos após a crucificação de Jesus. Pense nisso: todos os anos, durante 1.500 anos, cada família judaica sacrificava um cordeiro pelos pecados do ano anterior e, depois, simplesmente parou! Encontrei um site chamado *Judaism 101* que explica o motivo: "Em sua maior parte, a prática do sacrifício parou no ano 70 d.C., quando o exército romano destruiu o Templo em Jerusalém. A Torá nos ordena especificamente a não oferecer sacrifícios onde quer que tenhamos vontade (...) somente no Templo de Jerusalém, mas o Templo foi destruído."[357]

Todos os sacrifícios foram interrompidos, porque eram apenas um drama cósmico que prenunciava o grande sacrifício de Deus — uma vez por todas as pessoas. É por isso que Jesus é chamado de Cordeiro de Deus. No dia em que foi crucificado, Jesus foi pendurado entre dois ladrões. Um dos ladrões exigiu que Jesus provasse a si mesmo fazendo o que o ladrão queria.

> Um dos criminosos que estavam crucificados ali insultava Jesus, dizendo: "Você não é o Messias? Então salve a você mesmo e a nós também!" Porém o outro o repreendeu, dizendo: "Você não teme a Deus? Você está debaixo da mesma condenação que ele recebeu. A nossa condenação é justa, e por isso estamos recebendo o castigo que nós merecemos por causa das coisas que fizemos; mas ele não fez nada de mau." Então disse: "Jesus, lembre de mim quando o senhor vier como Rei!" Jesus respondeu: "Eu afirmo a você que isto é verdade: hoje você estará comigo no paraíso" (Lucas 23:39-43, NTLH).

Duas pessoas, duas respostas de livre-arbítrio. Qual delas reflete seu coração? Esse Deus que se revelou por meio de Jesus é exatamente o Deus de compaixão que as EQMs descrevem. Quando uma mulher apanhada em adultério foi levada a Jesus pelos líderes religiosos que queriam condená-la e apedrejá-la até a morte, Jesus lhes disse: "Qualquer um de vocês que não tiver pecado seja o primeiro a atirar-lhe uma pedra". Todos eles largaram as pedras e foram embora.

"Ninguém a condenou?" Jesus lhe perguntou. "Ninguém, senhor", disse ela. "Então eu também não condeno você", declarou Jesus. "Vá agora e deixe sua vida de pecado" (João 8:2-11). Como Jesus disse a Khalida, "Apenas acredite em mim, confie em mim e saiba que eu amo você". Nós o amaremos? Admitiremos que precisamos de seu perdão e de sua liderança? Isso é tudo o que ele precisa.

UM SINAL PARA AS NAÇÕES

Um sinal de evidência indiscutível ocorreu na semana anterior à crucificação de Jesus, quando ele previu a destruição de Jerusalém e do templo e a dispersão do povo judeu em todo o mundo: "Quando [Jesus] se aproximou de Jerusalém e viu a cidade, chorou sobre ela e disse:

> Ah, se neste dia você compreendesse o que traz a paz! Todavia [seus inimigos] (...) não deixarão pedra sobre pedra, porque você não reconheceu o tempo em que Deus a visitou. (...) [Os israelitas] Cairão pela espada e serão levados como prisioneiros para todas as nações. Jerusalém será pisada pelos gentios até que os tempos deles se cumpram (Lucas 19:41-44; 21:24; escrito antes de 64 d.C.).

Jesus prediz que não apenas Jerusalém e o templo seriam destruídos porque o povo judeu o rejeitou e o crucificou, mas que o povo judeu seria disperso entre as nações, sem ter uma pátria até que o "tempo dos gentios" (que pode se referir ao tempo de ocupação de Israel pelos gentios ou ao tempo em que os não judeus se voltariam para Deus) fosse cumprido.

Como Jesus poderia ter previsto, em 32 d.C., que em 70 d.C., quarenta anos depois de sua crucificação, Roma arrasaria Jerusalém e o templo, pondo fim a 1.500 anos de sacrifício — e então, por quase 2 mil anos, o povo judeu não teria pátria, não teria governo e estaria espalhado pelo mundo?

Quando meus pais nasceram, Israel ainda estava disperso e não era uma nação, e a Palestina era estéril em comparação com os dias de hoje. Mas os profetas Isaías, Jeremias e Ezequiel também previram o evento milagroso que aconteceu em 1948 (o ano em que os Manuscritos do Mar Morto foram desenterrados). Isaías, escrevendo em 680 a.C., viu os eventos de 1948:

> Naquele dia, as nações buscarão a Raiz de Jessé, que será como uma bandeira para os povos, e o seu lugar de descanso será glorioso. Naquele dia, o Senhor estenderá o braço pela segunda vez para reivindicar o remanescente do seu povo (...). Ele erguerá uma bandeira para as nações a fim de reunir os exilados de Israel; ajuntará o povo disperso de Judá desde os quatro cantos da terra. (Isaías 11:10-12).

Isaías escreve que o "lugar de descanso" do Messias (Jerusalém) será conhecido e as nações se unirão ao Messias, Jesus. Então, pela segunda vez, os exilados judeus serão reunidos de toda a Terra. Isaías escreveu isso antes de Israel ser reunido pela primeira vez (quando a Babilônia destruiu o primeiro templo e deportou os judeus em 586 a.C.). Jesus disse que essa segunda reunião seria um sinal de que o tempo dos gentios havia se cumprido. Pense nisto: logo após o holocausto satânico que matou seis milhões de judeus em 1945, judeus alemães, judeus russos, judeus etíopes, judeus americanos e judeus europeus retornaram à terra da qual haviam sido exilados por quase 2 mil anos! Exatamente como Deus predisse por meio de Isaías.

Em 1948, uma nação nasceu da noite para o dia! O *New York Times* anunciou: "A declaração do novo Estado por David Ben-Gurion, o primeiro-ministro do Israel renascido, foi feita durante uma cerimônia simples e solene às 16 horas."[358] Deus previu tudo isso por meio de Isaías como um sinal para o mundo: "Quem já ouviu algo semelhante? Quem já viu tal coisa? Pode uma nação nascer em um só dia, ou pode-se dar à luz um povo em um instante? Pois Sião ainda estava em trabalho de parto e deu à luz os seus filhos. (...) dentre todas as nações trarão os irmãos de vocês ao meu santo monte, em Jerusalém" (Isaías 66:8, 20; 680 a.C.).

Como você explica a história do mundo em nossos dias proferida por Isaías como um sinal de Deus em 680 a.C., predita por Jesus em 32 d.C. e cumprida em 1948? Isso não é mitologia, não é religião, é história — a história de um amor implacável por você e por mim. A religião é nossa tentativa de chegar a Deus. Jesus, o Messias, é a tentativa de Deus de chegar até nós — todos nós! Tudo o que ele precisa é de um coração humilde e disposto a dizer:

"Quero seu perdão e amor, venha guiar minha vida".

Acesse o QR code ao lado para conferir as notas deste livro

Agradecimentos

Um livro nunca é um esforço individual, e sou imensamente grato a muitas pessoas que contribuíram de alguma forma. Em primeiro lugar, minha incrível, solidária e amorosa esposa, Kathy, que continua a ser a principal responsável por todos os meus escritos, além de ser uma editora fantástica — obrigado por ajudar a fazer isso acontecer. Ashley e Justin, vocês são grandes incentivadores, e estou muito animado com a parceria com meus filhos para ajudar as pessoas *a imaginar o céu* — amo vocês mais do que as palavras podem dizer.

Chris Coleman atuou como meu CMO voluntário e gerente de projeto — não tenho palavras para expressar o quanto sou grato por estar lado a lado com você nessa empreitada. Michael Warden mais uma vez usou sua enorme sabedoria para ler e editar todo o manuscrito — mais uma vez, obrigado. Agradeço a Deus por sua amizade e ajuda. Kayla Covington leu, editou o manuscrito e percebeu coisas que quatro de nós deixamos passar — obrigado por sua diligência e atenção. Theresa, que tem me ajudado incansavelmente há mais de dez anos, ajudou a colocar ordem em um processo complicado de licenciamento de direitos — você coloca ordem no meu caos muito bem, obrigado. Debra Evans também me ajudou com a liberação de direitos — aprecio muito as muitas maneiras pelas quais você serve aos outros! JP Moreland leu o manuscrito e deu ótimos comentários e incentivo — respeito muito sua sabedoria. Obrigado, Don Piper, pelo tempo dedicado à discussão desses tópicos, pela leitura do manuscrito e por escrever um prefácio tão encorajador.

Sou especialmente grato ao pessoal da Baker Books. Jack Kuhatschek, você tem sido um grande amigo e defensor dos meus escritos no site há mais de uma década — eu aprecio muito seu incentivo e seus excelentes insights de edição. Obrigado, Dave Lewis e Mark Rice, por terem vindo a Austin para ouvir o conceito do livro e por acreditarem nele de todo o coração. Barb Barnes e Julie Davis foram muito úteis na edição. Também sou grato a Lauren Carlson, Brianna DeWitt e Ruth Anderson por tudo o que estão fazendo para levar às pessoas a obra *Imagine o céu* — isso não aconteceria sem uma equipe tão excelente.

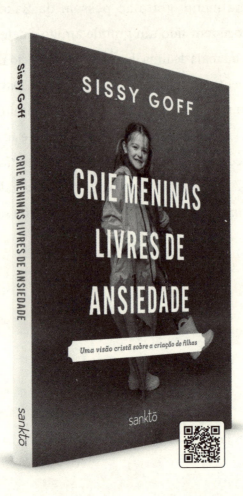

Uma leitura essencial para quem deseja formar o coração e a alma das filhas

Crie meninas livres de ansiedade é mais do que um diagnóstico sobre a realidade emocional das meninas de hoje. É um manual completo, acessível e profundamente cristão, que entrega ferramentas eficazes para que pais, mães e responsáveis ajudem suas filhas a lidar com a ansiedade de maneira saudável e transformadora.

Com mais de 30 anos de experiência, a conselheira cristã Sissy Goff oferece estratégias práticas para ajudar meninas a enfrentarem a preocupação com coragem, equilíbrio e fé, reforçando sua confiança em Deus.

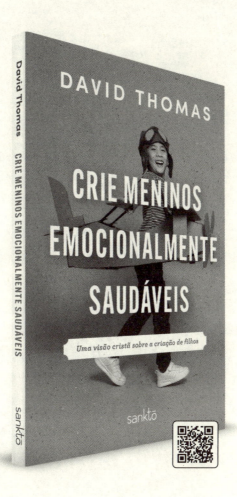

Para pais que querem criar filhos com fé, caráter e propósito

As estatísticas são claras: os meninos enfrentam hoje desafios emocionais e espirituais que não podemos ignorar. Eles lideram índices de ansiedade, depressão e isolamento, muitas vezes sem espaço para expressar o que sentem.

Com base na sabedoria bíblica e na psicologia, esta obra oferece ferramentas práticas para formar meninos emocionalmente saudáveis e espiritualmente firmes. Traz reflexões sobre masculinidade, saúde emocional e espiritualidade infantil, sempre inspiradas no caráter de Cristo.

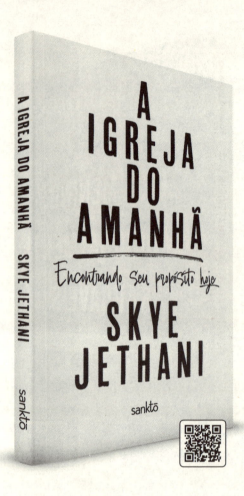

O que acreditamos sobre o amanhã determina como vivemos o hoje.

Skye Jethani explora como uma visão bíblica do futuro pode transformar nosso trabalho com propósito e dignidade. Ele argumenta que as ideias cristãs populares sobre o futuro, em vez de orientar, muitas vezes desvalorizam o trabalho fora do ministério, o que afasta jovens da igreja e leva uma cultura sedenta de significado a rejeitar nossa mensagem. Em A Igreja do Amanhã, Jethani oferece uma visão inspiradora para cultivar ordem, beleza e abundância, refletindo o coração de Deus para o mundo e incentivando um envolvimento fiel e significativo.

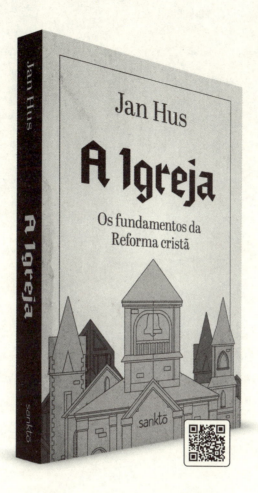

Obra histórica e fundamental para entender a Reforma Protestante

Em um tempo de inquisição, as ideias de *A Igreja* ecoaram até a fogueira onde Jan Hus foi queimado por heresia. Contudo, sua morte fortaleceu seu legado, tornando-o precursor da Reforma Protestante.

O teólogo desafiou a corrupção da Igreja Católica e defendeu o retorno à pureza dos ensinamentos de Cristo. Sua obra e martírio inspiraram Martinho Lutero, que o reconheceu como um reformador antes de seu tempo, utilizando muitos de seus pensamentos em seus próprios escritos que transformariam a Europa, o cristianismo e a história intelectual no século XVI.

Este livro foi composto por Maquinaria Sankto Editorial nas famílias tipográficas Cinzel, Noticia Text e STIX Two Text. Impresso pela gráfica Viena em julho de 2025.